"十三五"国家重点图书出版规划项目

丛书主编　钟秉林

中国教育改革40年

高中教育

朱益明 等／著

科学出版社

北京

内 容 简 介

本书从普通高中教育发展与制度体系、普通高中教育经费投入的变化、普通高中课程改革、普通高中学校教师培养与培训、现代普通高中学校管理的改革、现代普通高中学校体系的建设、薄弱高中改进与高中普及攻坚等七大方面，全面而系统地介绍了普通高中改革与发展的政策轨迹及实践成效。面对新时代中国教育现代化发展要求，分析了当前中国普及高中教育面临的新形势，提出了普通高中改革与发展的行动策略和普通高中学校改革的逻辑建构。

本书适合教育行政管理者、高中校长与教师、教育研究者和师范院校学生阅读。

图书在版编目（CIP）数据

高中教育/朱益明等著. —北京：科学出版社，2018.12
（中国教育改革 40 年/钟秉林主编）
ISBN 978-7-03-060243-5

Ⅰ.①高… Ⅱ.①朱… Ⅲ.①高中–教育改革–研究–中国
Ⅳ.①G639.21

中国版本图书馆 CIP 数据核字（2018）第 292282 号

责任编辑：乔宇尚　华长印　王丽豪/责任校对：王晓茜
责任印制：张克忠 / 封面设计：黄华斌

编辑部电话：010-64033934
E-mail:edu_psy@mail.sciencep.com

科学出版社 出版
北京东黄城根北街 16 号
邮政编码：100717
http://www.sciencep.com
天津市新科印刷有限公司 印刷
科学出版社发行　各地新华书店经销
*
2018 年 12 月第 一 版　开本：720×1000 1/16
2018 年 12 月第一次印刷　印张：17
字数：286 000
定价：**99.00 元**
（如有印装质量问题，我社负责调换）

编 委 会

总主编 钟秉林

编　委（以姓氏笔画为序）

王运武　石伟平　冯建军　匡　瑛　朱益明

宋乃庆　张　斌　张应强　张辉蓉　陈　婷

范先佐　周海涛　郑若玲　黄荣怀　虞永平

丛 书 序

（一）

1978 年，恢复高考后第一批学子走进大学。1978 年，党的十一届三中全会做出改革开放这一关乎当代中国命运的关键抉择。改革开放 40 年来，中国缔造了震撼世界的奇迹，解决了 13 亿多人口的温饱问题，实现了最大规模的经济和社会转型，正在实现从人口大国向人力资源强国的历史性转变。

改革开放 40 年来，中国教育事业迅速发展，成就显著。1978 年，我国小学升入初中的比例只有 60.5%，高校在校生只有 85.6 万人；2017 年，全国各级各类学校 51.38 万所，学历教育在校生 2.70 亿人，专任教师 1626.89 万人。[①]教育普及程度不断提高，在规模上成为名副其实的教育大国。教育投入平稳增加，教育结构不断优化，教育体制改革不断深化，办学效益逐步提高，人才培养质量不断提升，服务国家、服务人民和参与国际竞争的能力显著增强。

目前，虽然我国教育在结构、质量、体制、管理等方面仍存在这样那样的问题，如人才培养质量与经济社会发展需求还有差距、教育国际竞争力还不够强等，但不可否认的是，40

---

① 教育部. 2017 年全国教育事业发展统计公报.（2018-07-19）[2018-12-07]. http://www.moe.edu.cn/jyb_sjzl/sjzl_fztjgb/201807/t20180719_343508.html.

年来教育改革发展取得了举世瞩目的成就，为建设教育强国和人力资源强国奠定了坚实的基础。

（二）

　　改革开放40年来，我国教育的功能从社会本位向以人为本转变。40年前，党和国家的工作重心转向经济建设，急需提高全民素质，教育承担了重要的社会功能。40年来，教育逐渐强调以人为本，重视学生的全面健康发展。20世纪80年代以来声势浩大的素质教育热潮，21世纪以来倡导"一切为了学生的发展"的课程改革，教育部发布多道"减负令"减轻学生过重的课业负担，国家启动新一轮高考改革等，都是为了改变不科学的教育评价指挥棒，将立德树人作为教育的根本任务。进入新时代，我们期待教育为实现学生全面发展奠基，注重学生批判性思维、创新精神与实践能力的养成，致力于学生全面而有个性的发展，培养德智体美劳全面发展的社会主义事业建设者和接班人。

　　改革开放40年来，我国教育的战略地位从战略重点逐步上升为优先发展。40年前，教育经费严重短缺，教育发展水平比较低下。40年来，教育的战略地位稳步提升，逐步由经济发展、科技进步、人力资源开发的战略重点上升为优先发展的战略地位。国家财政性教育经费占全国教育经费投入的比例平稳增加，国家财政性教育经费占GDP的比例从2012年起实现了超过4%的既定目标，2017年为4.14%。[①]习近平在全国教育大会上强调，"教育是国之大计、党之大计"[②]。教育的基础性、先导性、全局性地位更加凸显。党和国家高度重视职业教育，提出大力发展职业教育、加快发展现代职业教育，构建现代职业教育体系，提升国民素质；高度重视创新型人才培养，加快建设一流大学和一流学科，提升我国高等教育的综合实力和国际竞争力；高度重视教师队伍建设，提高教师政治地位、社会地位、职业地位。进入新时代，我们期待教育引领经济社会发展，致力于为实现"两个一百年"的奋斗目标，实现中华民族伟大复兴的中国梦做出新贡献。

　　改革开放40年来，我国教育发展的目标已经从规模扩张转向质量提升。40年前，中国教育发展的任务是"两基"攻坚：基本普及义务教育，基本扫除青

[①]　中央政府门户网站. 国家财政性教育经费占GDP比例连续6年超4%.（2018-10-17）[2018-12-07]. http://www.gov.cn/shuju/2018-10/17/content_5331510.htm.

[②]　中央政府门户网站. 习近平出席全国教育大会并发表重要讲话.（2018-09-10）[2018-12-07]. http://www.gov.cn/xinwen/2018-09/10/content_5320835.htm.

壮年文盲。40 年来，我国教育的普及化程度全面提高，学前三年教育加快普及，毛入园率达到 79.6%；九年免费义务教育全面实施，巩固率为 93.8%；高中阶段教育基本实现普及，毛入学率为 88.3%；高等教育正在快速从大众化阶段迈向普及化阶段，毛入学率达到 45.7%；中等职业教育和高等职业教育已经成为高中阶段教育和高等教育的"半壁江山"。[①] 教育领域的主要矛盾已经突出表现为人民群众对优质教育的急迫期盼与优质教育供给不充分、不平衡的冲突，教育公平与质量问题凸显。择校、进城务工人员随迁子女受教育、大学生就业等已经成为社会广泛关注的热点问题。我国教育的发展方式正面临根本性转变，从以规模扩张和空间拓展为主要特征的外延式发展，转变为以提高质量和优化结构为核心的内涵式发展。具体表现在：学前教育要坚持抓好普及与提高保教质量并重；义务教育要兼顾提高巩固率与优质均衡发展；高中阶段教育要坚持多样化发展和特色发展；职业教育要主动适应科技进步和产业革命的需要；高等教育要加快"双一流"建设，实现内涵式发展；民办教育要严格规范和大力扶持，利用市场机制推动教育可持续发展。进入新时代，我们期待更加公平、优质、多样的教育，致力于拓展优质教育资源覆盖面，合理配置有限的优质教育资源，全面提升教育整体水平。

改革开放 40 年来，中国教育信息化发展从无到有，由弱到强。当今世界，信息技术发展日新月异，给世界带来了翻天覆地的变化。我国先后颁布了《新一代人工智能发展规划》《教育信息化 2.0 行动计划》等教育信息化发展战略，教育发展面临着前所未有的机遇与挑战：互联网、大数据、虚拟现实、人工智能等先进信息技术与教育教学深度融合，正在改变着传统的教育教学观念、教学组织形态、教学管理机制、教学方式与学习方式。知识传播方式从传统的单向传递转变为多向互动，教师的角色从知识的传播者转变为学生学习活动的设计者和指导者，学校中的师生关系正在转变为新型的学习伙伴关系。教育界对此要保持敏锐的目光，密切跟踪发展趋势，主动、理性地面对挑战；中小学校和高等学校在为信息科技革命提供人力和智力支撑的同时，要主动适应信息科技与教育融合带来的教育形态和就业市场的变革。进入新时代，我们期待构建信息革命驱动下的教育现代化新形态，同时也呼唤回归生命养成的教育，让学生学会学习，迎接充满挑战的未来社会。

---

① 教育部. 2017 年全国教育事业发展统计公报.（2018-07-19）[2018-12-07]. http://www.moe.edu.cn/jyb_sjzl/sjzl_fztjgb/201807/t20180719_343508.html.

改革开放 40 年来，我国教育体制机制改革逐步深化，现代教育体系和能力建设取得突破。40 年前，教育领域改革的迫切任务是拨乱反正，1977 年恢复高考成为我国恢复与重建教育新秩序的开端。40 年来，我国教育体制机制改革的重心是简政放权、扩大学校办学自主权，创建现代学校制度，建立与社会主义市场经济体制相适应的教育管理体制；特别是 21 世纪以来，我国进入深化教育领域综合改革、推进教育治理体系与教育治理能力现代化的新阶段。40 年来，我国逐步完善义务教育管理体制，举办农村义务教育的责任主要由政府承担，以县为主，将农村义务教育全面纳入公共财政保障范围，建立中央和地方分项目、按比例分担的农村义务教育经费保障机制。40 年来，我国逐步探索高校招生制度改革，更加注重科学性、自主性、选择性与公平性，人才选拔的标准从知识本位转向能力本位，考试科目从零散分科走向文理融合，考试方式从单一走向多元，招生录取从效率优先转向更加注重公平，强调对弱势群体的补偿。40 年来，我国多渠道拓展经费投入，逐步引入市场机制，民办教育迅速发展，形成了从学前教育到高等教育、从学历教育到非学历教育，层次类型多样、充满生机活力的发展局面，有效增加了教育服务供给。进入新时代，我们期待建立政府主导、多元参与的中国特色现代化教育治理体系，不断深化教育领域综合改革，实现教育治理能力的现代化。

改革开放 40 年来，我国教育发展的模式从照搬模仿转向自主探索。1978 年，我国掀起了"实践是检验真理的唯一标准"的大讨论，教育也开始在照搬、模仿国外经验的基础上，探索中国特色发展道路。习近平同志在全国教育大会上的重要讲话中强调指出："在实践中，我们就教育改革发展提出一系列新理念新思想新观点，主要有以下几个方面，坚持党对教育事业的全面领导，坚持把立德树人作为根本任务，坚持优先发展教育事业，坚持社会主义办学方向，坚持扎根中国大地办教育，坚持以人民为中心发展教育，坚持深化教育改革创新，坚持把服务中华民族伟大复兴作为教育的重要使命，坚持把教师队伍建设作为基础工作。这是我们对我国教育事业规律性认识的深化，来之不易，要始终坚持并不断丰富发展。"[①] 教育发展的模式要根据各国不同的历史传统、现实国情和发展方向来进行抉择，不能走趋同的道路。进入新时代，我们期待培养具有中国灵魂、国际视野、国际理解力与参与能力的世界公民，探索教育发展的中国经验与中国方案，

---

① 中央政府门户网站. 习近平出席全国教育大会并发表重要讲话.（2018-09-10）[2018-12-07]. http://www.gov.cn/xinwen/2018-09/10/content_5320835.htm.

为教育国际化做出中国贡献。

《论语·为政》有云，"四十而不惑"。回首 40 年来我国波澜壮阔的教育改革发展历程，这是中国教育史上浓墨重彩的一笔，也必将引起国际社会的广泛关注。可以预见，中国教育在国际舞台上将扮演越来越重要的角色。

2018 年教师节，党中央召开了具有历史意义的全国教育大会，习近平同志在大会上作了重要讲话。全国教育大会在新的历史起点上开启了教育事业新征程，对加快推进教育现代化、建设教育强国、办好人民满意的教育进行了总体部署，为未来我国教育改革发展指明了方向。展望新时代，就是要扎根中国大地办教育，坚持中国优良文化传统，拓展国际视野，追求质量卓越，促进教育公平，建设教育强国。

（三）

科学出版社乔宇尚编辑策划的"中国教育改革 40 年"丛书为"十三五"国家重点图书出版规划项目，聘请国内教育学界的权威专家和知名学者担任主编，丛书包括 10 卷：《学前教育》（虞永平 张斌）、《义务教育》（宋乃庆 陈婷 张辉蓉）、《高中教育》（朱益明）、《高等教育》（张应强）、《农村教育》（范先佐）、《教育信息化》（黄荣怀 王运武）、《民办教育》（周海涛）、《学校德育》（冯建军）、《高考改革》（郑若玲）、《职业教育》（石伟平 匡瑛），力图从不同层次、不同领域、多角度展示改革开放 40 年来中国教育的改革进程、发展成就、改革经验和最新进展。

《学前教育》分为三编，分别从社会事业、育人活动和学术关注的角度，对 40 年来我国学前教育在办园、管理、经费投入、师资队伍、基本理念、保教环境、课程建设、质量评价和学术研究等方面的改革发展进行了客观、理性的阐述与分析。该书旨在回顾 40 年来我国学前教育改革发展的历史，揭示成就，总结经验，破解问题，概括具有中国特色的学前教育发展模式，为未来我国和国际学前教育的发展提供专业智慧。

《义务教育》在《中国义务教育发展报告》《义务教育第三方评估报告》《中国基础教育改革与发展》等系列研究成果的基础上，坚持辩证唯物主义，定量与定性相结合，点面结合，尤其注重史料、数据、典型经验案例等支撑，回眸改革开放 40 年中国义务教育发展的伟大历程，总结改革开放 40 年中国义务教育改革的成就和经验，反思存在的问题和不足，并提出对策建议，凝练改革开放 40 年义务教育改革发展的中国模式。

《高中教育》从普通高中教育发展与制度体系、教育经费投入、课程改革、教师培养与培训、现代高中学校管理、现代高中学校制度、薄弱学校改进与普及攻坚等七大方面，系统介绍了普通高中改革与发展的政策轨迹与实践成效。面对新时代中国教育现代化发展要求，分析了当前中国普及高中教育面临的新形势，提出了改革与发展的行动策略和普通高中学校改革的逻辑建构。

《高等教育》遵循两条基本思路：一是全面反映40年来我国高等教育改革发展的历史进程和重要成就，从学术角度系统总结我国高等教育改革发展的成果、经验及面临的问题，概括高等教育改革发展的中国模式和中国道路。二是遵循"合—分—合"的逻辑，以主题或专题形式，抓住主要方面，对我国高等教育40年的改革发展做出准确概述和客观评价，体现研究性和学术性。专题包括：高等教育大众化、高等教育体制改革和结构调整、高等教育质量建设、世界一流大学建设、高等教育体系建设、学位与研究生教育、高等教育法治化建设、高等教育对外开放与国际合作等。各个专题研究在坚持全面和准确概述的基础上，力求突出核心问题，体现创新性。

《农村教育》将关注的重点放在农村教育财政体制、农村中小学布局调整、农村中小学教师队伍建设、流动人口子女教育、农村贫困地区教育发展、农村小规模学校与大规模学校建设、农村学生资助等涉及我国农村教育发展的重要方面，就40年来党和政府在这些方面所采取的举措、取得的成效、积累的经验进行深入分析和系统总结，力图概括农村教育发展的中国模式和中国道路，发出中国声音，为国际农村教育的发展贡献中国智慧。

《教育信息化》回顾与剖析中国教育信息化改革与发展40年历程，将教育信息化发展历程分为计算机教学起步、计算机教育发展、基础设施建设大发展、教育信息化应用水平大力提升、特色教育信息化发展五个阶段，并展望了教育信息化未来发展趋势。该书以教育信息化领域权威性、国际性、引领性和战略性为追求目标，以推动中国教育改革和发展为根本宗旨，助力实现中国伟大的"教育梦"。

《民办教育》以民办教育40年发展历程为主线，以民办教育法律法规为依据，坚持改革导向、问题导向和政策导向，针对民办教育总体概况、民办教育发展数据变化、民办教育法律制度变迁、民办教育规范和管理、民办教育扶持和服务、民办学校办学体制机制、民办学校育人特色、民办教育未来展望等重要问题进行客观分析，总结改革成效，剖析突出问题，提出具体建议，努力为民办教育改革发展提供一定的理论支持和实践参考。

《学校德育》以改革开放 40 年德育发展的历史为经，以学校德育要素为纬，依照"总—分—总"的思路，全面回顾总结了改革开放 40 年德育发展的阶段、特点与经验，并从德育方针与政策、德育价值与目标、德育内容与课程、德育教学与实施、师德与德育队伍、德育理论研究与德育模式探索等方面分析了 40 年的变革及发展趋向，最后以习近平新时代中国特色社会主义思想为指导，分析新时代我国德育面临的机遇与挑战以及未来的发展。

《高考改革》在概述高考制度发展的基础上，对高考的形式、科目、内容、录取等高考制度各主要方面的发展与改革进行细致梳理，对其中一些较为突出的问题进行深入分析，并对高考制度的最新改革进行追踪与反思。研究成果既是对高考制度发展与改革的学术加工与思考，可以丰富相关理论成果，又可为高考综合改革实践提供学理支持，平稳推进改革进程。

《职业教育》总括性地描述改革开放 40 年职业教育事业发展的基本阶段、主要成就、核心特征；在此基础上分别聚焦 8 个职业教育发展中的核心问题进行深入研究，涉及理念变迁、体系建构、办学模式嬗变、专业课程改革、师资培养培训、农村职教改革、德育改革和国际化发展；最后基于对新时代背景的分析，提出中国职业教育未来发展的路径。

综上所述，丛书力图展示 1978—2018 年我国教育改革与发展的历史进程和重要成就，梳理国内学者在各专业领域的研究和探索，系统总结我国教育改革与发展的成果、经验及面临的问题。丛书旨在讲述中国教育故事，增强文化自信；总结中国经验，提高文化软实力；探寻中国教育模式，扩大中国教育国际影响力。希望丛书的出版，能够为广大读者提供参考和借鉴。

（四）

教育是梦想和希望的载体，我们都在憧憬教育的未来，构筑教育现代化的中国梦。

未来的教育，将是体现"有教无类"教育理念的公平的教育，每个公民都可以在学习型社会框架下，随时、随地、随意地学习，不断丰富和完善自己；未来的教育，将是体现"因材施教"教育理念的多样化的教育，每个公民都可以接受适合自己的教育，彰显个性和特长；未来的中国教育，将是体现"人尽其才"教育理念的高质量的教育，每个公民都可以在学习中成长，在服务国家和社会的过程中实现自我价值。

当前，我国教育已经进入深化综合改革、加强内涵建设、优质均衡发展的新时代，现实与理想的距离在不断拉近。我们有充分的理由相信，只要认真学习贯彻落实党的十九大精神和习近平同志在全国教育大会上重要讲话的精神，坚定不移地走中国特色教育发展道路，坚持改革开放，励精图治、锐意创新、厚积薄发，中国教育一定能够取得更大的发展成就，建设教育强国和人力资源强国的战略目标一定能够早日实现。

对此，我们充满期待。

是为序。

钟秉林

2018 年 12 月 7 日

前　言

在改革开放之初的 1978 年，全国普通高中学校在校生数为 1553.1 万人，但这一人数是以往 10 年间无质量保障而盲目发展的结果。改革开放之初全国普通高中教育是在整顿与调整中进行的，即将初中与高中相对分离、规范普通高中学校、发展中等职业教育，着力办好重点中学，提高人才培养质量。由此，1981 年全国普通高中学校在校生总数为 714.98 万人，并相对稳定至 1994 年的 664.9 万人。[①]

随着国家九年义务教育的普及与高等教育的大发展，发展高中阶段教育，尤其是发展普通高中教育成为新议题。《中国教育改革和发展纲要》（1993 年）与国家教育委员会《关于大力办好普通高级中学的若干意见》（1995 年）相继颁布，促使普通高中教育发展进入快速发展的新阶段。全国普通高中在校生总数 2001 年达到 1405 万人，2007 年达到 2522.4 万人。普通高中教育人数的增长，在一定程度上也是人民群众对普通高中教育的期待所致。在这个数量增长的过程中，普通高中教育领域同步实施了课程、教学、管理、师资队伍建设等全方位改革，进而探索建立有中国特色的现代高中学校制度。

[①] 1978、1981、1994、2001 年全国普通高中学校在校生人数数据，引自：中国教育与人力资源问题报告课题组. 从人口大国迈向人力资源强国. 北京：高等教育出版社，2003：536. 2007 年数据引自教育部《2007 年全国教育事业发展统计公报》。

    2010 年《国家中长期教育改革与发展规划纲要（2010—2020 年）》的出台，对于普通高中教育而言，具有里程碑式的意义。由此，普通高中教育围绕加快普及高中阶段教育、全面提高普通高中学生综合素质、推动普通高中多样化发展等三大任务开展了一系列的改革行动。在普通高中学校规模相对稳定的基础上，全方位改革普通高中教育，努力使普通高中教育摆脱"大学预备教育"的单一"选拔"功能，充分注重普通高中教育的育人功能，注重增加学生的选择性，凸显普通高中教育的功能。

    回顾普通高中改革与发展的 40 年历史，有助于认清中国教育发展的独特模式，增加普通高中教育发展的中国自信，把握普通高中教育现代化的未来趋向。

    在迈向高水平高质量普及高中阶段教育的进程中，普通高中教育必须坚持以人民为中心的发展理念，在建设公平而有质量的教育之路上继续创新与探索，成为人民满意的教育，成为教育现代化的中国模式。

朱益明

2018 年 8 月 20 日

目　录

第一章
普通高中教育发展与制度体系

　　中国普通高中的教育管理制度与体系，是普通高中教育发展的基础性保障。国家历来重视普通高中的行政管理和制度建设，改革开放40年以来，相继出台了一系列与普通高中教育相关的法律法规与政策文件，以规范普通高中管理；地方政府则根据实际情况制定相应的具有地方特色的普通高中教育管理制度与体系。

第一节　普通高中教育的发展与规划

中国教育发展与国家教育规划政策直接关联，高中教育发展也不例外。考察中国高中教育发展的轨迹，首先需要从中央政府制定的教育发展计划或者规划入手①，这些计划或者规划主要表现为国家教育事业发展五年规划及其相关文件。

一、改革开放之初普通高中教育发展

自 1949 年以来，我国普通中学发展始终得到了党和国家的高度重视。随着社会主义建设事业的发展，国家在各个不同的历史时期，都制定了一系列建设和发展中等教育的方针政策。早在 1951 年 3 月教育部召开的第一次全国中等教育会议就提出，普通中学的宗旨和培养目标是使青年一代在智育、德育、体育、美育等各方面获得全面发展，使之成为新民主主义社会自觉的积极的成员。

在 1978 年之前，我国普通中学教育经历了在改革、发展和提高中前进的曲折之路。1978 年之后，尤其是我国提出普及九年义务教育以后，普通高中与初中相对分离，由此，普通高中成为一个相对独立并为社会广泛关注的教育类型和学段。

---

① 以往，教育部在涉及十年发展的政策时用"规划"，五年发展政策用"计划"。但 2007 年教育部在第十一个五年教育发展政策文件中，用"规划"替代了"计划"。这种变化反映出，以往 10 个教育事业发展计划都是由政府决定发展速度及其规模，教育发展按计划进行。自 2007 年以后，教育发展目标可能是变化的，而不再是政府决定的。这种术语的变化，体现了中国政府教育决策思维的变化。本书在术语使用上对它们不作严格区分。

（一）规范中学教育的目标

改革开放之初，教育部再次提出，中学教育的培养目标是：①要使学生具有爱国主义精神，培养共产主义道德品德，逐步树立无产阶级世界观和人生观，立志为人民服务，为实现祖国的社会主义现代化服务；②要使学生学好文化科学基础知识和基本技能，培养能力，发展智力；③要使学生的身心得到正常的发展，具有健康的体质；④要使学生具有一定的审美能力和初步掌握一些劳动技能。

1977 年，全国恢复统一的高等学校招生考试制度，尤其是 1978 年 4 月召开的全国教育工作会议，提出新时期教育战线的新任务，要求全面贯彻党的教育方针，提高教育质量。为此，教育部组织开展了制订和修订中学教学计划，编写中学各科教学大纲和教科书，修订和重新颁发《全日制中学暂行工作条例（试行草案）》。

最为突出的是，当时国家再次提出集中力量办好重点中学。办好重点学校，旨在早出人才、多出人才和出好人才。

1980 年 7 月，教育部召开了全国重点中学工作会议，在交流和总结的基础上，会议明确了对重点中学的要求：①模范地贯彻执行全面发展的方针；②按照教育规律办事；③培养的学生质量要高。

同时，国家还强调要正确处理重点中学与一般学校之间的关系，要努力做到确保重点、兼顾一般。1980 年 10 月，教育部印发了《关于分期分批办好重点中学的决定》，要求各地实施。由于高考制度的恢复，当时中学教育工作中出现了忽视德智体全面发展、违背教育规律、单纯追求升学率的现象，从而加重了学生的负担，妨碍了教育质量的提升。所以，上述文件中，专门提出了五条规定。

1）坚决不搞高考名次排队，不要给学校下达升学指标，不要把升学率高低作为评定学校工作好坏的唯一标准，更不要据此对学校和教师进行奖惩。

2）坚决把学校和学生从繁重的考试中解放出来。除了招生和毕业考试外，教育部门不要搞统考、统测，学校只实行期中和期末考试。

3）必须对全体学生负责，不要只抓少数，忽视和放弃大多数；不要只抓毕业班，忽视非毕业班。

4）严格按照教学计划、教学大纲的规定进行教学，不要随意砍课程，搞突击，提前结束课程，不要搞大量复习题。

5）必须保障学生每天有 9 小时的睡眠、1 小时体育运动，保证假期不补课，不要使学生负担过重。

（二）中等教育结构的调整

在改革开放之前的一段时间内，我国普通中学迅速发展，中等专业学校、职业技术学校大量减少，因此造成中等教育结构的单一化，且不能适应社会主义现代化建设的需要。1978年，全国教育工作会议提出要改革中等教育结构。1980年10月，国务院批转了教育部和国家劳动总局的《关于中等教育结构改革的报告》，该报告强调贯彻落实中央提出的中等教育结构"调整、改革、整顿、提高"八字方针。

为此，1980—1981年，在教育部指导下，各地调整压缩高中数量，增加初中数量，调整学校布局，从而使教学力量相对集中，办学条件有所改善，教育质量也有所提高。在调整普通中学的同时，发展了农业中学、职业中学、职业（技术）学校。

据统计，1981年全国普通高中学校数比1977年减少了40 456所，普通高中学生人数减少了1085.03万人，全国普通高中学生数为714.98万人。当年全国初中毕业生升入普通高中的比例为28%，普通高中毕业生升入大学的比例为5%左右。而同期，中等专业学校学生数增长了55.3%，达到106.9万人；技工学校学生数增加到77万人，比1977年增长175.7%；农业中学及其他职业性学校在校生总数达到37.5万人（不含初中生）。全国各类职业（技术）学校在校生总数达到211.4万人，占高中阶段在校生总数的22.8%。[①]

（三）纠正片面追求升学率

1982年1月，教育部发出了《关于当前中小学教育几个问题的通知》，就当时出现的片面追求升学率倾向做出了五点规定。1983年7月，教育部召开全国普通中学教育工作会议，再次特别强调了四个问题：①重视中小学教育，切实打好建设"两个文明"的基础；②全面贯彻教育方针，普通中学要担负双重任务；③从实际出发，坚持统一性和多样性相结合的原则；④要根据中小学教育的特点进行改革。

1983年12月31日，教育部进一步颁发了《关于全日制普通中学全面贯彻党的教育方针、纠正片面追求升学率倾向的十项规定（试行草案）》，其中的第一条内容就是：要全面贯彻党的教育方针，不能只抓升学，忽视对劳动后备军的培养；只抓分数，忽视基础知识和能力的培养；只抓少数，忽视多数，只抓毕业班，

---

① 《中国教育年鉴》编辑部.中国教育年鉴 1949—1981. 北京：中国大百科全书出版社，1984：153-174.

忽视非毕业班；只抓高中，忽视初中。

为此，当时我国普通高中教学改革的主要措施包括以下几个方面。①高中部分学科实行两种教学要求，即分为基本的和较高的两种教学要求，从数学、物理和化学学科先开始。②开设计算机等选修课，加强实验教学。③加强劳动技术教育。为此，1982 年 10 月教育部印发了《关于普通中学开设劳动技术教育课的试行意见》。④改进加强中学历史和地理课教学。⑤加强中学外语教育。

1985 年 5 月，中共中央、国务院在北京召开改革开放以来第一次全国教育工作会议，随后出台了《中共中央关于教育体制改革的决定》，宣示着中国教育改革与发展进入一个新时期。

1986 年，《中华人民共和国义务教育法》颁布，要求各级政府发展教育的重点转移到普及义务教育之上，在某种程度上影响了对普通高中教育发展的关注和重视。

二、20 世纪 90 年代普通高中教育发展

20 世纪 90 年代是整个中国教育发展与改革取得显著成效的重要时期，是中国实现基本九年义务教育的攻坚期，是中国高等教育迈入跨越式发展的启动期，同样是中国高中阶段教育取得大发展的起步期。就我国普通高中教育发展而言，这一时期国家教育事业发展规划的政策引领十分清晰。

（一）国家教育事业发展规划的要求

1992 年《全国教育事业十年规划和"八五"计划要点》提出了 20 世纪 90 年代我国教育发展的指导方针，同时强调指出，20 世纪 90 年代是教育事业发展的关键时期，还提出要继续将教育放到优先发展的战略地位，提出使教育同经济协调发展并适当超前。该文件中提出了 20 世纪 90 年代教育发展的主要目标，其中涉及普通高中的目标为：在有条件的大城市市区试行普及高中阶段教育；未来十年普通高中教育事业的发展规模，即普通高中在校生要达到 800 万人，十年增加 80 万人左右。普通高中教育发展的基本任务为：普通高中现有的总规模原则上稳定，着重提高教育质量。已经普及初中的大城市，普通高中规模偏小的可以适当发展。普通高中办得过多和经济落后的地区，应适当调减规模，或实行高三分流，坚持抓好升学制度

的改革，继续扭转片面追求升学率和偏科现象。①

该文件还对高中教育发展的规模进行了总体定位，注意到不同地区间的差异，对普通高中过度发展的地区和经济落后地区在总体上如何进行规模调整给出了明确建议。

1996 年《全国教育事业"九五"计划和 2010 年发展规划》对"八五"计划的执行情况进行了总结，其中将高中教育总结为：中等职业教育进一步发展，高中阶段教育结构过分单一的状况明显改善。1995 年，全国各类普通中等职业学校（指中等专业学校、技工学校和职业高中）在校生达到 939.3 万人，比 1990 年增长 55.3%，年递增率 9.2%。普通高中在校生 713.2 万人，比 1990 年减少 4.1 万人。各类职业学校在校生占整个高中阶段在校生的比重从 1990 年的 45.7% 提高到 56.8%，提高了 11.1%。

"九五"计划规定了我国教育事业发展的总目标，总目标并未明确提及高中教育，但在具体目标中对高中教育的发展规模做出了规定，其中提出：积极发展职业教育，适当扩大普通高中教育规模。全国高中阶段各类在校生达到 2125 万人，年递增率为 5.2%。大城市和沿海经济发达地区努力普及高中阶段教育。普通高中随着高等教育规模的扩大适度发展，达到 850 万人左右，比 1995 年增加 136.8 万人，年递增率 3.6%。职业教育以初中后为重点，实行小学后、初中后和高中后三级分流。高中阶段各类职业学校在校生达到 1275 万人左右，比 1995 年增加 335.7 万人，年递增率 6.3%。全国各类高中阶段职业学校在校生占整个高中阶段在校生的比重提高到 60% 左右。

（二）《中国教育改革和发展纲要》

中共中央、国务院 1993 年 2 月印发了《中国教育改革和发展纲要》，1994 年下发的《国务院关于〈中国教育改革和发展纲要〉的实施意见》指出，到 20 世纪末，我国教育发展的总目标是：全民受教育水平有明显提高；城乡劳动者的职前、职后教育有较大发展；各类专门人才的拥有量基本满足现代化建设的需要；形成具有中国特色的、面向二十一世纪的社会主义教育体系的基本框架。再经过几十年的努力，建立起比较成熟和完善的社会主义教育体系，实现教育的现代化。

在高中教育改革与发展上，提出的具体要求是：大城市市区和有条件的沿海

---

① 南京廖华. 全国教育事业十年规划和"八五"计划要点 1992. [2018-08-19]. http://www.wodefanwen.com/lhd_09o4b3prn941z4g1ryy1_1.html.

经济发展程度较高地区要在普及九年义务教育的基础上，积极普及高中阶段教育（包括普通高中和高中阶段的职业教育）。普通高中可根据各地的需要和可能适量发展，到 2000 年普通高中在校生要达到 850 万人左右，每个县要面向全县重点办好一两所中学。全国重点建设 1000 所左右实验性、示范性的高中。

（三）普通高级中学发展的政策文件

1995 年，国家教育委员会印发了《关于大力办好普通高级中学的若干意见》，该意见是针对高中教育专门制定的，体现了国家对高中教育的重视。

该意见首先明确指出了高中教育所存在的一些问题，主要表现为：办学体制缺乏活力，办学模式单一，还没有形成与社会主义市场经济体制相适应的灵活机制；教育思想、课程结构、教学内容、教学方法、考试制度等在某些方面不能适应社会对高素质、多规格人才的需求；一些地方和学校应试教育的倾向仍较严重，学生课业负担过重；办学效益不高，经费投入不足，办学条件较差，校际间很不平衡，师资队伍不稳、素质亟待提高。

针对这些问题，该文件提出了五条意见，其中第一条意见"高度重视普通高中在社会主义现代化建设中的地位和作用"中明确指出，20 世纪 90 年代乃至 21 世纪初，我国普通高中教育改革与发展的总体思路是：在普及九年义务教育的基础上和继续调整中等教育结构的进程中，坚持分区规划、分类指导，适度发展事业规模；增加投入，加强师资队伍建设，改善办学条件；深化体制改革，促进办学模式多样，加大教育教学改革力度，全面提高教育质量，初步形成能够适应社会主义现代化建设和社会主义市场经济需要的面向 21 世纪的普通高中教育体制。

此外，其他四条意见还对高中教育的规模、办学体制、办学模式、师资队伍和领导管理等方面做出了规定。

1999 年的《教育部关于积极推进高中阶段教育事业发展的若干意见》提出了七条建议，其中前两条是高中教育发展的主要思路。①各地教育行政部门要在确保实现"两基"目标和巩固提高的基础上，重视发展高中阶段教育事业，积极发展包括普通教育和职业教育在内的高中阶段教育，为初中毕业生提供多种形式的学习机会。城市和经济发达的地区要有步骤地普及高中阶段教育，满足初中毕业生接受高中阶段教育的需求。已经基本普及高中阶段教育的地方，要优化教育结构和教育资源配置，进一步提高教育质量和办学效益。②积极发展高中阶段教育要处理好改革、发展与稳定的关系，要以改革为先导，促进事业发展，要从维护社会稳定的大局出发，周密制定改革和发展措施，平稳操作；要处理好速度、规模与质量、效益的关系，在加快发展、扩大规模的同时，要努力提高教育质量和办学效益，避免发生盲目追求速度和规模，忽视质量和效益的倾向；要处理好"普九"的关系，高中阶段教育的发展要有利于促进"普九"目标的实现和巩固提高，要与初中发展规模相适应；要处理好当前扩大招生规模与长远发展的关系，在积极扩大今年招生规模的同时，根据初中毕业生变化情况对今后高中阶段教育的发展进行统筹规划，保证高中阶段教育的可持续发展；要处理好普通高中的发展与中等职业教育发展的关系，各省、自治区、直辖市可以根据本地经济、社会发展实际，逐步优化高中阶段教育结构，促进普通高中教育与中等职业教育的协调发展。

正是上述一系列国家教育规划与文件的出台，促进了我国普通高中教育在这一时期的有序发展，并为21世纪普通高中教育的普及发展奠定了良好基础。

三、21世纪以来普通高中教育发展

进入21世纪，我国基础教育发展已经取得了辉煌成就，主要表现为：基本普及九年义务教育和基本扫除青壮年文盲的目标初步实现，素质教育全面推进。但是，21世纪之初，我国基础教育总体水平还不高，发展不平衡，一些地方对基础教育重视不够。基础教育面临着新的挑战，改革与发展的任务仍十分艰巨。

（一）21世纪初期普通高中教育发展的要求

2001年5月，《国务院关于基础教育改革与发展的决定》出台，提出要坚持基础教育优先发展的战略要求，提出"十五"期间高中阶段入学率达到60%左右。为此，该文件提出，大力发展高中阶段教育，促进高中阶段教育协调发展。有步骤地在大中城市和经济发达地区普及高中阶段教育。挖掘现有学校潜力并鼓励有条件的地区实行完全中学的高、初中分离，扩大高中规模。鼓励社会力量采取多种形式发展高中阶段教育。保持普通高中与中等职业学校的合理比例，促进协调发展。鼓励发展普通教育与职业教育沟通的高级中学。支持已经普及九年义务教育的中西部农村地区发展高中阶段教育。

由此可以认为，这一文件是 21 世纪前 10 年我国普通高中教育发展与改革的纲领与指南。

2001 年的《全国教育事业第十个五年计划》战略要点之二是，根据"发展是硬道理"的原则，努力满足国家和人民群众对教育的需求，积极扩大高中阶段和高等教育的规模。为此，确立了 2005 年高中教育发展的主要目标是，以多种形式大力发展高中阶段教育。具体内容有：扩大各种形式的高中阶段教育和初中后职业培训在校生的规模，有步骤地在大中城市和经济发达地区普及高中阶段教育，努力争取使高中阶段毛入学率提高到 60%左右，大中城市和经济发达地区的初中毕业生基本能够升入高中阶段的各类学校。促进高中阶段教育协调发展，使中等教育结构更趋合理，切合地方经济和社会发展的实际需要。鼓励有条件的地区实行完全中学的高、初中分离，鼓励发展普通教育与职业教育沟通的高级中学，支持已经普及九年义务教育的中西部农村地区发展高中阶段教育。

该规划还提出，至 2010 年，全国高中阶段毛入学率有较大提高，在城市和发达地区普及高中阶段教育。

为了促进国家教育事业发展规划的实施，教育部出台了《2003—2007 年教育振兴行动计划》，其中对高中教育也予以高度关注，强调要积极推进普通高中、学前教育和特殊教育的改革与发展，要用多种形式积极发展普通高中教育，扩大规模，提高质量。加大对农村高中发展的支持力度，引导示范性高中建设，加快基础薄弱校的建设，扩大高中优质教育资源供给能力。

2007 年《国家教育事业发展"十一五"规划纲要》出台，其中，高中教育"十一五"发展的主要目标为：高中阶段教育普及程度明显提高，在校生规模达到 4510 万人，毛入学率达到 80%左右，中等职业教育与普通高中规模基本相当。并且强调"城乡、区域教育更加协调"，实现欠发达地区与全国教育平均水平的差距逐步缩小，高中阶段教育规模稳步扩大；中等发达地区教育发展水平明显提高，高中阶段教育毛入学率达到 80%左右；发达地区高中阶段教育毛入学率均达到 85%以上。

（二）2010 年以来的普通高中教育发展政策

2010 年，《国家中长期教育改革和发展规划纲要（2010—2020 年）》出台。这是一个对中国教育改革与发展具有里程碑意义的文件。它在一定意义上标志着中国教育发展的转型，是中国教育面向现代化的宣言。该文件序言中的第一段是：百年大计，教育为本。教育是民族振兴、社会进步的基石，是提高国民素质、促进人的全面发展的根本途径，寄托着亿万家庭对美好生活的期盼。强国必先强教。优先发展教育、提高教育现代化水平，对实现全面建设小康社会奋斗目标、建设富强民主文明和谐的社会主义现代化国家具有决定性意义。

就高中阶段教育而言，该文件首次把"高中阶段教育"作为一个独立的条目而全面论述，充分突出了高中阶段教育发展的重要地位。该文件提出，2020年普及高中阶段教育，毛入学率达到90%。其中，第五章专门阐述高中阶段教育改革与发展的三大任务。①加快普及高中阶段教育。高中阶段教育是学生个性形成、自主发展的关键时期，对提高国民素质和培养创新人才具有特殊意义。注重培养学生自主学习、自强自立和适应社会的能力，克服应试教育倾向。到2020年，普及高中阶段教育，满足初中毕业生接受高中阶段教育需求。根据经济社会发展需要，合理确定普通高中和中等职业学校招生比例，今后一个时期总体保持普通高中和中等职业学校招生规模大体相当。加大对中西部贫困地区高中阶段教育的扶持力度。②全面提高普通高中学生综合素质。深入推进课程改革，全面落实课程方案，保证学生全面完成国家规定的文理等各门课程的学习。创造条件开设丰富多彩的选修课，为学生提供更多选择，促进学生全面而有个性的发展。逐步消除大班额现象。积极开展研究性学习、社区服务和社会实践。建立科学的教育质量评价体系，全面实施高中学业水平考试和综合素质评价。建立学生发展指导制度，加强对学生的理想、心理、学业等多方面指导。③推动普通高中多样化发展。促进办学体制多样化，扩大优质资源。推进培养模式多样化，满足不同潜质学生的发展需要。探索发现和培养创新人才的途径。鼓励普通高中办出特色。鼓励有条件的普通高中根据需要适当增加职业教育的教学内容。探索综合高中发展模式。采取多种方式，为在校生和未升学毕业生提供职业教育。

在国家教育改革与发展的专门文件中，如此详细论述高中阶段教育改革与发展的要求还是首次。这些具体内容对促进我国普通高中教育的科学发展、可持续发展和全面发展，产生了重要影响。

2012年《国家教育事业发展第十二个五年规划》遵循更新教育观念，坚持改革创新，抓好工作落实，提升基础能力，促进协调发展，服务国家战略的基本思路，提出"十二五"期间高中教育的目标为：基本普及高中阶段教育，毛入学率达到87%。同时，该文件提出要研制普通高中质量标准体系，开展普通高中多样化、特色化发展试验，建立创新人才培养基地，探索西部欠发达地区普及高中阶段教育的措施和办法。

2017 年《国家教育事业发展"十三五"规划》出台，强调推进教育改革发展，实现更高质量、更加公平、更有效率、更可持续的发展；要全面深化教育改革，着力提高教育质量，着力优化教育结构，着力促进教育公平，加快推进教育现代化。

为此，该规划重申普及高中阶段教育，要求在 2020 年全国高中阶段毛入学率达到 90%。对"普及高中阶段教育"的具体要求中，有关普通高中教育的相关内容是：促进普通高中多样化发展。继续支持贫困地区和民族地区普通高中建设。探索综合高中、特色高中等多种模式，促进学校特色发展，为学生提供更多选择机会。推动地方适应高考制度改革和教学改革需要，加强普通高中办学条件和师资配置，确保开齐、开足、开好相关课程。推进普通高中学生发展指导制度建设。推动地方政府制定普通高中生均拨款标准，补足公办普通高中取消"三限生"（根据限分数、限人数、限钱数政策而录取的学生）政策后的经费缺口。对已纳入存量地方政府债务清理甄别结果的普通高中债务，按照地方政府债务管理政策予以偿还。

同时，该文件就普通高中教育教学改革提出了诸多要求，如支持有条件的地方推行小班化教学，鼓励普通高中实行"选课制""走班制"，开设多样优质的选修课程。推动合作探究式学习，倡导任务驱动学习，提高学生分析解决问题的能力。支持有条件的普通高中与高等学校、科研院所开展有效合作，推进创新人才培养。

2017 年，国家出台了《高中阶段教育普及攻坚计划（2017—2020 年）》。该文件的起草说明中指出，2015 年，我国高中阶段教育毛入学率为 87%，离 2020 年实现 90% 的目标只差 3 个百分点。但是，由于我国区域之间、区域内部高中阶段教育发展不平衡，即使东部经济发达地区也存在许多薄弱环节，例如普通高中 56 人以上大班额比例接近 1/4，有的班级甚至超过 70 人；专任教师存在结构性短缺，所以，要在 2020 年实现普及高中阶段教育的目标，必须组织实施攻坚。

可以说，这些文件的出台，是国家推进普及高中阶段教育发展的精准发力，主要体现在以下三个方面。

1）再次强调了普及高中阶段教育的重大意义。正如《国家中长期教育改革与发展规划纲要（2010—2020 年）》中指出的，高中阶段教育"对提高国民素质和培养创新人才具有特殊意义"；这一计划再次强调高中阶段教育对于学生发展、人才成长与劳动者素质养成等方面的作用。

2）着力聚焦了普及高中阶段教育的困难地区。《高中阶段教育普及攻坚计划（2017—2020 年）》提出，2020 年"全国、各省（区、市）毛入学率均达到 90% 以上，中西部贫困地区毛入学率显著提升"，这显然与之前所提出的 2020

年全国高中阶段教育毛入学率 90% 的表述不同。该计划还把"中西部贫困地区、民族地区、边远地区、革命老区等教育基础薄弱、普及程度较低的地区，特别是集中连片特殊困难地区"列为攻坚的重点之一，并提出"在没有普通高中的县，根据人口变动趋势和实际情况，因地制宜新建或改扩建普通高中学校，方便学生在当地上学"。

显然，《高中阶段教育普及攻坚计划（2017—2020 年）》旨在解决高中阶段教育发展中的区域差距问题，体现出实现教育公平的决心，符合协调发展与共享发展的要求。

3）明确提出了普及高中阶段教育的系统保障。当前高中阶段教育发展中还存在诸多问题，来自观念、条件与实践等多个方面，这些问题影响着普及高中阶段教育目标的实现。解决这些问题与普及高中阶段教育，并不只是地方政府的责任，更不只是教育部门内的事情；普及高中阶段教育，是一项系统性工程，需要系统性的保障。为此，该计划在"总体要求""主要任务""主要措施""组织保障"等方面就如何开展攻坚工作进行了系统设计。

可以期待，《高中阶段教育普及攻坚计划（2017—2020 年）》的颁布，不仅能够普及高中阶段教育，而且将有力促进国家教育现代化。

总之，无论是国家教育事业"十二五"与"十三五"发展规划，还是《高中阶段教育普及攻坚计划（2017—2020 年）》，一方面贯彻和体现了《国家中长期教育改革与发展规划纲要（2010—2020 年）》的精神与内容，同时又进一步结合实践，就普通高中教育发展提出了更为全面和具体的目标与要求。这些内容已经不再限于数量化的目标追求，更多的是在于质量、公平、内涵、体系等方面的要求。

第二节　普通高中法规建设与实践探索

为高中教育提供法理基础是中国教育法律法规体系的必然要求和重要内容。

尽管过去 40 年国家没有出台高中教育的专门性法律,但高中教育的相关法律基础和管理规定在《中华人民共和国教育法》①《中华人民共和国民办教育促进法》《中华人民共和国教师法》等法律法规与规章之中都有体现。

从教育法律法规的纵向结构上看,有关教育的条款与规定体现在教育基本法律、教育单行法律、教育行政法规、地方性教育法规和教育规章等各个层面,这些法律法规在高中教育领域同样适用。需要注意的是,普通高中教育通常纳入基础教育范畴,举办与管理的权限属于地方,所以,各地结合自身实际制定了有关普通高中教育的各种地方性规章制度。

一、不断健全的普通高中教育法律体系

《中华人民共和国教育法》是国家的教育基本法,对整个教育全局起宏观调控作用,可以说是"教育的宪法"或教育法规的"母法",规定了国家教育的基本方针、基本任务和教育各主体的权利与义务等。《中华人民共和国教育法》是其他教育法律法规制定的依据,也是各级各类教育的法理基础,正如第二条所规定的:"在中华人民共和国境内的各级各类教育,适用本法。"自然地,高中阶段教育必须符合《中华人民共和国教育法》的基本精神和规定。

（一）形成高中学校的分级管理

2015 年最新修订的《中华人民共和国教育法》第十四条规定,国务院和地方各级人民政府根据分级管理、分工负责的原则,领导和管理教育工作。中等及中等以下教育在国务院领导下,由地方人民政府管理。第十五条规定,国务院教育行政部门主管全国教育工作,统筹规划、协调管理全国的教育事业。县级以上地方各级人民政府教育行政部门主管本行政区域内的教育工作。县级以上各级人民政府其他有关部门在各自的职责范围内,负责有关的教育工作。

显然,高中教育、高中学校的管理权限在地方人民政府。在不同省市内,高中教育发展与管理的权限在省、市（地州）和县（市）之间的分配并不完全

---

① 1995 年 3 月 18 日第八届全国人民代表大会第三次会议通过,根据 2009 年 8 月 27 日第十一届全国人民代表大会常务委员会第十次会议《关于修改部分法律的决定》第一次修正,根据 2015 年 12 月 27 日第十二届全国人民代表大会常务委员会第十八次会议《关于修改〈中华人民共和国教育法〉的决定》第二次修正。这里均以最新的法律条文为准。

一致。

在高中学校的管理方面，按照《中华人民共和国教育法》的规定，高中学校校长或者主要行政负责人必须是具有中华人民共和国国籍，在中国境内定居，并具备国家规定任职条件的公民担任，其任免按照国家有关规定办理。学校的教学及其他行政管理，由校长负责。学校应当按照国家有关规定，通过以教师为主体的教职工代表大会等组织形式，保障教职工参与民主管理和监督。

在高中学校的举办条件上，按照《中华人民共和国教育法》第二十七条规定，设立学校及其他教育机构，必须具备下列基本条件：①有组织机构和章程；②有合格的教师；③有符合规定标准的教学场所及设施、设备等；④有必备的办学资金和稳定的经费来源。

《中华人民共和国教育法》还对学校及其教育机构的权利、义务、经费投入和条件保障等内容做出了法律规定，但并没有具体针对高中教育的相关规定或者要求。

值得关注的是，《中华人民共和国职业教育法》①第十六条对普通中学开设职业课程做出了规定：普通中学可以因地制宜地开设职业教育的课程，或者根据实际需要适当增加职业教育的教学内容。遗憾的是，这条规定目前在普通高中教育实践中并没有得到全面而有效的落实。

（二）规范高中教师的职业资格

《中华人民共和国教育法》的第四章是"教师和其他教育工作者"，其中的具体规定有：第三十三条规定，教师享有法律规定的权利，履行法律规定的义务，忠诚于人民的教育事业；第三十四条规定，国家保护教师的合法权益，改善教师的工作条件和生活条件，提高教师的社会地位。教师的工资报酬、福利待遇，依照法律、法规的规定办理；第三十五条规定，国家实行教师资格、职务、聘任制度，通过考核、奖励、培养和培训，提高教师素质，加强教师队伍建设。

同时，我国还有专门的《中华人民共和国教师法》②《教师资格条例》等专

---

① 1996年5月15日第八届全国人民代表大会常务委员会第十九次会议通过，1996年5月15日中华人民共和国主席令第69号公布，自1996年9月1日起施行。

② 1993年10月31日第八届全国人民代表大会常务委员会第四次会议通过，1993年10月31日中华人民共和国主席令第15号公布，自1994年1月1日起施行。

门法律与规定。《中华人民共和国教师法》规定了各级各类教育的教师管理、教师权利、教师义务等内容。有些规定还专门针对高中教师。第十一条规定了取得教师资格应当具备的相应学历，其中包括，取得高级中学教师资格，应当具备高等师范院校本科或者其他大学本科毕业及其以上学历；第十三条规定，中小学教师资格由县级以上地方人民政府教育行政部门组织有关主管机关认定；第二十六条规定，中小学教师和职业学校教师享受教龄津贴和其他津贴，具体办法由国务院教育行政部门会同有关部门制定；等等。

（三）制定发展民办教育的法律

民办教育的兴起和发展，是过去 40 年中国教育发展的一大显著特点，是中国教育体系不断丰富的表现，也是教育规模不断扩大的途径。因此，自 20 世纪 80 年代末 90 年代初起，中国的民办高中学校在各地逐步兴起与发展。

目前，《中华人民共和国民办教育促进法》[①]对民办教育的地位、作用、权利、法律责任和举办等方面予以法律规范，民办高中正是遵循这一法律的相关规定而发展与壮大的。例如，在学校的组织与活动上，民办高中要满足第二十条提出的规定：民办学校应当设立学校理事会、董事会或者其他形式的决策机构并建立相应的监督机制。

为更好落实《中华人民共和国民办教育促进法》，国家又颁布了《中华人民共和国民办教育促进法实施条例》，对民办教育的举办者、设立、学校组织与活动等内容做出了更为详尽的规定，其中有一些内容是针对民办高中的。比如，第二十二条规定，实施高级中等教育、义务教育的民办学校，可以自主开展教育教学活动。但是，该民办学校的教育教学活动应当达到国务院教育行政部门制定的课程标准，其所选用的教材应当依法审定。

同时，民办学校应当将其所设置的专业、开设的课程、选用的教材报审批机关备案。实施高级中等教育、义务教育的民办学校，可以自主开展教育教学活动。但是，该民办学校的教育教学活动应当达到国务院教育行政部门制定的课程标准，其所选用的教材应当依法审定。

---

① 2002 年 12 月 28 日第九届全国人民代表大会常务委员会第三十一次会议通过，根据 2013 年 6 月 29 日第十二届全国人民代表大会常务委员会第三次会议《关于修改〈中华人民共和国文物保护法〉等十二部法律的决定》第一次修正，根据 2016 年 11 月 7 日第十二届全国人民代表大会常务委员会第二十四次会议《关于修改〈中华人民共和国民办教育促进法〉的决定》第二次修正。

二、普通高中制度建设的地方实践探索

显然，对普通高中教育进行管理，一方面必须遵守国家制定的相关法律法规，另一方面又需要因地制宜地制定地方性教育法律法规和地方性政府教育规章，并予以落实和实施。地方政府根据本辖区内教育发展的具体情况，制定相应的高中教育发展规划及其管理办法，采取相应的管理措施。自改革开放至2000年，国家教育发展的重点是普及九年义务教育，导致有关普通高中教育发展及其管理的地方性政策并不多。

进入21世纪之后，各地关于普通高中学校发展与管理的地方性政策文件逐渐增多。这里以湖北省、重庆市和广东省为例，介绍这些地方高中教育的管理实践。

（一）普通高中的办学模式

1994年，湖北省为了适应社会主义现代化建设对人才多样化、多规格的需求，满足学生个性特长与兴趣爱好多样化的需求，对普通高中办学模式进行了改革试验，提出四种模式：①试办综合性高中；②试办分流性高中；③试办分科性高中；④试办特色性高中。在办学体制方面，要求建立以政府办学为主体，社会各界共同办学的体制，包括：①积极支持厂矿企业办学，鼓励企业与教育部门联办普通高中；②提倡和鼓励社会团体、公民个人与集体单位依法举办普通高中，或实行"民办公助""公办民助"等办学形式；③试行"国有民办"性质的办学形式，将现有普通高中承包给适合办学的公民和团体；④探索合资办学形式。

1995年，为了贯彻国家教育委员会召开的全国普通高中教育工作会议精神，湖北省教育委员会提出了三项措施：①扎实稳步地推进办学模式和办学体制改革；②加强普通高中校园建设和管理，每两年对校园建设和管理工作检查一次；③加强薄弱高中建设。要切实做好普通高中的布局调整工作，合理调配资金、师资、生源，改变薄弱普通高中规模小、生源少、师资队伍不雄厚、教育经费严重短缺的状况。到2003年，湖北省普通高中始终以较快速度发展，初中毕业生升入普通高中的升学率为43.2%。全省有普通高中626所，比上年增加27所；在校生总数达到107.29万人。[①]

2005年，湖北省政府着重研究全省普通高中建设和发展问题，主要包括：

---

① 湖北省教育厅. 2003年湖北省教育事业发展统计公报. （2008-11-12）[2018-06-03].http://jytxxgk.e21.cn/web/webInfo.do?actionCase=rule_content&info.id=200&superior=info_category_query.

①加强普通高中建设管理；②规范普通高中招生收费；③规范普通公办高中改制行为和发展民办高中。湖北省政府要求各地高度重视高中阶段贫困生的入学问题，保障人民群众子女平等受教育的权利。建立和完善高中贫困生资助的政策体系，不断拓宽资助渠道，确保工人、农民和低收入家庭的子女上得起普通高中，努力解决好"上学难、上学贵"的问题。[①]

2009 年，为推进省级示范高中全面贯彻党的教育方针，发挥其在实施素质教育中的示范引领作用，促进全省普通高中教育持续、健康、科学发展，湖北省制定了《湖北省示范高中管理规定（试行）》，由此使高中教育管理更加科学。

（二）两级办学与两级管理

1997 年，作为直辖市的重庆，在高中教育管理上，实行市和区市县两级办学、两级管理的体制，探索建立以政府办学为主，企业办学和社会力量办学并存的模式。重庆市教育委员会直接管理重庆市第一中学、重庆市南开中学、重庆市第八中学等 6 所重点中学，另有近 30 所省级重点中学由所属高等学校和学校所在的区市县教育行政部门管理，企业办有 5 所省级重点中学，其余一般普通完中校（点）分别由市、区市县教育行政部门、企事业单位和社会力量办学和管理。当时，重庆市企事业单位办的普通高中有 70 所，社会力量办的普通高中 10 所。在普通高中学校内部管理体制上，普遍实行了校长负责制、教职工全员聘任制、校内结构工资制及岗位责任制；在教学过程及质量管理上，基本形成了市、区市县及学校三级管理指挥系统。[②]

进入 21 世纪之后，为了适应普通高中学校现代化建设的新形势，重庆市又相继制定了普通高中管理政策。2009 年，重庆市制定了《重庆市普通高（完）中的办学基本要求及检查验收细则（试行）》，提出了比较完善的普通高（完）中、重点中学、示范高中分类评估与管理政策体系。尤其是所有市级重点中学必须分别"捆绑"一所一般高中学校共同发展，以发挥优质资源辐射作用。

2010 年，为了加强市级重点中学建设与管理，扩大优质教育资源，进一步提高普通高中教育质量和办学效益，根据中共重庆市委、重庆市人民政府《关于加快教育改革与发展的决定》《重庆市国民经济和社会发展第十一个五年规划教育发展重点专项规划》，制定了《重庆市重点中学管理办法》。

---

① 湖北省教育厅. 湖北教育年鉴 2006. 武汉：湖北人民出版社，2006：49-50.

② 《中国教育年鉴》编辑部. 中国教育年鉴 1998. 北京：人民教育出版社，1999：737.

（三）重点建设示范性高中

进入 21 世纪，广东省政府针对全省普通高中教育相继制定了更为科学、全面的发展规划，在高中教育的行政管理方面采取多个措施，并取得一定成效。

2003 年，广东省教育厅公布普通高中"十五"发展规划，要求加强规范化高中学校建设，重点建设 400 多所各级示范性高中，使优质普通高中学生数占普通高中学生数 60%以上。示范性普通高中原则上实行初、高中分离，分离后腾出的学位全部用于普通高中的扩招。积极创造条件新建在校生 3000 人左右的寄宿制示范性普通高中。积极推行优质普通高中与薄弱高中联合办学或兼并薄弱高中。普通高中逐步向县政府所在地和经济、交通发达的中心镇集中发展。在校生 300 人以下的欠发达地区农村普通高中会被撤并，到 2005 年，全省普通高中学校规模均可达到 1200 人以上。到 2005 年，各种形式社会力量办学的普通高中在校生数占全省普通高中在校生总数的 10%以上。

2006 年，广东省推进经济发达地区实施普通高中"扩容促优"工程，通过普通高中专项经费引导各地重点扶持面上普通高中学校的发展，要求各地要避免将教育经费集中投入一两所学校，严格控制兴办超规模、超大校园的学校，要加强扶持薄弱高中扩大规模，办好每一所普通高中学校；印发《关于重申禁止公办普通高中招收往届生复读的通知》，重申公办普通高中学校禁止招收往届生复读。

2010 年的《广东省中长期教育改革和发展规划纲要（2010—2020 年）》提出"加快发展高中阶段教育"和"优化发展普通高中"的要求。2011 年的《广东省教育发展"十二五"规划》提出，继续实施高中阶段教育普及工程，不断提高高中阶段教育毛入学率；进一步完善义务教育与高中阶段教育联动发展机制，切实抓好高中阶段学校招生建设工作；健全高中阶段教育普及督导验收和检查制度，完善巩固提升高中阶段教育普及水平的长效机制；进一步改善高中阶段学校办学条件，加强基础能力建设，不断提高高中阶段学校教育教学质量和办学水平。

2013 年，广东省制定并实施了《广东省改造提升薄弱普通高中办学水平的实施意见》。同时，还出台了《广东省深化普通高中课程改革的意见》《广东省普通高中特色发展实施方案》《广东省普通高中教育质量监测评价和公布办法》等政策文件，建立起完善的普通高中教育质量保障体系。

第三节 普通高中教育体系变化的特点

1978—2018 年的 40 年，中国高中教育受到国家政治、经济和社会发展等综合因素的深刻影响，体系和管理制度发生着相应的变化与调整，本节从民办高中的兴起与发展、高中阶段普职结构变化、完全中学的初高中脱钩以及普通高中的多样化发展四个方面，对我国普通高中教育的体系变化进行介绍。

一、民办高中的兴起与发展

实行改革开放政策以来，中国基础教育办学体制不断解决过去结构单一的问题，多元化办学体制成为高中教育的发展方向，这同计划经济向社会主义市场经济体制转变的大趋势是相似和同步的。

过去 40 年间，我国普通高中的办学形式有：政府举办的公办高中；依托高中举办"四独立"（校区独立、法人独立、财务独立和管理独立）的民办高中；联合办学；国有民办；完全民办等。多种办学体制并存、公办民办并举成为国家高中教育发展的重要特点，其中，民办普通高中学校的兴起与发展成为当代中国普通高中教育发展的显著特点。

（一）发展民办高中的政策

1993 年的《中国教育改革和发展纲要》提出，要改革办学体制。改变政府包揽办学的格局，逐步建立以政府办学为主体、社会各界共同办学的体制。其中还提到普通高中的办学体制和办学模式要多样化。

1994 年，《国务院关于〈中国教育改革和发展纲要〉的实施意见》指出，企事业单位和其他社会力量按国家的法律和政策多渠道、多形式办学。有条件的地方，也可实行"民办公助""公办民助"等形式。也正是在该文件中，提出了"积极鼓励、大力支持、正确引导、加强管理"的民办教育"十六字方针"。

1995 年，国家教育委员会在《关于大力办好普通高级中学的若干意见》中指出，发展普通高中要注意调动社会各方面的积极性，拓宽办学渠道，改变目前政府办学的单一体制，逐步建立以地方政府办学为主，社会各界共同办学的体制。要鼓励和支持企、事业单位继续办好普通高中。有条件的地方可以进行与高等院校、科研部门等联合办学的试验。支持和鼓励社会团体、公民个人按照国家法律和政策举办普通高中，也可以实行"公办民助""民办公助""公有民办"等办学形式；各级政府和教育行政部门要制定相应的政策，健全审批制度，加强管理，指导上述各类学校按照国家的教育方针和规定办好学校。

1999 年，《中共中央国务院关于深化教育改革，全面推进素质教育的决定》提出，进一步解放思想、转变观念，积极鼓励和支持社会力量以多种形式办学，满足人民群众日益增长的教育需求，形成以政府办学为主体、公办学校和民办学校共同发展的格局。凡符合国家有关法律法规的办学形式，均可大胆试验，在发展民办教育方面迈出更大的步伐。鼓励社会力量以各种方式举办高中阶段和高等职业教育。在保证适龄儿童、少年均能就近进入公办小学和初中的前提下，可允许设立少数民办小学和初中，在这个范围内提供择校机会，但不搞"一校两制"。要因地制宜地制定优惠政策（如土地优惠使用、免征配套费等），支持社会力量办学。

1999 年的《关于积极推进高中阶段教育事业发展的若干意见》要求：各地要实行鼓励民间办学的优惠政策，包括无偿提供办学用地，免收配套费用，充分利用现有设施和房屋等，为民间兴办高中阶段的学校创造条件，并加强管理、指导和监督。鼓励办学条件较好、教育质量较高的公办普通高中在保证本校规模和教育质量的前提下，采取多种方式与其他学校、社会力量联合举办民办普通高中；部分公办职业学校可以在政府的指导下，进行办学体制改革的试验；中等专业学校要加快招生、毕业生就业体制改革的步伐，实行在国家方针政策指导下自主择业的制度；鼓励行业、企业举办的高中阶段各类学校面向地方、社会扩大招生；有条件的高等学校可以按照国家有关规定，采取民办机制举办附属普通高中和外语、体育、艺术等特色高中。

2001 年的《国务院关于基础教育改革与发展的决定》指出，普通高中教育在继续发展公办学校的同时，积极鼓励社会力量办学。该文件在积极鼓励社会力量办学的同时，要求加强民办中小学管理，要求公办学校在保证国有资产不流失的前提下，可以进行按民办学校机制运行的改革试验，对公办学校的改制提出了相应的管理要求。

2002 年，教育部部长陈至立在全国高中发展与建设工作经验交流会上做了《实践"三个代表"重要思想，努力开创高中教育发展与建设的新局面》的讲话，陈至立提出"坚持政府办学不等于政府包办高中教育"，推进多元化办学体制，要在进一步办好公办高中的同时，积极鼓励社会力量举办普通高中和职业高中。要加强对社会力量办学的扶持、管理和引导，努力形成公办学校和民办学校共同发展的新格局。允许办学历史悠久、教育质量高的公办学校在保证本校规模和质量的基础上，在实行与原校"四独立"（独立法人、独立校园校舍、独立经费管理、独立教学管理）的前提下，单独举办或与社会力量联合举办民办高中；鼓励有条件的地方新建高中学校采用民办机制，吸收社会资源，实行国有民办；鼓励有条件的高校和艺术类院校利用其资源优势和影响，采用民办机制举办有特色的高中学校；允许高质量的高中与薄弱高中的联合与协作，改造和兼并薄弱高中，实行教育资源的重组和优化，扩大优质的高中教育资源。积极鼓励企业、社会团体和公民个人对发展高中教育的捐赠，并享受国家有关优惠政策。

（二）制定民办高中的法规

自 1993 年《中国教育改革和发展纲要》提出民办教育发展的"十六字方针"以来，民办高中的发展进入一个新的阶段，并于 1997 年颁布了《社会力量办学条例》。

该条例是针对民办教育发展与管理的专门法规，在重申国家针对民办教育的"十六字方针"的基础上，详细规定了民办教育机构的设立与管理相关的具体内容，并在第六条中明确提出社会力量举办教育机构，不得以营利为目的。该条例对于调动、保护和发挥社会力量办学积极性具有重要意义；当然也存在一些问题，如该条例没有对学校产权和教育行政部门的管理权限等问题进行明确规定。

正是基于《社会力量办学条例》和民办教育的前期发展，国家于 2002 年颁布了《中华人民共和国民办教育促进法》，涉及民办学校的设立、学校的组织与活动、教师与受教育者、学校资产与财务管理等内容。相比《社会力量办学条例》，《中华人民共和国民办教育促进法》有诸多突破，如民办学校享受国家规定的税收优惠政策（第四十六条）、允许出资人从办学节余中取得合理回报（第五十一条）等。

为贯彻落实《中华人民共和国民办教育促进法》，2004 年，国务院又颁布了《中华人民共和国民办教育促进法实施条例》，增强了《中华人民共和国民办教育促进法》的针对性和可操作性。2016 年《中华人民共和国民办教育促进法》再次修订，进一步引导和规范我国民办教育发展。

总之，《社会力量办学条例》《中华人民共和国民办教育促进法》《中华人民共和国民办教育促进法实施条例》等法律法规为社会力量办学、推进民办高中学校发展提供了法律依据和法律保障，促进了民办高中教育的健康发展。

（三）民办高中的规模扩展

2000 年之后，随着我国民办教育事业的发展，民办普通高中也得到了快速发展。从民办高中在校生数来看，2003—2006 年是一个较快的增长期，民办普通高中的在校生数从 141.37 万人增加到 247.72 万人，增加了 75%；民办普通高中在校生数占全国普通高中在校生数的比例从 7.2%增加到 9.9%。[①]此期间正是 2002年《中华人民共和国民办教育促进法》通过之后。

2006—2013 年，民办普通高中规模在经历微降后保持相对稳定，没有太大变化，民办普通高中在校生数占全国普通高中在校生数的比例在 9.6%左右。

2013 年后，民办普通高中的规模又开始稳步扩大，到 2016 年，民办普通高中在校生数达到 279.08 万人，民办普通高中在校生数占全国普通高中在校生数的比例为 11.8%（图 1-1）。

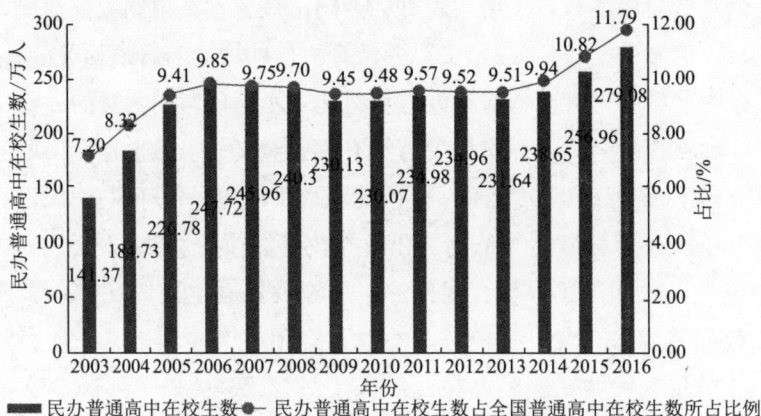

图 1-1 2003—2016 年民办普通高中在校生数及占全国普通高中在校生数的比例
资料来源：根据 2004—2007 年全国教育事业发展统计公报统计. http://www. moe. gov. cn/jyb_sjzl/sjzl_fztjgb.

《2017 年全国教育事业发展统计公报》显示，全国民办普通高中已有 3002 所，在校生 306.26 万人。[②]

---

① 根据 2004—2007 年全国教育事业发展统计公报统计. http://www. moe. gov. cn/jyb_sjzl/sjzl_fztjgb.
② 教育部. 2017 年全国教育事业发展统计公报.（2018-07-17)[2018-09-05] .http://www. moe. gov. cn/jyb_sjzl/sjzl_fztjgb.

（四）公办高中的转制发展

除了完全民办高中外，在鼓励社会力量举办高中学校方面，国家又从办学体制上做了多种尝试。1994 年，《国务院关于〈中国教育改革和发展纲要〉的实施意见》指出，企事业单位和其他社会力量按国家的法律和政策多渠道、多形式办学。有条件的地方，也可实行"民办公助""公办民助"等形式。这为公办学校进行办学体制改革提供了政策依据。

1. 国有民办

"民办公助"通常是指由群众集资兴学，政府加以资助；而"公办民助"是指政府举办学校，社会和民间予以支持。20 世纪 90 年代中期在我国一些地方，开始出现公办学校的转制改革，即"国有民办"，鼓励公立学校改为公、民合办的多种形式。所谓的"国有民办"是指，学校的公立性质不变，但办学主体不再只是单一的政府部门，而是社会、民间或者个人等非政府机构或者人员共同参与。

所以，"国有民办高中"是介于纯粹的政府办学和纯粹的民间办学之间的办学形式。通常是国家和政府把原有国有公办高中或者新建高中按照相关法律程序，交由有法人地位的社会团体或公民个人承办，学校承办者依法筹集和投入经费，承办者享有民办学校办学的政策权利和办学自主权。这种办学模式的特征可以概括为：学校国有、社团或公民承办、经费自筹、办学自主。

"国有民办"一般有四种模式。①新建模式。在满足当地义务教育入学需要的前提下，拿出新的公建配套学校进行转制，政府提供学校的基础开办费和一定年限的在编人员的经费，以后逐渐"断奶"。②改造模式。将公办薄弱学校通过"拆、并、转"等形式进行改造。③承办模式。由承办者筹集一定的启动资金，校舍、场地及部分经费由政府视不同情况给予提供。④依托模式。让重点学校内的"校中校"从母体中脱离，进行改制。

因此，"国有民办高中"的特点是性质为国有，但实行民办管理机制，从而在一定程度上实现了所有权与经营管理权的分离。

2. 名校办民校

"名校办民校"是指重点公办名校利用自己的声誉开办具有民营性质，以收取学生学费和住宿费作为办学经费的主要来源，有偿享受名校优质教育资源而开办的分校。

"名校办民校"充分利用了公办名校的优质教育资源，同时借助民办学校在办学机制上的灵活性，旨在提升高中教育资源的供给能力，满足人民对优质教育的需求。相比纯民办高中，这种借助于公办名校已有声誉的"名校办民校"发展更为快速。

但是，在实践中也遇到了一些问题，尤其是民校的产权问题、公平问题等，这些学校在本质上就是一校两制。目前，教育部和各地政府在"名校办民校"上有各种比较严格的限制和规定。

3. 规范治理

针对公办高中改制过程中出现的问题，2005 年，国家发展和改革委员会与教育部在《关于做好清理整顿改制学校收费准备工作的通知》中明确指出公办学校改制存在的问题，并要求从 2006 年 1 月 1 日起，各地全面停止审批新的改制学校和新的改制学校收费标准。该文件还要求，对现有改制学校的有关情况进行全面调查。

2006 年，教育部等七部门发布《关于 2006 年治理教育乱收费工作的实施意见》，指出坚决制止以改制为名乱收费，进一步规范公办学校办学行为。该文件强调，加强对办学体制改革工作的领导，全面停止审批新的改制学校和新的改制学校收费标准。进一步规范义务教育办学行为，对以改制为名乱收费的学校进行全面清理。公办学校凡改制为民办学校的，必须符合"四独立"原则，否则要停止招生。严禁搞"校中校""一校两制"和以改制为名乱收费。

2011 年，教育部与国家发展和改革委员会联合发布了《关于进一步做好普通高中改制学校清理规范工作的通知》，正式规范清理公办高中改制事宜。该文件肯定 20 世纪 90 年代以来，普通高中办学体制改革扩大了优质高中教育资源，但出现了高收费、乱收费问题，加重了群众的负担；有的学校存在"一校两制"和"校中校"等不规范的办学行为。清理规范的对象包括：按民办学校机制运行的公办普通高中学校；公办普通高中参与举办的不符合《中华人民共和国民办教育促进法》及其实施条例规定的办学要求的民办普通高中学校。该文件还针对两类学校提出具体的清理规范要求：明确定性为公办学校的，应执行当地同类公办普通高中学校招生收费政策。应鼓励其中一些办学水平较高的学校在执行当地公办学校收费政策的基础上，继续开展办学体制改革探索，扩大其在课程设置、教学改革、资源配置、人事管理等方面的自主权，促进其进一步提高质量，办出特色。明确定性为民办学校的，应符合《中华人民共和国民办教育促进法》及其实施条例规定的民办学校条件，履行民办学校审批手续，取得办学许可证，依照有关法律法规进行登记。公办普通高中依法参与举办的民办普通高中学校，不得利用国家财政性资金，应具有独立的法人资格，具有与公办学校相分离的校园和基本教育教学设施，独立进行财务核算，独立招生和颁发毕业证书。此外，学校的人事管理、教育教学活动应保持相对独立。各地应根据相关法律法规和政策规定，采取政府购买服务、以奖代补等方式，给予民办学校一定扶持和帮助，满足学生的选择需要。

根据国家文件要求，各地对普通高中改制进行了清理规范，如山东省教育厅等部门联合下发《关于进一步做好普通高中改制学校清理规范工作的通知》，要求各市、各有关单位务必要根据实际，统筹规划，坚持"因地制宜、因校制宜，宜公则公、宜民则民"的原则，把握好相关政策，依法做好清理规范工作。

二、高中阶段普职结构变化

普通（学术）教育与职业（技术）教育并存，是整个高中阶段教育的重要特征。我国的高中阶段教育最初是从普通教育起步的，在改革开放之初，高中就是普通高中，它与中等师范学校、中等专业学校、技工学校等共同组成中国的高中阶段教育。

但是进入 20 世纪 80 年代之后，随着国家社会经济等各方面的全面改革与发展，传统的高中阶段教育受到了挑战，调整与优化中等教育内部结构成为高中阶段教育改革与发展的重要任务。

（一）扩大中职规模

众所周知，1966—1976 年的 10 年，中国教育体系与教育发展受到极大的破坏。废除了"两种劳动制度、两种教育制度"的办学思路，砍掉了中等专业教育，取消了农（职）业中学和各种半工（农）半读的中等教育学校，广大农村几乎全部办成了普通中学，1978 年普通高中的比例占到了 92%。[①]

显然，当时我国中等职业技术教育非常薄弱，1980 年发布的《关于中等教育

---

① 赵俊婷，刘明兴. 我国普通高中教育经费筹措体制回顾与评析：1980—2016. 教育学报，2017（3）：69-78.

结构改革的报告》明确提出，要改革中等教育的结构，发展职业技术教育，适应四化建设的需要，同时提出了中等教育结构改革的方针是，实行普通教育与职业、技术教育并举，全日制学校与半工半读学校、业余学校并举，国家办学与业务部门、厂矿企业、人民公社办学并举，从而最终实现各类职业（技术）学校的在校学生在整个高级中等教育中的比重大大增加。该报告还就中等教育结构改革的内容和途径进行了设计，如改革普通高中课程、对普通高中进行改办、各行各业举办职业学校等。

1985年，国家发布了第二份关涉高中阶段教育的重要文件《中共中央关于教育体制改革的决定》。该决定提出了"调整中等教育结构，大力发展职业技术教育"的目标任务，明确发展职业技术教育要以中等职业技术教育为重点。具体要求是：根据大力发展职业技术教育的要求，我国广大青少年一般应从中学阶段开始分流：初中毕业生一部分升入普通高中，一部分接受高中阶段的职业技术教育；高中毕业生一部分升入普通大学，一部分接受高等职业技术教育。在小学毕业后接受过初中阶段的职业技术教育的，可以就业，也可以升学。凡是没有升入普通高中、普通大学和职业技术学校的学生，可以经过短期职业技术培训，然后就业。要充分发掘现有中等专业学校和技工学校的潜力，扩大招生，并且有计划地将一批普通高中改为职业高中，或者增设职业班，加上新办的这类学校，力争在5年左右，使大多数地区的各类高中阶段的职业技术学校招生数相当于普通高中的招生数，扭转目前中等教育结构不合理的状况。

1989年，国家教育委员会主任李铁映在年度教育工作会议上再次强调，要在农村下决心将一部分普通高中改为农、职业学校。之后10年间，在中央政府的支持下，中等职业教育得到快速的发展，1998年中等职业教育招生所占比例为65%，在校生所占比例为66%。[①]

（二）中职规模下滑

但是自20世纪90年代末起，国有企业减员增效改革使得中等专科学校毕业生就业难度加大，直接影响了职业教育的发展。同时，1998年教育部出台的《面向21世纪教育振兴行动计划》提出，到2010年高等教育毛入学率要接近15%，这为在全国范围内扩大高等教育招生人数提供了政策基础。在高等教育扩招的进程中，

---

① 陈国良，董秀华，茅鸿祥，等. 我国中职规模及比例情况. 教育发展研究，2009（23）：24-25.

普通高中迅速升温，中等职业教育（包括职业高中）则相应受冷。

所以，尽管 1999 年 8 月颁布的《关于积极推进高中阶段教育事业发展的若干意见》强调，要处理好普通高中的发展与中等职业教育发展的关系，各省、自治区、直辖市可以根据本地经济、社会发展实际，逐步优化高中阶段教育结构，促进普通高中教育与中等职业教育的协调发展。但事实上，1998—2004 年，我国中等职业教育的招生比例和在校生规模比例不断下降，在 2003 年、2004 年到了一个谷底（图 1-2）。

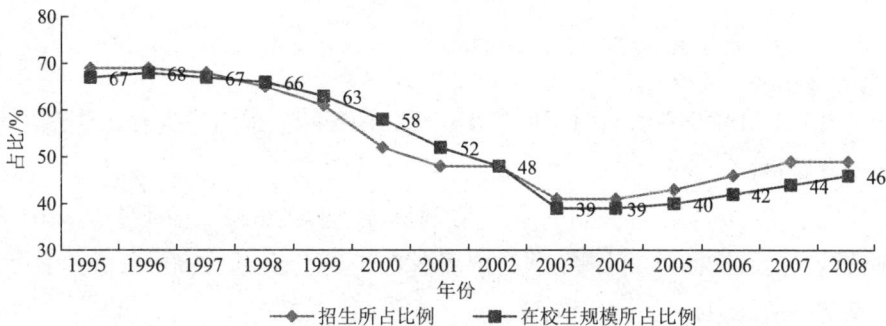

图 1-2　1995—2008 年中等职业教育的招生比例和在校生规模比例[①]

（三）普职大体相当

2005 年以后，随着国家大力发展职业教育政策的实施，中等职业教育在整个高中阶段教育中的比例又有所回升。

《国家中长期教育改革和发展规划纲要（2010—2020 年）》指出，根据经济社会发展需要，合理确定普通高中和中等职业学校招生比例，今后一个时期总体保持普通高中和中等职业学校招生规模大体相当。

但这并未扭转普高热、职教冷的现实局面。2017 年颁布的《高中阶段教育普及攻坚计划（2017—2020 年）》指出，目前仍然存在"普通高中教育与中等职业教育发展不协调"等突出问题。因此，在总体要求中将"协调发展，分类指导"作为基本原则之一：牢固确立职业教育在国家人才培养体系中的重要位置，巩固提高中等职业教育发展水平，实现普通高中教育和中等职业教育协调发展；要求到 2020 年，实现普通高中与中等职业教育结构更加合理，招生规模大体相当的主要目标。

目前，在加快普及高中阶段教育的进程中，注重普通教育与职业教育的协调发展，是中央政府和各地政府重视与关注的焦点之一。可以预见，随着社会经济发展和人民群众对教育的期待与要求，我国高中阶段教育普职之比将呈现动态性的变化。

三、完全中学的初高中脱钩

中国中等阶段教育长期并存着初级中学、高级中学和完全中学三种办学形式。初级中学只有初中，高级中学只有高中；而完全中学既有初中，又有高中。

（一）扩大高中规模的途径

随着普及九年义务教育目标的逐步实现，国家相应提出了扩大高中阶段教育规模的发展目标。

将完全中学的初中部和高中部分离或脱钩正是其中的一条路径。完全中学在当地普遍具有较高的办学水平，将初中部剥离出去，就地扩大高中部的办学规模，相比新建一所高中，无疑更有效率。

（二）满足义务教育的需求

高中教育并不是义务教育，但是初中教育属于义务教育；完全中学的初高中分离，也有利于义务教育的发展与管理，即初中教育的发展。初高中脱钩，可以更好、更充分地满足初中学生和高中学生不同的身心特点和教育需求，使得各自的教育更有针对性。

而且完全中学大多是各地的重点学校，初高中分离在一定程度上有利于促进初中教育的均衡发展，减少学生择校的可能，有效解决因完全中学等重点中学而引发的义务教育领域中的教育不公平现象。

（三）提出的主要政策举措

1999年出台的《教育部关于积极推进高中阶段教育事业发展的若干意见》提出，已经"普九"的地方，可以通过学校布局调整、初高中分离、重点学校与薄弱学校联合办学、灵活多样的授课制等形式，挖掘潜力，扩大现有公办普通高中的招生规模。之后，国家又相继发布了与此相关的一系列文件。

2001年《国务院关于基础教育改革与发展的决定》提出，挖掘现有学校潜力并鼓励有条件的地区实行完全中学的高、初中分离，扩大高中规模。《全国教育事业第十个五年计划》也提出，要鼓励有条件的地区实行完全中学的高、初中分离。

各地方政府也采取了一系列举措，以落实国家出台的初高中脱钩政策。1999年，广西壮族自治区为贯彻《中共中央国务院关于深化教育改革，全面推进素质教育的决定》和自治区的贯彻意见，要求各地采取措施，扩大普通高中的办学规模，剥离完全中学的初中部，调动社会积极性，发展民办高中。

2002年，湖南省在长沙市第一中学、湖南师范大学附属中学采取"停止公办初中招生，实行高、初中分离"的措施，并指导全省有条件的地区，在不影响"普九"的前提下，积极稳妥地实施初高中分离，扩大高中招生规模。

2005年，湖南省教育厅下发了《关于共享公办普通高中资源的民办学校停止初中招生的有关事项通知》，要求各地公办普通高中单独举办或与其他机构或个人联合举办的民办学校，凡共享了公办普通高中资源或者无形资产（包括校名、师资、品牌、管理等）的，从2006年开始，一律停止初中招生。已经实施初中高中剥离的学校，高中学校不能再招收初中生。

2012年江苏省在《关于深入推进义务教育优质均衡发展的意见》中提出，按照国家有关要求推进初高中分设，普通高中不得举办或变相举办初中学校或初中班，已经举办的应立即纠正，到2015年，形成省辖市中心城区普通高中由省辖市统一举办管理、义务教育学校由区统一举办管理的格局。

（四）出现的一些主要问题

在初高中分离政策的执行过程中，政府和学校事实上也表现出犹豫的态度，政策推进中不断出现新的变化。

1）有的地区对完全中学下放初中部本身积极性不高，初中部提供优质生源、增加数额不菲的择校费等使得一些完全中学并不愿意剥离初中部。

2）不少知名的完全中学在初高中分离过程中，将初中部民营化了，并通过名校与社会力量合作办学来扩大民校的影响力，从而出现"名校办民校"的现象，民校在借助公办名校品牌实现扩张的同时，也出现了学费上涨现象，甚至出现了学校的集团化、争抢生源的现象。

3）有的高中学校重新恢复了初中部，重新成为完全中学。以广州市为例，

2005 年《南方日报》刊登的《（广州）名校广雅、执信等六所中学将恢复公办初中》、2012 年《南方日报》刊登的《高中拟复办初中》等，其出发点是"公办教学质量不如民办"，因此希望通过在市、区属重点高中复办初中的方法来解决优质公办初中资源不足的问题，加大优质教育资源的辐射力度。

2017 年，全国普通高中学校共有 1.36 万所，其中，完全中学有 5460 所，高级中学 6780 所。以高级中学为主的普通高中教育格局已经成形。[①]

四、普通高中的多样化发展

普通高中的多样化发展涉及办学体制的多样化，主要是从投资主体的角度突破过去"非公即私"的二元思维，实现公办民办并举发展；也可以从横向、纵向不同维度来理解多样化发展，比如，重点高中政策就是从纵向理解高中的区别发展；还可以从办学模式、育人模式上来理解普通高中的多样化发展，探索一些综合高中模式，建设一些特色校等。

（一）重点（示范）高中[②]

早在 1977 年，邓小平同志就指出，办教育要两条腿走路，既注意普及，又注意提高。要办重点小学、重点中学、重点大学。要经过严格考试，把最优秀的人集中在重点中学和大学。[③]1978 年，教育部制定了《关于办好一批重点中小学的试行方案》，提出全国重点中小学要构建形成"小金字塔"结构，要在经费、师资和生源等方面向重点学校倾斜。

重点高中政策服务于国家大力发展经济的需求，既是"早出成果，早出人才"在教育领域，以及高中教育领域的反映，也是在资源有限性和经济社会发展对人才迫切需求背景下做出的选择。

1980 年教育部出台的《关于分期分批办好重点中学的决定》对此政策做出过说明和解释：我国人口多，底子薄，各地发展不平衡，师资、经费、设备又有限，如果平均使用力量，所有中学齐头并进提高教育水平，是不可能的，也是不符合

---

① 教育部. 2017 年全国教育事业发展统计公报. （2018-07-19）[2018-09-04]. http://www.moe.gov.cn/jyb_sjzl/sjzl_fztjgb/201807/t20180719_343508.html?authkey=nxe9j2.

② 关于重点中学在本书的第六章有专门的论述。

③ 人民教育出版社. 教育改革重要文献选编. 北京：人民教育出版社，1986：142.

事物发展规律的。因此，必须首先集中力量办好一批条件较好的重点中学。国家同时希望，通过重点高中的示范引领作用，带动一般高中的发展，这在 1983 年教育部发布的《关于进一步提高普通中学教育质量的几点意见》中有过明确的表述。当然，重点高中政策在后续执行中逐渐暴露出择校热、有失公平等弊端。

重点高中政策在 1994 年有了新表述，1994 年 7 月 3 日发布的《国务院关于〈中国教育改革和发展纲要〉的实施意见》提出，每个县要面向全县重点办好一两所中学。全国重点建设 1000 所左右实验性、示范性的高中。示范性、实验性高中替代了原先的重点高中。

紧接着，1995 年，《国家教育委员会关于评估验收 1000 所左右示范性普通高级中学的通知》对示范性普通高中的建设任务做了具体部署、安排，同时提出了示范性高中评估验收的标准。由于评估实施过程中存在过分注重规模和硬件设施的倾向，国家教育委员会于 1996 年叫停了示范性高中评估活动，但各地的示范性高中建设并未停止，而且支持重点高中发展的政策没有发生根本性的转变。

（二）综合高中模式

高中阶段教育的普职分离发展，不可避免地存在一些问题，如普通教育和职业教育之间的沟通不够畅通、普通高中缺乏基本的职业素养、职业高中忽视文化与基础知识的学习等。随着高中阶段教育的普及率逐步提高，普职融通具有了必要性，而综合高中模式正是普职融通改革发展中的尝试之一。综合高中也是国际上普遍较为认同的一种培养模式，一般认为其更具包容性和试错性。

在普通高中的分类中，综合高中是一个很重要的类别。综合高中的培养目标是在为高等院校尤其是高等职业技术院校输送合格生源的同时，兼顾部分毕业生直接就业的需求，使所有毕业生均达到普通高中的文化水平，其中升入高校和直接就业的毕业生兼有一技之长。

20 世纪 90 年代初，全国各省开始对高中办学模式进行探索，时间上相对较早的是江苏省。1992 年，江苏省一些普通高中已经逐渐改革课程结构，在打好文化课基础的同时，适当引进职业技术教育，创办综合高中。

国家在 20 世纪末对综合高中的模式进行政策倡导。1998 年教育部在《面向21 世纪教育振兴行动计划》中就已经提到综合高中的建设问题："经济比较发达的地区可发展部分综合高中，推迟到高三年级分流。"

2001 年《国民经济和社会发展第十个五年计划科技教育发展专项规划（教育发展规划）》提出，要尽快建立职业技术教育与普通教育之间相互沟通、相互衔接、协调发展的新的教育体系，而强化普通教育与职业教育之间的沟通归属于构建起终身教育体系框架这一战略目标。

根据这些文件的精神与要求，各地就综合高中的创办做过一些探索。比如，1999 年，河南省为推进普通高中办学模式改革印发了《关于试办综合高中的意见》，要求每个市（地）试办 1～2 所，全省共试办综合高中 45 所。

2001 年 12 月，湖南省召开全省综合高中办学模式改革研讨会，对综合高中的办学理论和实践进行了探讨。2002 年，湖南省教育厅批准长沙市第十一中学、湘潭市第九中学等 8 所普通高中为湖南省综合高中改革试点学校。综合高中执行普通高中教学计划，并利用地方课程和学校课程开设适应经济社会发展需要与适合学生个性特长的课程，在尊重学生志愿的前提下，实现侧重升学或就业的分班教学。

2002 年，浙江省为加强综合高中建设，由浙江省教育厅印发了《关于进一步完善和推广综合高中教育模式的意见》，要求各地在试点的基础上，进一步完善并推广综合高中这一新型的教育模式，使之与普通高中和中等职业学校形成三足鼎立的新格局，促使高中阶段教育在保持合理的结构比例的基础上加快发展。当年该省重新确认了 72 所学校为综合高中试点学校。这批新确认的综合高中具有三个特点：①起点较高，规模较大，师资力量较强；②以普通高中改办为主，约占 3/4；③民办高中占一定比例，共有 12 所。此外，在职业高中内的综合班规模也在迅速扩大，达 200 个班以上。[①]

到 2010 年，《国家中长期教育改革和发展规划纲要（2010—2020 年）》又明确提出要"探索综合高中发展模式"。可见，综合高中的发展在国家层面保有政策的连续性。

2012 年，根据《重庆市教育委员会关于开展综合高中试点工作的通知》的规定，重庆市在试点阶段首批确定 22 所普通高中学校开展综合高中试点工作，并从办学模式、课程教学、招生和学籍管理，以及考试就业等方面详细地规定了试点的具体内容，如在办学模式方面要求：综合高中试点主要探索普通高中学校举办中等职业教育班、普通高中学校与中等职业学校联合举办中等职业教育

---

① 《中国教育年鉴》编辑部. 中国教育年鉴 2003. 北京：人民教育出版社，2003：507.

班、普通高中学校增设1~2门中等职业教育专业基础课程等办学模式。

（三）普通高中多样化

高中阶段教育从精英化进入大众化阶段，乃至普及化阶段后，其培养目标和任务也发生了转变。高中教育的精英化阶段，强调选拔淘汰和精英的选择；高中教育的大众化阶段，则要同时兼顾升学和就业的双重职能，也更加强调普通高中教育的基础性、综合性育人功能，因此需要更加关注每个学生的独特性，为每个学生提供适合自己的教育，此时，一套多样化的高中教育体系就成为必要。

早在 1995 年，《关于大力办好普通高级中学的若干意见》就已提出，要继续抓紧普通高中办学模式的改革，改变目前比较单一的升学预备教育模式，逐步实现多种模式办学。

2010 年，《国家中长期教育改革和发展规划纲要（2010—2020 年）》提出要"推动普通高中多样化发展"：促进办学体制多样化，扩大优质资源。推进培养模式多样化，满足不同潜质学生的发展需要。探索发现和培养创新人才的途径。鼓励普通高中办出特色。鼓励有条件的普通高中根据需要适当增加职业教育的教学内容。探索综合高中发展模式。采取多种方式，为在校生和未升学毕业生提供职业教育。

国家自 2010 年启动教育体制改革试点项目以来，北京、上海、黑龙江、新疆和南京等 5 地，承担了普通高中多样化有特色发展试点项目，涌现出了普职融通高中、综合高中、学科创新高中、国际高中和艺术体育特色高中等多样化的办学类型。此外，也有高中学校提倡通过调整课程结构、推动课程的多样化来实现高中多样化办学。

其实，2009 年湖南省就已全面启动普通高中特色教育实验学校建设，制定了《湖南省普通高中特色教育实验学校建设基本条件（试行）》，力求形成一般普通高中、综合高中、特色高中三种办学模式新格局。[①]《湖南省教育综合改革方案（2015—2020 年）》明确提出，要优化普通高中学校布局，指导各地完善以现代教育实验学校、示范性高中、综合高中和特色高中为基本模式的多样化办学格局。

2010 年，江苏省南京市作为唯一的省会城市被列入国家普通高中多样化办学

---

① 《中国教育年鉴》编辑部. 中国教育年鉴 2010. 北京：人民教育出版社，2011：744-745.

改革试点地区,颁发了《南京市推进普通高中多样化特色化建设实施意见的通知》,提出重点建设综合改革高中、学科创新高中、普职融通高中和国际高中四种模式。

总之,我国在普通高中多样化上已经取得很大进展,但实践过程中还存在一些困难和不足。多样化发展最终指向学校发展"特色化",学生发展"个性化",但实践中还存在一味追求"多样化"而忽视学校、学生的具体情况,存在"被多样化"或者"为了多样化而多样化"的现象。高中学校多样化发展需要落实到具体实践之中,促进整个高中学校发展。

第二章

普通高中教育经费投入的变化

　　我国高中阶段教育属于非义务教育阶段，具有非强制性、非义务性的特征。在改革开放之初，我国高中教育经费主要由政府财政拨款、学生缴纳学费、学生缴纳杂费等构成，之后逐步建立起了多渠道投资的体系，即在除政府拨款和收取学生学杂费之外，增加了接受社会和家长的捐赠和集资，相继出现私立部门、社会企业团体及个人慈善家等投资办学，以及学校开展教学活动收取的相关服务费用，校办企业的经营活动收入，等等。

　　过去 40 年间，我国普通高中教育经费投入经历了一个从经费来源单一与数量有限，到经费来源多元化与乱收费现象并存的阶段，之后进入教育经费规范治理与建立学生资助的新格局。

第一节　多渠道筹资体制的产生与发展

1985 年国家实行财政体制改革，提出"划分税种、核定收支、分级包干"的财政管理办法。在新的财政体制下，高中教育多渠道筹措经费成为一种共识。高中教育经费开始以财政拨款为主，辅以征收教育税费，并收取学生学杂费，到允许发展校办产业，鼓励社会团体和个人集资捐资办学，设立教育基金等，形成了高中教育经费来源的基本格局，即从单一渠道筹措模式到多渠道筹措模式的转变。

一、多渠道筹资的政策及变化

中国基础教育实行分级办学、分级管理的体制，普通高中的办学由地方人民政府负责。由于该阶段实行分税制财政体制改革，考虑到地方政府用于高中教育发展的经费非常有限，除了上级人民政府和本级人民政府的预算内拨款外，高中教育的发展主要实行依靠多渠道筹措经费的模式。

1985 年，《中共中央关于教育体制改革的决定》提出，在今后一定时期内，中央和地方政府的教育拨款的增长要高于财政经常性收入的增长，并使按在校学生人数平均的教育费用逐步增长。为确保"两个增长"，多元的经费筹措渠道成为必需。同时，《中共中央关于教育体制改革的决定》明确了基础教育的管理权限属于地方，高中教育是基础教育的组成部分，这决定了"以县为主"的管理制度和筹资制度。为了保证地方发展教育事业，除了国家拨款以外，地方机动财力中应有适当比例用于教育，乡财政收入应主要用于教育。地方可以征收教育费附加，此项收入首先用于改善基础教育的教学设施，不得挪作他用。地方要鼓励和指导国营企业、社会团体和个人办学，并在自愿的基础上，鼓励单位、集体和个人捐资助学，但不得强迫摊派。同时严格控制各方面向学校征收费用，减轻学校的经济负担。

1995 年，国家教育委员会在《关于大力办好普通高级中学的若干意见》中提出，建立以政府拨款为主的多渠道筹措经费的体制，增加对普通高中的投入。市、县财政要适当增加对普通高中的投入和提高生均经费标准，首先要保证危房改造、教师工资和必需教学设备的添置，并有计划地加强对薄弱高中、示范性高中的建设。继续鼓励社会集资办学或捐资助学，重点用于危房改造、扩大规模和教学基本条件的发展。各级政府要认真落实国家对校办产业的优惠政策，逐年增加对校办产业的政策性低息贷款，支持普通高中开展勤工俭学，发展校办产业，增加学校的自筹经费。

2002 年，教育部部长陈至立在全国高中发展与建设工作经验交流会提出要"加大政府投入，吸引社会广泛参与，多渠道筹措发展高中教育的经费"，政府在继续增加对高中教育投入的同时，"还要统筹教育资源的优化配置，在盘活利用资源上下功夫。要充分利用财政、金融、信贷等手段提高教育融资能力，改进现有学校基础设施投入模式，采取拨款与贷款相结合和政府贴息方式，发挥政府有限资金的扩张效应。还可以利用城市改造，工厂搬迁的土地和其他资源，通过'退厂进校'来扩大高中的资源"[①]。

但是，由于当时国家教育发展的重心在全面普及义务教育、高等教育扩招，以及大力发展职业教育方面，因此高中教育尤其是普通高中教育的经费投入就显得相对不足。1999 年发布的《教育部关于积极推进高中阶段教育事业发展的若干意见》提出，要重视发展高中阶段教育事业，要立足"确保实现'两基'目标和巩固提高的基础"，还要处理好"普九"的关系，高中阶段教育的发展要有利于促进"普九"目标的实现和巩固提高。

伴随着这些教育经费政策出台，我国普通高中发展上出现了转制学校、民办学校、国有民办等各种形式。

二、教育经费来源的主要形式

多渠道筹措办学经费主要依靠税外收费来实现，另外是向家长收取的学费、杂费和借读费等，学校自己开办的企业或校办农场的收入是高中学校经

---

① 教育部. 教育部关于印发陈至立部长在全国高中发展与建设工作经验交流会上的讲话的通知. （2002-11-08）[2018-08-18]. http://www.moe.gov.cn/jyb_xxgk/gk_gbgg/moe_0/moe_9/moe_31/tnull_414.html.

费的补充，社会力量的捐资有时候在高中教育经费中占了很大比例、起了很大作用。

（一）教育费附加

改革开放之初，国家财政能力不足、税收有限，国家教育经费投入存在短缺现象。为了增加教育经费的政府投入，国家为教育开设了税外收费，即教育费附加和县乡两级政府征收的各种教育费用，由此增加教育经费的投入。

1984 年，《国务院关于筹措农村学校办学经费的通知》颁布。该通知允许乡人民政府征收教育事业费附加，对农业、乡镇企业都要征收。各地教育事业费附加率和计征办法，可由乡人民政府每年按本乡经济状况、群众承受能力和发展教育事业的需要提出意见，报请乡人民代表大会讨论通过后，报上一级人民政府批准执行。

1985 年的《中共中央关于教育体制改革的决定》再次规定教育费附加，提出地方可以征收教育费附加，此项收入首先用于改善基础教育的教学设施，不得挪作他用。

1986 年，国务院又制定了《中华人民共和国征收教育费附加的暂行规定》，该规定指出，以各单位和个人实际缴纳的产品税、增值税、营业税的税额为依据，教育费附加率为 3%。同时，地方征收的教育费附加，主要留归当地安排使用。省、自治区、直辖市可根据各地征收教育费附加的实际情况，适当提取一部分数额，用于地区之间的调剂、平衡。

之后，《中华人民共和国征收教育费附加的暂行规定》在 1990 年、2005 年、2011 年还进行过几次修订，比如 1990 年修订版规定指出，教育费附加纳入预算管理，作为教育专项资金，根据"先收后支、列收列支、收支平衡"的原则使用和管理。地方各级人民政府应当依照国家有关规定，使预算内教育事业费逐步增长，不得因教育费附加纳入预算专项资金管理而抵顶教育事业费拨款。

随着国家义务教育的普及，教育费附加逐步成为各地高中教育经费投入的来源之一；作为教育专税，主要用于中小学校教学设施和办学条件的改善，但各地区之间存在较大差异，没有统一和明确的标准。

（二）学校自筹经费

在中国，学校开展勤工俭学和兴办校办产业，已有较长的历史。早在1954年，中央就转发了教育部《关于解决高小和初中毕业生学习与从事生产劳动的报告》，随后中共中央宣传部发布了《关于高小和初中毕业生从事劳动生产宣传提纲》。1957年，毛泽东同志在《农业发展纲要（修改稿）》中提出："农村办学应当采取多种形式，除了国家办学以外，必须大力提倡群众集体办学。"[1] 1958年，中共中央、国务院发布的《关于教育工作的指示》强调，把教育与生产劳动相结合作为党的教育方针。这一系列文件和指示出台的目的，主要在于鼓励学校自力更生，通过劳动和服务筹措办学经费。

改革开放后，勤工俭学的办学传统得到保留。国家曾先后召开过多次勤工俭学会议，并通过政策文件规范勤工俭学和校办产业。

1982年，教育部、财政部发布了《全国中小学勤工俭学财务管理暂行办法》。1983年，国务院批转发布由教育部、国家计划委员会、国家经济委员会、财政部联合拟定了《全国中小学勤工俭学暂行工作条例》。1989年，国务院批转了《关于进一步发展中小学勤工俭学若干问题的意见》的通知。这一文件明确了中小学开展勤工俭学的多种形式，比如可以举办各类进修班、培训班等；可以组织以对学生进行劳动教育为主并按照教学计划安排的生产经营活动；也可以由学校抽调少数人员，兴办以专业人员劳动为主并按市场需求经营的校办企业。

1993年，《中国教育改革和发展纲要》提出，继续大力发展校办产业和社会服务，逐步建立支持教育改革和发展的服务体系，各级政府和有关部门要给予优惠政策……鼓励和提倡厂矿企业、事业单位、社会团体和个人根据自愿、量力原则捐资助学、集资办学、不计征税。

1995年，第八届全国人民代表大会第三次会议通过了《中华人民共和国教育法》，其中第五十八条规定，国家采取优惠措施，鼓励和扶持学校在不影响正常教育教学的前提下开展勤工俭学和社会服务，兴办校办产业。这为学校开展勤工俭学、兴办校办产业提供了法律基础。

1995年，《关于大力办好普通高级中学的若干意见》指出，各级政府要认真

---

[1] 人民网. 一九五六年到一九六七年全国农业发展纲要（修正草案）.（2006-06-17）[2018-08-18]. http://cpc.people.com.cn/GB/64184/64186/66664/4493147.html.

落实国家对校办产业的优惠政策，逐年增加对校办产业的政策性低息贷款，支持普通高中开展勤工俭学，发展校办产业，增加学校的自筹经费。

1999 年，教育部下发的《关于贯彻落实全面推进素质教育决定 进一步加快中初等学校校办产业发展的若干意见》指出，校办产业是具有中国特色社会主义教育体系的重要组成部分，并就未来校办产业发展提供若干政策建议。该文件指出：1998 年全国中初等学校校办产业总产值达到 1248.29 亿元，实现总收益 157.39 亿元，其中补助教育经费 87.76 亿元。

总体而言，勤工俭学和校办产业为推动高中学校发展发挥了重要作用。具体表现为：①在某种程度上弥补了高中学校教育经费不足；②承担综合实践和生产劳动教育，是德育和素质教育的重要途径；③增强了学校自身的发展能力等。

进入 21 世纪之后，随着国家教育事业的全面发展和国家教育财政投入为主的不断体现，普通高中学校的勤工俭学和校办企业日益减少，由此也确保了高中学校把全部精力投入教育教学活动之中。

（三）社会力量捐资

社会力量的捐资、集资，也曾是我国高中学校经费来源的一个方面，为普通高中学校建设做出了不可忽视的贡献。

1984 年《国务院关于筹措农村学校办学经费的通知》提出，乡人民政府要鼓励社会各方面和个人自愿投资在农村办学，只是当时的捐资集资办学主要集中在义务教育领域。相对来说，普通高中学校还是以政府或者企业办学为主。

1993 年《中国教育改革和发展纲要》提出，运用金融、信贷手段，融通教育资金，支持校办产业、高新科技企业以及勤工俭学的发展，开办教育储蓄和贷学金等业务。当时，高中扩大办学规模的金融贷款均由政府做担保。

1997 年国家颁布了《社会力量办学条例》，各地制定了社会力量办学的管理细则等，如 1998 年山西省颁布了《山西省社会力量办学管理细则》；2001 年芜湖市颁布了《关于鼓励社会力量办学的若干规定》；等等。这些文件为社会投资高中教育提供了依据。

1999 年颁布的《教育部关于积极推进高中阶段教育事业发展的若干意见》指出，高中阶段教育属于非义务教育。要在充分考虑当地群众承受能力的基础上，经物价部门批准，区别不同地区和不同类型学校，适当调整学费标准，提高高中阶段学费在培养成本中的比例……要积极鼓励单位和个人捐资助学。

2007年，《国家教育事业发展"十一五"规划纲要》强调，进一步落实税收优惠政策，积极鼓励企业、个人和社会团体对教育捐赠或出资办学，研究并适时出台对外商投资企业按照国民待遇原则征收教育费附加的有关政策。

2010年，《国家中长期教育改革和发展规划纲要（2010—2020年）》指出，要继续"完善捐赠教育激励机制。落实个人教育公益性捐赠支出在所得税税前扣除规定"。

上述一系列鼓励社会投资教育的政策，使我国高中教育经费来源呈现多元化的特点。当然，其中也出现了一系列问题，为此各级政府进行了有效的治理（下文将专门论述），进而形成了以当前政府投入为主的高中教育经费财政保障制度。

三、以财政投入为主的教育经费

在教育经费投入短缺的情况下，建立多渠道筹资的教育经费投入机制是必要的，也是可行的。2000年左右，国家在普通高中发展上采取了很多政策创新举措，比如，通过高额的择校费来扩大优质高中办学资源，公办高中通过民办公助、公办民助等改制形式促进多元化发展，等等。

但是，这种发展也导致了一定程度的混乱和问题，进而影响了教育的公平性，也滋生了一些教育腐败问题。为此，国家对公办普通高中教育经费政策进行了重新规范，对学校收费进行严格管控，对乱收费进行清理，对公办改制高中进行清理规范，重新强调高中教育的地方政府办学责任，建立了中央和地方政府共同对普通高中予以经费投入的财政保障制度。

（一）预算内经费投入比例

中央和地方政府从实施科教兴国战略目标出发，制定关于筹措教育经费的条例或办法，不断增加教育投入，确保各级政府财政预算中的教育拨款高于财政经常性收入的增长，使在校生生均教育经费和生均公用经费逐步增长。

同时，进一步发展和完善以各级政府财政拨款为主，辅之以征收教育税费，收取非义务教育阶段学杂费，发展校办产业，鼓励社会捐资、集资和设立教育基金等渠道筹措教育经费体制，使教育经费投入有较大程度的增加。尤其是普通高中教育的国家财政保障力度逐步提升。

从高中教育预算内经费占高中教育总经费的比例来看，自 2006 年始，普通高中教育经费中预算内经费占比不断提高。

（二）地方政府的办学责任

2010 年，《国家中长期教育改革和发展规划纲要（2010—2020 年）》提出，要完善各级教育经费投入机制，保障学校办学经费的稳定来源和增长，针对高中教育的要求是：非义务教育实行以政府投入为主、受教育者合理分担、其他多种渠道筹措经费的投入机制，普通高中实行以财政投入为主，其他渠道筹措经费为辅的机制。中等职业教育实行政府、行业、企业及其他社会力量依法筹集经费的机制。此时，尤其强调建立以财政投入为主、多渠道筹措经费的机制。

2013 年，国家教育体制改革领导小组办公室发布了《关于进一步扩大省级政府教育统筹权的意见》，提出要扩大省级政府教育统筹权。进一步明确地方政府的教育权责，推进向地方、学校放权，扩大省级政府教育统筹权。开展省级政府履行教育职责评价。指导各地统筹编制符合国家要求和本地实际的办学条件、教师编制等基本标准。统筹建立健全以政府投入为主、多渠道筹集教育经费、保障教育投入稳定增长的体制机制。进一步转变管理方式，强化规划、标准的制定与实施，综合运用法规、政策、公共财政、信息服务等多种手段。这为省级政府统筹考虑各级各类教育的经费投入提供了政策依据。

（三）普通高中经费的增长[①]

2010 年以后，我国普通高中教育经费总收入实现持续增长。2013 年全国普通高中教育经费总收入达到 3226 亿元，比 2010 年增加 1223 亿元，增长了 61%。其中，2013 年公共财政预算教育拨款为 2131 亿元，比 2010 年增加 955 亿元，增长了 81.2%。2010—2013 年，普通高中公共教育投入的增长速度高于普通高中总收入的增长，具体如表 2-1 所示。

---

① 霍益萍，朱益明. 中国高中阶段教育发展报告（2015）. 上海：华东师范大学出版社，2016：28-34.

表 2-1 2010—2013 年我国普通高中经费变化 单位：亿元

项目	2010 年	2011 年	2012 年	2013 年
总收入	2004	2496	2996	3227
公共财政预算拨款	1176	1538	1988	2131
各级政府征收的用于教育的税费	141	259	325	366
企业办学中的企业拨款	4	3	2	2
校办产业和社会服务收入用于教育的经费	1	1	1	1
民办学校举办者投入	10	8	9	12
社会捐赠经费	18	19	16	11
学杂费	436	455	428	473
其他	218	213	227	231

从普通高中教育经费总收入构成比例来看，2010 年普通高中预算内教育拨款比例为 58.69%，2013 年为 66.04%，比 2010 年增加 7.34 个百分点；2013 年，各级政府征收的用于教育的税费比例为 11.35%，比 2010 年增加 4.32 个百分点。而其他财政性教育经费，如企业办学中的企业拨款与校办产业和社会服务收入用于教育的经费所占的比例在此期间则均有所下降，具体如表 2-2 所示。

表 2-2 2010—2013 年普通高中经费构成 单位：%

项目	2010 年	2011 年	2012 年	2013 年
总收入	100.00	100.00	100.00	100.00
公共财政预算拨款	58.69	61.64	66.37	66.05
各级政府征收的用于教育的税费	7.04	10.38	10.86	11.35
企业办学中的企业拨款	0.19	0.11	0.07	0.05
校办产业和社会服务收入用于教育的经费	0.06	0.03	0.03	0.03
民办学校举办者投入	0.49	0.31	0.29	0.37
社会捐赠经费	0.91	0.75	0.53	0.33
学杂费	21.75	18.23	14.28	14.65
其他	10.87	8.55	7.57	7.17

2013 年普通高中各种非财政性的教育经费，如民办学校举办者投入、社会捐赠经费占比，与 2010 年相比均有所下降。普通高中学杂费所占比例也有较大

幅度下降，2010年学杂费所占比例为21.75%，2013年为14.65%，比2010年下降了7.1个百分点。

根据教育部、国家统计局、财政部发布的《关于2016年全国教育经费执行情况统计公告》，2016年全国普通高中生均公共财政预算教育事业费为12 315.21元，比上年的10 820.96元增长13.81%；全国普通高中为3198.05元，比上年的2923.09元增长9.41%。

显然，我国普通高中教育以政府投入为主的教育经费制度已经建立。这对于普及高中阶段教育目标的实现、促进普通高中教育的可持续发展提供了有力可靠的保障。

当然，由于我国经济发展的差异性，中西部地区在高中教育财政投入上还存在一些困难。

2017年教育部出台的《高中阶段教育普及攻坚计划（2017—2020年）》体现出了中央政府参与和支持地方发展高中教育的政策措施，继续强调要落实以财政投入为主、其他渠道筹措经费为辅的普通高中投入机制。

第二节　普通高中收费与治理乱收费

学校收费项目由教育部、国家发展和改革委员会、财政部联合制定，或者由各地的省级人民政府制定，其他任何部门或单位都无权自行制定学校的收费项目。制定和调整学校收费标准的权限在省级人民政府，由省级教育行政部门提出意见，同级物价部门会同财政部门进行审核，三个部门共同报省级人民政府批准后，由教育部门执行。

根据《普通高级中学收费管理暂行办法》，普通高中学生应交纳学费，在学校住宿的学生应交纳住宿费，择校的学生应交纳择校费。其中，学生学费是高中教育经费的重要组成部分，是仅次于财政教育拨款的经费来源渠道。

对非义务教育阶段学生收取学费，是国家的基本政策。1994年以来，国家教育委员会逐步加大了对上学收费制度的改革力度，也形成了义务教育阶段不收学费，非义务教育阶段按培养成本收取一定比例费用的普遍共识。高中教育属于非义务教育，实行国家、社会、家庭三方共同分担教育成本的机制。

但是，相比义务教育和高等教育，高中教育在收费政策方面缺乏如《中华人民共和国义务教育法》《中华人民共和国高等教育法》层次的法律依据，义务教育明确了以政府投入为主、逐步实现免费义务教育的政策，高等教育明确了学费不超过办学成本 25% 的规定，但高中教育缺乏类似的收费管理制度，这对高中教育的财政投入和经费来源而言，显然缺少刚性的法律规定。由此在实践中出现了诸多问题，集中表现为乱收费。

一、普通高中学费

中国普通高中教育的学费经历了一个由免费到收费的阶段，中华人民共和国成立后免收学费，改革开放之后，普通高中开始收取学费，到 20 世纪 80 年代只是象征性收取学杂费，再到 20 世纪 90 年代之后逐步提高收费标准。但近 10 年来，公立高中学费基本上不再增加。

（一）政策依据

普通高中教育属于非义务教育，按照规定可以收取学费。1995 年，国家教育委员会在《关于大力办好普通高级中学的若干意见》中明确指出，普通高中属于非义务教育阶段，可以收取学费，标准和办法由各省、自治区、直辖市政府根据当地实际情况和群众的承受能力，按教育成本的一定比例和物价指数的状况确定。不同地区、不同学校的收费标准可以有所区别。学校不得自定收费项目和标准。对家庭经济困难的学生应适当减免学费或提供助学金。

1996 年，国家教育委员会出台了《普通高级中学收费管理暂行办法》，就普通高级中学收费的重要问题进行了明确。该文件指出[①]，第三条规定，高中教育属于非义务教育阶段，学校依据国家有关规定，向学生收取学费。第四条规定，学费标准根据年生均教育培养成本的一定比例确定。不同地区不同专业、不同层次学校的学费收费标准可以有所区别。第五条规定，学费占

---

① 本部分引用内容有删减。

年生均教育培养成本的比例和标准由国家教委、国家计委、财政部共同作出原则规定……国家规定范围之内的学费标准审批权限在省级人民政府。第六条规定，学费标准的调整，由省级教育、物价、财政部门按照第五条规定的程序，根据本行政区域内的物价上涨水平和居民收入平均增长水平提出方案，报省级人民政府批准后执行。第十条规定，学费收费按学年或学期收取，不得跨学年预收。第十一条规定，学费由学校财务部门统一收取，到指定的物价部门申领收费许可证，并使用省级财政部门统一印制的行政事业性收费专用票据。第十二条规定，学费是学校经费的必要来源之一，纳入单位财务统一核算，统筹用于办学支出。

该办法颁布以后，国家还在其他文件中就高中学费问题进行了规定。1999年《关于积极推进高中阶段教育事业发展的若干意见》再次指出，高中阶段教育属于非义务教育。要在充分考虑当地群众承受能力的基础上，经物价部门批准，区别不同地区和不同类型学校，适当调整学费标准，提高高中阶段学费在培养成本中的比例。

2001年，《全国教育事业第十个五年计划》继续强调指出，非义务教育阶段，在坚持政府增加必要投入的同时，根据群众实际收入状况，合理调整学费在培养成本中的比例。

（二）学费数量

在非义务教育阶段收取学费这一政策实施以后，学费在全国教育经费支出中占比不断提升。1996年，学费在全国教育经费支出中占比从1990年的4.21%增加到11.54%，增长速度明显。[1]

正是在这些政策指导下，各省市纷纷制定了各自的普通高中学校收费标准。不同地区根据本地各类普通高中学校级别或者类别而制定了不同的收费标准，而且逐年提升。普通高中的学费总量，以及普通高中学费占普通高中总经费的比例，基本上都在稳步提升（1998年，普通高中学费占普通高中总投入的比例有所下降）。到2004年，普通高中学费总量相比1995年增加了10倍多，占全部高中教育经费的1/5强，如图2-1所示。[2]

---

① 伍海泉. 学费定价研究：理论、方法与改革. 北京：经济科学出版社，2011：40-47.

② 沈百福. 我国学费问题分析//中国教育学会教育经济学分会. 2006年中国教育经济学年会会议论文集. 中国教育学会教育经济学分会，2006：18.

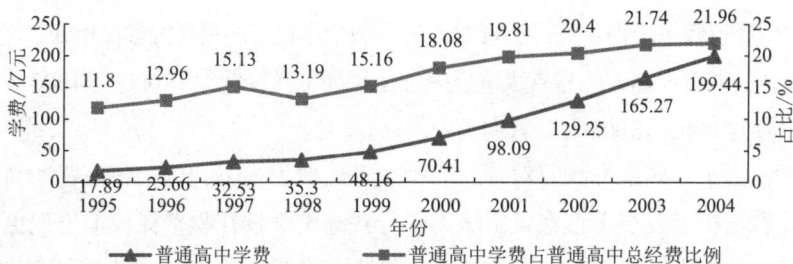

图 2-1　普通高中学费变化情况（1995—2004 年）

二、收费择校

在普通高中学校发展的过程中，鉴于学校招生数量的有限性和学校扩展经费的短缺，在多渠道筹资政策的引导下，20 世纪 90 年代中期起，有些地方采用允许部分高中学校收取择校费的方式，招收择校生，以解决学校发展中的经费短缺问题。

（一）由来

所谓择校生，是指初中毕业生未达到学籍所在区域报考志愿的高中录取分数线，而要求选择到非教育部门指定的普通高中就读的学生。这部分学生除按规定缴纳正常学费、课本费等费用外，还应按培养成本一次性缴纳择校费。这种高中择校费由当地政府定价，由学校收取，并往往纳入学校经费管理之中。

择校生的收费往往以学生的考试分数为主要依据，根据是否达到学校的录取分数线而决定。基于分数的差异，择校生所缴纳的费用也不一样。产生的主要原因，在于家长及学生对优质高中学校的期待，愿意付出一定的经济代价选择质量较高的高中学校接受教育。

这种择校行为一方面满足了家长希望子女进入优质高中接受教育的强烈需求，另一方面增加了学校的收入，为学校带来了可观的经济利益。在当时优质高中教育资源稀缺和办学经费短缺的情况下，择校费在某种程度上满足了社会对普通高中教育的期待，在一定程度上改善了高中的办学条件，也减轻了政府对高中教育经费投入的压力。

（二）弊端

收费择校政策对普通高中教育也产生了一系列负面的影响。收费择校的政策有违教育公平的社会原则，经济条件较好的家庭享受择校政策的可能性远远大于经济条件差的家庭，收费择校政策使得家庭经济资源成为影响个体教育的重要因素。例如，黑龙江省城乡调查队的调查显示，该省省级重点中学 3 年高中择校费为 18 000～24 000 元，市级重点中学为 12 000～18 000 元，普通高中为 9000 元。[①]

但是，由于一些地方政府对普通高中教育经费投入不到位，各地普通高中学校在办学经费与扩展发展上存在资金压力，导致高中学校在收费择校上出现更多的名目，如以非计划生、自费生、调节生、转学生、旁听生等各种名义，向这些学生收取高额费用。而且，有些高中学校在校内以实验班、重点班等名义向学生收费。

国家有关部门曾于 2003 年就公办高中招收择校生执行过"三限"政策，强调择校生择校收费的规范化问题，而且要求学校按规定收取择校费后，不得再向择校生收取学费。只是这项政策在实施中并没有得到有效落实。

三、治理乱收费

20 世纪 90 年代初期，受教育产业化思潮的影响，收费择校与多渠道筹资等经费政策相继出台，导致教育领域尤其是普通高中教育领域出现乱收费现象。而且，由于高中教育属于非义务教育，同义务教育相比，在考试招生和收费方面的规范性相对缺乏，因此加剧了高中教育乱收费现象的发生。

为此，1999 年在《教育部关于积极推进高中阶段教育事业发展的若干意见》中提出，各地要加强对高中收费的管理和监督，要保证收费用于发展教育事业。任何单位不得违反国家规定向学校乱收费、乱摊派。1998—2002 年，教育部和各地教育行政部门共组成 5 万个检查组，检查了 47 万多所小学和 12 万多所中学，查出中小学各种违规收费 5 年合计 15 亿元，清退 10 亿元；查处乱收费案件 3 万余件，有 4600 余人受到党纪政纪处分。[②]

对此，国家也采取了一系列政策举措治理乱收费现象。

（一）"三限"政策的规范

治理公办高中择校生招生工作、规范高中择校费是国家治理高中教育领域乱

---

① 方奕晗. 家长质疑择校费 高中教育投资主体到底是谁.（2004-09-06）[2018-09-05]. http://www.people.com.cn/GB/jiaoyu/1055/2763826.html.

② 储召生. 教育部今年重点整治教育乱收费. 中国教育报，2003-02-24（01）.

收费的核心工作。

1. "三限"政策的含义

针对高中择校生引发的乱收费问题，2001年国务院纠正行业不正之风办公室、教育部发布了《关于进一步做好治理教育乱收费工作的意见》，该文件提出的重点任务之一就是，严格规范大中城市公办高中的择校生收费和民办高中的收费行为。

该文件在高中招收择校生上，明确要求不准违背"三限"政策，即限分数（不准违反规定录取低于最低录取分数线的新生）、限人数（不准超过国家规定的班额，不得挤压招生计划指标变相扩大择校生人数，即择校生数量不得超过省级政府规定的比例）、限钱数（择校生交费标准由教育部门提出，经省级人民政府批准后向社会公布）。学校不准超过规定标准收费，不得向择校生收取赞助费或建校费等。

"三限"政策的基本内容包括：择校生招生比例和最低录取分数线由省级教育行政部门确定，最高收费标准由省级人民政府制定。要将择校生纳入普通高中招生计划，统一向社会公示招生比例、招生人数和收费标准，统一按分数择优录取，统一办理入学手续。严禁学校擅自扩大择校生招生比例、降低录取分数线、提高收费标准或在限定金额外收取其他任何费用。

"三限"政策的实施办法由各地结合实际制定。同时，各地应将实施办法向社会公示，并在普通高中招生工作中认真贯彻执行。各地要加大对"三限"政策的宣传力度，通过新闻媒体广泛宣传"三限"政策的具体实施办法，使广大人民群众了解有关政策和具体措施，积极参与监督。

2. "三限"政策的执行

"三限"政策实施以来，教育部等部门几乎每年都制定治理教育乱收费工作的实施意见，完善和落实公办高中招收择校生的"三限"政策。

2003年，教育部、国务院纠正行业不正之风办公室、监察部、国家发展和改革委员会、财政部、审计署、新闻出版总署联合发布了《关于2003年治理教育乱收费工作的实施意见》（国办发〔2003〕59号）。该文件提出，各地教育部门和学校要严格执行"择校生""三限"政策。各地区要结合实际，制定严格具体的实施办法。"择校生"招生比例和最低录取分数线由省级教育行政部门确定，最高收费标准由省级人民政府制定。要将"择校生"纳入普通高中招生计划，统一向社会公示招生比例、招生人数和收费标准，统一按分数择优录取，统一办理入学手续。严禁学校擅自扩大"择校生"招生比例、降低录取分数线、提高收费标准或在限定金额外收取其他任何费用。

2003年12月，财政部、教育部又发布了《关于严禁截留和挪用学校收费收入加强学校收费资金管理的通知》，明确了学校收费资金管理的范围：各级政府举办的各类普通高级中学，包括全日制普通高中学校、完全中学的高中部、初中学校附设的高中班，按照省、自治区、直辖市人民政府规定收取的学费、择校费、住宿费收入。另外，各级政府举办的各类中等职业学校，包括职业高中学校、普通中等专业学校（含中等师范学校）、技工学校、普通中学附设的各种职业高中班，按照财政部、国家发展改革委、教育部或各省、自治区、直辖市人民政府规定收取的学费、住宿费、委托培养费、培训班培训费收入。

2005年，教育部、监察部、国务院纠正行业不正之风办公室联合发布的《关于严厉禁止学校违规收费落实政府对教育的投入责任的紧急通知》，强调公办高中招收择校生要严格执行"三限"政策，坚决禁止擅自扩大择校生人数，降低择校生分数，提高择校生费用。

2006年，教育部颁布的《关于进一步规范普通高中建设兴办节约型学校的通知》提出，普通高中教育坚持政府办学为主，按管理体制，由地方各级人民政府统筹规划学校建设和负责筹措办学经费，普通高中学校不得自行贷款新建、改建和扩建学校。各地要积极争取政府加大投入，坚决纠正通过高额收费增加人民群众负担的做法，严格执行关于普通公办高中招收"择校生"的有关规定，并根据各地情况逐步减少学校招收"择校生"的比例。

2007年，国家发展和改革委员会发布的《关于价格主管部门进一步加强教育收费管理有关问题的通知》，强调要加强高中教育收费管理。要认真落实高中阶段教育以政府投入为主的政策，加强高中教育成本监审，合理核定高中学费标准，促进高中教育稳步发展。公办高中招收择校生要严格执行"三限"（限人数、限钱数、限分数）政策。进一步降低择校生择校收费标准。学校按规定收取择校费后，不得再向择校生收取学费。各地不得在择校生之外以非计划生、自费生、调节生、转学生、旁听生等其他任何名义向学生收取高额费用。不得以重点校、实验班、重点班名义向学生高收费。

同年，教育部部长袁贵仁在《深入治理教育乱收费促进教育发展和教育公平》的讲话中要求，集中整顿办学秩序，严格规范学校办学行为和收费行为。强调全面停止新的改制学校的审批，对原有改制学校进行清理规范；要对公办普通高中招收择校生"三限"政策进行调整，要把"择校"比例严格控制在本学校招生计划的30%以下。必须坚持"四独立"的原则，严禁搞"一校两制"和"校中校"，绝不允许以改制的名义乱收费。

在这些国家政策的要求下，各地方政府也发布了相关文件，以贯彻落实"三限"政策，治理高中教育乱收费，但是各地的执行力度并不相同。在"三限"政策贯彻落实过程中，全国范围内普通高中学校办学及收费中的各种问题得到了比较有效的整顿、处理和规范。

3. "三限"政策的废止

尽管收费择校在一定程度上筹集了学校发展的经费，而且"三限"政策在一定程度上遏制了重点高中或示范性高中的乱收费行为，但是，"三限"的收费择校政策还是无法从根本上解决普通高中教育发展投入不足的问题，而且收费择校在进一步拉大校际差距。所以，以"三限"为基础的普通高中学校经费政策，在一定程度上导致了高中学校发展之间的不平衡，影响了教育公平的实现，甚至还会产生教育腐败问题。

所以，2012年教育部等七部门联合发布的《关于2012年治理教育乱收费规范教育收费工作的实施意见》提出，从2012年秋季学期开始，每个公办普通高中招收择校生的比例最高不得超过本校当年招收高中学生计划数(不包括择校生数)的20%，各地在加大投入，合理调整收费标准的同时，要采取有力措施，制定时间表、路线图，在3年内取消公办普通高中招收择校生。严禁在择校生之外以借读生、自费生等名义招收高收费学生。

2014年，教育部等五部门联合发布《关于2014年规范教育收费治理教育乱收费工作的实施意见》，强调要加强普通高中招生及收费行为监管。各地要尽快出台普通高中生均财政公用经费拨款标准，合理制定普通高中学费标准，为普通高中教育健康发展提供保障。严格执行公办普通高中招收择校生政策，进一步压缩"三限"招生比例。2014年，每所学校招收择校生的比例最高不得超过本校当年招收高中学生计划数（不含择校生数）的10%，为全面取消普通高中择校生打下坚实基础。严禁在择校生外以借读生、自费生、复读生等名义招收高收费学生。加强普通高中涉外办学收费行为监管。普通高中举办中外合作办学项目和机构，由省级教育行政部门批准，并经教育部备案；其收费项目和标准按照《中华人民共和国中外合作办学条例》及其实施办法有关规定执行。公办普通高中单方面引进国际课程，以课程改革实验班等名义举办"国际班""国际部"的，所需费用纳入学校办学经费成本核算，不得向学生收取额外费用。

《关于 2012 年治理教育乱收费规范教育收费工作的实施意见》提出的"3 年内取消公办普通高中招收择校生"的文件精神，各地陆续取消了择校生政策。如 2015 年安徽省教育厅印发了《关于做好 2015 年初中毕业学业考试和高中阶段招生工作的通知》，要求自 2015 年秋季开学起，各地要取消'三限'政策，停止招收择校生。宁夏回族自治区教育厅也于 2015 年发布了《关于推进依法治教进一步规范中小学办学行为的实施意见》，明确从 2015 年秋季起，普通高中学校取消"三限"招收择校生政策，等等。

在取消择校费的同时，政府提出了建立普通高中生均财政公用经费拨款标准、合理制定普通高中学费标准、提高高中经费中财政拨款所占比例等一系列新要求，旨在建立以国家财政投入为主、其他渠道筹集经费为辅的普通高中教育经费投入机制。在实践中，许多地方实现统一分配普通高中的招生指标，并采取指标到校等方式，统一分配示范性高中等优质高中的招生名额到各初中学校，以解决择校的根源问题。

（二）治理改制学校

20 世纪 90 年代初期，在企业改制取得成效的背景下，在教育产业化与市场化观念的影响下，基础教育领域进行了学校改制的改革探索。在政府教育经费投入有限、高中教育资源紧缺的情况下，政府通过将原先的公立学校或者新建的学校交由社会机构或者个人举办，同时，以收取学生的学杂费、集资费或者借读费等方式扩大学校的办学规模或者维持学校的日常运行，由此应对政府的教育经费投入不足。

但在政策执行过程中，有不少公办高中以改制为名，通过"一校两制""校中校"等形式，利用公办学校的品牌效应和民办学校的收费政策便利进行高收费和乱收费。这既影响了真正的民办高中教育发展，加重了群众的经济负担，也导致其他公立学校的不满。

所以，2005 年《中华人民共和国民办教育促进法实施条例》提出，公办学校参与举办民办学校，不得利用国家财政性经费，不得影响公办学校正常的教育教学活动，并应当经主管的教育行政部门或者劳动和社会保障行政部门按照国家规定的条件批准。公办学校参与举办的民办学校应当具有独立的法人资格，具有与公办学校相分离的校园和基本教育教学设施，实行独立的财务会计制度，独立招生，独立颁发学业证书。

这是从法律上对公办高中和民办高中关系的定位，通过"四独立"来厘清彼此间的关系，划清彼此的界限，由此也治理了学校转制导致的乱收费现象。

之后，国家先后出台多项政策，对改制高中乱收费进行治理。如 2011 年教育部、国家发展和改革委员会出台了《关于进一步做好普通高中改制学校清理规范工作的通知》，要求各地要充分利用《国家中长期教育改革和发展规划纲要（2010—2020 年）》发布实施、教育投入不断增加的有利时机，在 2012 年秋季开学前完成普通高中改制学校的清理规范工作。各地根据国家政策要求，出台本地的清理改制高中的办法。

至 2018 年，全国各地停止了公立学校转制，"一校两制"的情况得到基本解决，由此从根本上杜绝了乱收费产生的根源。

第三节　普通高中学生资助政策

高中阶段教育不属于义务教育，实行成本分担，高中学费在培养成本中占不小的比例，我国普通高中的学费在教育总经费中的比例从 1999 年的 17.7%，增长到了 2005 年的 28.3%。[1]此后虽有下降，但对家庭经济困难学生而言仍要承受很大的经济压力。高中教育的收费政策可能导致一些家庭经济困难学生因交不起学费而辍学，资助政策具有极大的必要性。

国家针对高中家庭经济困难学生，制定了相应的资助政策，同时不断完善资助体系，加大资助力度。

---

[1] 田健. 普通高中学生资助问题研究：基于安徽省的实证分析. 复旦大学硕士学位论文，2010.

一、国家资助政策

1999 年发布的《教育部关于积极推进高中阶段教育事业发展的若干意见》指出，要进一步完善助学金制度，扩大对困难家庭子女的助学金、特困学生补助的规模；要积极鼓励单位和个人捐资助学。由此，启动了我国普通高中学生资助政策及其实施。

（一）资助政策发展

2001 年，《全国教育事业第十个五年计划》指出要进一步完善并全面落实以"奖、贷、助、补、减"为主要内容的资助家庭困难学生的政策与制度。

此后，教育部在年度工作要点中大多会提及对贫困学生的资助问题。如《教育部 2008 年工作要点》指出，要全面落实资助制度，确保家庭经济困难学生都能上得起大学、接受职业教育。推动各地各校落实普通本科高校、高等职业学校和中等职业学校国家奖学金、国家助学金等资助制度，继续完善和落实国家助学贷款政策，全面推进生源地信用助学贷款。建立健全普通高中家庭经济困难学生资助办法。

《教育部 2009 年工作要点》再次强调，完善家庭经济困难学生资助政策，健全国家助学体系。提高农村寄宿制学校家庭经济困难学生生活补助标准，改善学生营养状况。落实好解决北方农村学校冬季取暖问题政策措施。进一步完善普通高中家庭经济困难学生资助制度。

进入 21 世纪，国家同样对家庭经济困难学生的入学问题给予了高度关注。2010 年，《国家中长期教育改革和发展规划纲要（2010—2020 年）》明确指出，要启动民族地区、贫困地区农村小学生营养改善计划；免除中等职业教育家庭经济困难学生和涉农专业学生学费；把普通高中学生和研究生纳入国家助学体系。

为了从制度上解决家庭经济困难学生的就学普通高中的问题，2010 年 9 月教育部联合财政部出台了《关于建立普通高中家庭经济困难学生国家资助制度的意见》，对国家资助制度的原则和实施方式进行了详细规定，该文件提出要坚持"加大财政投入、经费合理分担、政策导向明确、多元混合资助、各方责任清晰"的基本原则，建立以政府为主导，国家助学金为主体，学校减免学费等为补充，社会力量积极参与的普通高中家庭经济困难学生资助政策体系，从制度上基本解决普通高中家庭经济困难学生的就学问题。具体实施方式包括三个方面：建立国家助学金制度，建立学费减免等制度，鼓励社会捐资助学。

同年，教育部、财政部联合制定了《普通高中国家助学金管理暂行办法》，就普通高中国家助学金制度管理做出明确规定，文件明确了普通高中国家助学金政策执行的一些细节问题。

该文件第四条规定了普通高中国家助学金资助的覆盖面及在全国的分布：普通高中国家助学金资助面约占全国普通高中在校生总数的 20%。财政部、教育部根据生源情况、平均生活费用等因素综合确定各省资助面。其中，东部地区为 10%、中部地区为 20%、西部地区为 30%。各地可结合实际，在确定资助面时适当向农村地区、贫困地区和民族地区倾斜。

该文件第六条规定了普通高中国家助学金的资助额度：普通高中国家助学金平均资助标准为每生每年 1500 元，用于资助家庭经济困难学生的学习和生活费用开支，具体标准由各地结合实际在 1000～3000 元范围内确定，可以分为 2～3 档。

该文件第十五条规定民办普通高中助学金的制度安排：民办普通高中学校按照国家有关规定规范办学、举办者按照本办法第十四条规定的比例从事业收入中足额提取经费用于资助家庭经济困难学生的，其招收的符合本办法规定申请条件的普通高中学生，也可以申请国家助学金，具体办法由各省（自治区、直辖市）制定。

2013 年，教育部在年度工作要点中提出，进一步完善学生资助政策，包括扩大普通高中家庭经济困难学生资助范围，建立国家奖助学金补助标准动态调整机制，要求基本建成覆盖学前教育至高等教育的全国学生资助信息管理系统等。

2017 年，教育部等四部门印发的《高中阶段教育普及攻坚计划（2017—2020 年）》进一步指出，完善扶困助学政策。继续实施高中阶段学校家庭经济困难学生国家资助政策。逐步分类推进中等职业教育免除学杂费，提高中等职业教育国家助学金资助标准。落实好普通高中建档立卡等家庭经济困难学生（含非建档立卡的家庭经济困难残疾学生、农村低保家庭学生、农村特困救助供养学生）免除学杂费政策。积极推进家庭经济困难的残疾学生免费教育。鼓励企事业单位、社会团体和个人设立奖助学金。

总之，我国普通高中教育领域的学生资助政策日益完善，确保每个学生获得普通高中教育的机会与权利。

（二）学生资助情况

国家高中政策的资助金额在稳步增加，政府始终是普通高中学生获得资助的主要渠道，预算内奖贷助学金在经历下降后，又逐步回升，所占比例亦稳步提高，2007 年时已超过 50%[①]，如图 2-2 所示。

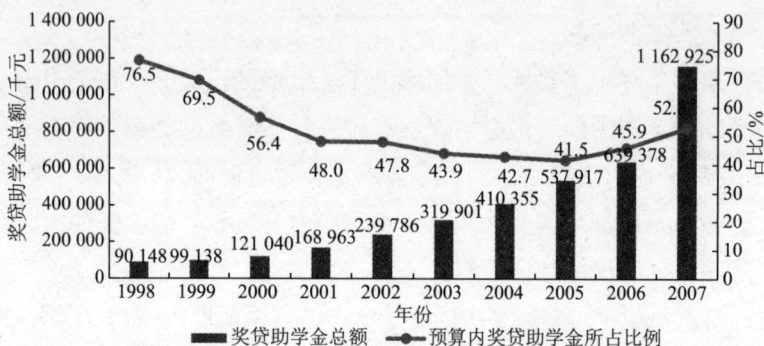

图 2-2　1998—2007 年我国普通高中学生奖贷助学金总额及预算内奖贷助学金占比

《2017 年中国学生资助发展报告》指出，我国普通高中教育阶段已经建立了以国家助学金、建档立卡等家庭经济困难学生免学杂费、地方政府资助项目为主，学校和社会资助相结合的资助政策体系。

该报告显示，2017 年，全国普通高中学生获得资助达到 1310.42 万人次。共投入资助资金 193.80 亿元，比 2016 年增加 26.30 亿元，增幅 15.70%。具体资助人数与经费如下。

1）国家助学金：全国有 499.31 万普通高中学生享受国家助学金政策，到位资金共计 99.72 亿元。其中，中央资金 64.16 亿元，占 64.34%；省级资金 18.39 亿元，占 18.44%；市级资金 6.23 亿元，占 6.25%；县级资金 10.94 亿元，占 10.97%。

2）建档立卡等家庭经济困难学生免学杂费：全国共有 186.66 万普通高中学生享受建档立卡等家庭经济困难学生免学杂费政策，资助资金共计 24.17 亿元。其中，中央预拨资金 15.92 亿元，占 65.87%。

3）地方政府资助：共资助普通高中学生 509.89 万人次；共投入地方政府资助资金 52.30 亿元。

4）学校资助：全国普通高中提取事业收入资助学生 91.23 万人次，资助

---

① 田健. 普通高中学生资助问题研究：基于安徽省的实证分析. 复旦大学硕士学位论文，2010.

资金 13.16 亿元。

5）社会资助：全国共有 23.33 万人次普通高中学生获得社会资助，资金共计 4.46 亿元。[①]

二、各地资助政策

《普通高中国家助学金管理暂行办法》是国家制定的助学金管理专门性办法，该文件的出台推动了各省市根据自身情况制定相关政策和意见落实高中经济困难学生的资助。

（一）国家助学金的地方管理与发放

1. 辽宁省

2009 年，辽宁省财政厅和教育厅联合发布的《关于建立健全普通高中资助政策体系的通知》，该文件规定国家助学金由各级政府共同出资设立，省、市、县（区）三级财政共同负担，城市普通高中国家助学金资助面平均约占在校生总数的 10%，农村为 15%，具体资助标准为每生每学年 1500 元，主要用于资助家庭经济困难学生的学习和生活费开支。

2011 年，辽宁省普通高中近 300 所学校都实施了国家助学金政策，为 6 万多人次的家庭经济困难学生发放国家助学金近 9000 万元，资助面占在校学生的 11%；与此同时，各学校也相应制定其他各项资助办法，使资助范围和资助标准得到进一步的提高。其中：全年减免学费 7000 多人次，减免金额达 1450 万元；建立校内奖学金制度，全年获奖学生 4100 多人次，发放校内奖学金 430 多万元；对特殊困难家庭的学生提供临时困难补助，获得困难补助的学生 2600 多人次，补助资金 520 多万元；接受社会捐资助学款 1165 万元，3600 多人次的学生得到资助和奖励。

2. 陕西省

2010 年，陕西省财政厅和教育厅发布的《关于建立健全普通高中家庭经济困

---

① 全国学生资助中心. 2017 年中国学生资助发展报告.（2017-02-28）[2018-07-07]. http://www.moe.gov.cn/jyb_xwfb/xw_fbh/moe_2069/xwfbh_2018n/xwfb_20180301/sfcl/201803/t20180301_328216.html.

难学生国家资助制度的实施意见》，2014 年又颁布《普通高中国家助学金管理办法》对资助对象进行明确，普通高中国家助学金的资助对象为具有正式注册学籍的普通高中在校生中的家庭经济困难学生。优先资助经民政部门确认的城市和农村低保户、父母双亡或一方已故、家庭主要成员长期患病或丧失劳动能力造成生活困难的学生以及残疾学生；因重大自然灾害或其他突发事件，造成家庭经济困难的学生；计划生育独生子女户和双女绝育户家庭的学生以及烈士子女。

该文件指出，普通高中国家助学金资助面约占全省普通高中在校生总数的 30%。各市（区）可结合实际，在确定资助面时适当向农村地区、贫困地区和边远地区倾斜。资金分担上，国家助学金由中央与地方共同出资设立，具体由中央、省、市县按 8∶1∶1 比例分担，市县分担比例由各市（区）自行确定。省属普通高中（含省属高校附属高中）国家助学金所需地方负担资金由省级承担。资助额度上，国家助学金平均资助标准为每生每年 1500 元，用于资助家庭经济困难学生的学习和生活费开支。具体资助额按贫困程度分为两档，特困生每生每年 2000 元，贫困生每生每年 1000 元等。

3. 浙江省

浙江省在 2011 年秋季正式开始实施普通高中国家助学金政策。仅当年就有 8.8 万名普通高中家庭经济困难学生享受到国家助学金 6639 万元，约占在校生比例的 10%，资助标准同样为每人每学年 1500 元。[1]2011 年秋季学期实施国家助学金制度后，杭州市普通高中资助面平均为 10%，杭州市每年新增投入 1400 万元用于此项资助，受惠学生近万名。[2]

（二）基金会及公益彩票等资助形式

在中央和地方财政经费支持的经济困难家庭高中生资助之外，国家允许并鼓励基金会、企业、公益彩票等多种资助形式，举例如下。

2006 年，香港小平基金会与贵州省教育厅达成协议，决定从该年起，每年用 300 万元资助贵州省普通高中家庭贫困学生，仅 2006 年就有 10 所学校 500 余名

---

① 浙江省教育厅. 我省 8.8 万名普通高中学生获国家助学金.（2011-12-09）[2018-11-24]. http://www.zjedu. gov.cn/gb/articles/2011-12-09/news20111209153629.html.

② 杭州市教育局.杭州市实施普通高中国家助学金资助制度.（2011-07-01）[2018-11-24]. http://www.zjedu.gov. cn/gb/articles/2011-09-01/news20110901155108.html.

学生得到资助。[①]

2007 年，甘肃省年启动了"建设未来——中国建设银行资助贫困高中生成长计划"[②]，每年将资助甘肃省 800 名学习优秀、家庭贫困的普通高中学生，每人每年 1500 元，6 年共资助 720 万元。

中国扶贫基金会新长城项目部于 2007 年启动了新长城特困高中生自强班项目，重点资助国家级贫困县高中生中家庭经济特别困难、学习成绩优秀的高一学生，为建档立卡户家庭高中生提供生活费资助，资助标准为 2000 元/（人·年），资助年限为高中 3 年。其中 1800 元用于生活费补助（每学期发放到学生手中 900 元），200 元为项目的执行费用，用于受助学生的选拔、日常管理和服务、项目推广等方面。该项目于 2007 年在河北献县举行了开班仪式。截至 2017 年底，项目累计覆盖 27 个省（自治区、直辖市），246 个县，在 274 所高中建立 554 个自强班，直接受益人次累计达 6.46 万人次，帮助 2.15 万余名高中生完成学业，培养学生们自强自立的精神。[③]

面向普通高中学生的滋蕙计划是使用中央专项彩票公益金奖励品学兼优的普通高中家庭经济困难学生。滋蕙计划由财政部、教育部委托中国教育发展基金会负责具体操作。《中央专项彩票公益金滋蕙计划管理和实施暂行办法》规定，在实施过程中，基金会每年重点选取部分省（区、市）作为当年滋蕙计划的奖励地域，并向农村地区、贫困地区、边远地区和少数民族地区倾斜，资助标准为每生每年 2000 元。

（三）学校对家庭经济困难学生的资助

各省市根据本地的具体情况，还对普通高中学校提出了资助要求，尽管各省市之间的表述并不相同，但地方政府一般都会要求学校将学费收入按一定比例用于家庭经济困难学生的资助。

2000 年，江苏省发布的《关于调整中小学学杂费标准和普通高中招生收费实行并轨的通知》，要求普通高中招生收费并轨后，学校要从学费收入中提取 15% 左右的比例，建立奖助学金，用于对优秀学生奖励和经济困难学生的资助。奖助

① 《中国教育年鉴》编辑部. 中国教育年鉴 2007. 北京：人民教育出版社，2007：691.

② 《中国教育年鉴》编辑部. 中国教育年鉴 2008. 北京：人民教育出版社，2008：855.

③ 中国扶贫基金会. 新长城特困高中生自强班项目.（2018-03-06）[2018-11-24]. http://www.cfpa.org.cn/project/GNProjectDetail.aspx?id=71.

学金专款专用，并接受当地教育、财政、物价部门的监督检查。

2008年，甘肃省在《关于规范普通高级中学收费政策的通知》中明确要求，各学校应从学费中按10%~15%的比例建立助学金、奖学金用于资助奖励，资助奖励对象应首先考虑品学兼优学生、家庭经济困难学生、城乡低保家庭（农村五保户）学生、残疾人家庭的学生及孤儿；有条件的对这些学生的学费、住宿费予以减半或免收。

三、资助政策特点

和其他各级各类教育一样，中国在高中阶段教育领域已经建立了比较完善的学生资助体系，在很大程度上保障了家庭经济困难学生升入高中的机会和权利，有力推动了普通高中教育的发展，资助政策和体系主要表现出如下特点。

1）高中学生资助的资金来源以政府投入为主，基金会、企业、公益彩票等多来源并存，从资助形式上看形成了奖、贷、助、补、减等混合资助形式。

2）高中学生的资助政策"奖优"和"助贫"兼顾，既考虑到对家庭经济困难学生的经济援助，又会优先照顾那些成绩比较优秀的学生。

3）国家的资助对全国各省市的发展水平统筹考虑，资助向经济落后省市和特别贫困人群倾斜。

4）各省市经济发展水平和财力存在较大差异，对高中学生资助的覆盖面和力度也各不相同。

第三章

普通高中课程改革

　　历经 40 年改革与发展，我国普通高中教育已从"精英式"走向了"大众化"。《2017 年全国教育事业发展统计公报》显示，2017年我国高中阶段毛入学率为 88.3%，高中阶段教育在校学生总数为3970.99 万人，其中普通高中在校生占 59.8%。这不仅意味着我国绝大多数城乡新增劳动力都能接受高中教育，也意味着高中的教育性质与教育责任的根本转变。进入大众化发展阶段的高中教育，更加关注每个学生的发展和成长需要，更加注重每个学生的个性发展与特长发展，这种改变也体现在改革开放以来普通高中课程改革之中。

第一节　课程改革的历程回顾

高中课程改革总是与高中教育改革相伴而生的。从某种意义上讲，高中课程改革的发展与变迁就是高中教育性质与价值的发展与变迁，时代的文化脉络与理想的教育蓝图最终都需要通过课程予以体现。1949年以来，我国公布了八次课程标准或教学大纲，编写过八次新的全国通用中小学教材。教材更新、标准调整是课程改革内容的一部分，但真正意义上的课程改革在本质上关注的是学生培养质量的变化，是对教育本质认识的变化。

一、课程改革的时代背景

从1977年我国恢复高考开始，一直到1996年普通高中"课程计划"这一概念的独立运用，我国普通高中教育的课程改革一直被包括在教学改革之中，课程改革等同于课程的改革，而课程的改革几乎等同于科目改革与教材更新。因此，无论是政策文本的颁布，还是教育目的的调整，或教学标准的更新，这一阶段的课程改革并没有涉及课程本质与课程价值的讨论。就课程发展而言，课程改革的驱动力已经出现，这就是全面实施素质教育的要求。

（一）完善"教学计划"

1978年1月，在拨乱反正的社会大背景下，国家教育委员会为响应党中央号召，颁发了《全日制十年制中小学教学计划试行（草案）》，这是自1966年以来第一个全国统一的中小学教学计划，它拉开了课程领域内拨乱反正的帷幕，在基础教育改革领域具有深远的历史价值。

这个教学计划最显著的特点是：统一了学制，颁布了全国通用教学大纲，初步恢复了学科本位课程体系。就高中教育而言，课程改革主要体现在学科设置与课时调整上，特别强调了数学、物理、化学等学科教育，并开始广泛开设外语语种课程。但由于"文化大革命"刚刚结束，这一教学计划只发挥了拨乱反正之作用。随着改革开放政策的进一步推进，该教学计划所提到的课程设置难以满足时代发展的需要。

于是，国家教育委员会根据邓小平提出的"要办重点小学、重点中学、重点大学"的指示，于 1981 年颁布了《全日制六年制重点中学教学计划（试行草案）》《全日制五年制中学教学计划（试行草案）的修订意见》，对高中课程类型和课程设置做出了调整，不仅增设了选修课，还完善了课程结构，调整了文理科的课时比例。

1982 年 9 月党的十二大召开，我国进入了全面开创和建设有中国特色的社会主义的新时期，教育成为发展有中国特色的社会主义的一个重要战略领域，基础教育课程随之进行了一系列改革。1985 年 5 月，颁布了《中共中央关于教育体制改革的决定》提出，由于我国幅员广大，经济文化发展很不平衡，义务教育的要求和内容应该因地制宜，有所不同。

由此，我国中小学教材开始走向"一纲多本"的多样化发展之路。1986 年，颁布了《中华人民共和国义务教育法》，正式确立教科书编审分开制度，教科书多样化从这里开始起步。

此后，历经一波三折的"六三三"学制得到恢复和重建，我国普通高中教育逐步走上正常发展的轨道。

针对 1981 年高中教学计划改革实施后出现的一系列问题，比如，过度关注重点中学的改革，使普通中学的发展远远滞后，阻碍整个民族素养的提高；过度强调理科教育的重要性，文理偏科现象尤为严重，学生知识结构不合理，不利于学生全面发展；等等。1990 年 3 月，国家教育委员会印发了《现行普通高中教学计划的调整意见》，试图解决上述问题。但由于这只是一个过渡性计划，最终未能充分发挥对实践的指导作用。

（二）提出"课程方案"

当历史的发展进入 20 世纪 90 年代，随着我国国际交往的日益频繁和改革开放的日益深化，教育也开始蓬勃发展。

我国开始了解国际上关于课程研究的基本趋势，并逐步将课程研究的思想与观点纳入我国教育思考范畴，课程理论研究开始起步。也正是在这个时段，国家教育委员会在 1992 年印发的《九年义务教育全日制小学、初级中学课程方案（试行）》中，首次使用"课程计划"这一概念。该课程方案将小学和初中课程分为"六三制"和"五四制"两种类别。

1992 年 10 月，中国共产党第十四次全国代表大会确立了 20 世纪 90 年代改革和建设的主要任务，明确提出必须把教育摆在优先发展的战略地位，努力提高全民族的思想道德和科学文化水平，这是实现我国现代化的根本大计。

为了实现这一战略任务，国务院于 1993 年 2 月印发的《中国教育改革和发展纲要》提到，教育应由"应试教育"转向全面提高国民素质的发展轨道。至此，关注素质发展开始在课程改革领域中萌芽。

（三）回应"素质教育"

素质教育的提出在 40 年课程改革历程中具有里程碑意义，它指引着一系列课程改革政策的出台与举措的实施。在普通高中教育领域改革的具体表现是，1995 年 6 月，国家教育委员会印发了《关于大力办好普通高级中学的若干意见》；1996 年 3 月又进一步颁布了《全日制普通高级中学课程计划（试验）》以及 12 个学科教学大纲。

这些政策的出台都基于素质教育这一目的而建构普通高中课程体系。可以认为，1996 年颁布的《全日制普通高级中学课程计划（试验）》是我国普通高中教育领域课程改革的第一次，它也将普通高中作为独立而特殊的学段，提出了自设的课程计划。

至此，从 1992 年"课程计划"这一概念正式提出，到 1996 年普通高中课程计划的诞生，体现了我国普通高中课程改革的正式出现，它独立于教学改革，并成为教育领域中一个独立的研究范畴。

二、课程改革的进展阶段

（一）课程改革方案的修订

1996 年的普通高中"课程方案"颁布之后，我国迅速掀起了高中课程改革的热潮。1997 年秋季，江西省、陕西省和天津市首先进行高中课程改革实验。

1999 年，《中共中央国务院关于深化教育改革，全面推进素质教育的决定》颁布，该文件确立了"全面推进素质教育"的改革目标，并将"两基"作为教育工作的"重中之重"，同时提出要"扩大高中阶段教育和高等教育的规模"；建立新的基础教育课程体系，试行国家课程、地方课程和学校课程。改变课程过分强调学科体系、脱离时代和社会发展以及学生实际的状况。

教育部于 1999 年出台的《面向 21 世纪教育振兴行动计划》明确提出，要改革课程体系和评价制度，2000 年初步形成现代化基础教育课程框架和课程标准；同时提出，到 2010 年，高等教育毛入学率将达到适龄青年的 15%。基础教育领域素质教育的全面推进和高等教育的招生人数迅速扩张呼唤高中教育的深刻变革。

根据这些文件精神，教育部结合试验中存在的问题，对 1996 年的课程方案进行了修订和完善，于 2000 年 1 月印发了《全日制普通高级中学课程计划（试验修订稿）》和 12 个学科教学大纲（试验修订版）；在原两省一市的试点实施基础上，江苏、山东、河南、黑龙江、辽宁、安徽、青海等省于 2000 年秋季开始使用新的课程方案。

2001 年 6 月，教育部又印发了《基础教育课程改革纲要（试行）》，明确了四个基本的课程改革任务，即科教兴国、推进素质教育、革除现有课程体系的弊端、建立符合中国特色的现代课程体系；并对课程改革目标、课程结构、课程标准、课程组织、课程评价，以及教师培养与培训提出具体建议和要求；这标志着我国基础教育课程改革的又一次全面启动，其中包括普通高中教育。

2001 年 4 月，教育部印发了《普通高中"研究性学习"实施指南（试行）》，目标在于全面实施素质教育，培养学生创新精神和实践能力，转变学生的学习方式和教师的教学方式，鼓励学校创造条件开展研究性学习活动，全面推进课程改革。研究性学习与社会实践、社区服务、劳动技术教育共同构成"综合实践活动"，作为必修课程列入《全日制普通高级中学课程计划（试验修订稿）》。

研究性学习强调对所学知识、技能的实际运用，注重学习的过程和学生的实践与体验，其具体目标是：①获得亲身参与研究探索的体验；②培养发现问题和解决问题的能力；③培养收集、分析和利用信息的能力；④学会分享与合作；⑤培养科学态度和科学道德；⑥培养对社会的责任心和使命感。

（二）课程改革的全面实施

自 2002 年秋季起，在全国范围内普通高中学校开始使用新课程方案。这标志着中国普通高中课程改革进入实施阶段。

2003 年 4 月，《普通高中课程方案（实验）》和语文等 15 个学科课程标准（实验）公布。新课程方案公布后，从 2003 年 7 月到 2004 年 6 月，教育部先后在海口、青岛、北京和银川组织召开四次普通高中新课程实施工作研讨会，就实验省高中课程改革的准备工作进行了专题研讨。

2004 年 9 月第一批普通高中课程改革实验在山东、广东、宁夏和海南四个省（自治区）进行。2006 年，浙江、福建、辽宁、安徽、天津等 5 省（直辖市）进入课程改革实验；2007 年，北京、陕西、湖南、黑龙江、吉林进入新课程实验。2010 年高中新课程在全国全面实施。

2010 年《国家中长期教育改革和发展规划纲要（2010—2020 年）》强调，全面提高普通高中学生综合素质。深入推进课程改革，全面落实课程方案，保证学生全面完成国家规定的文理等各门课程的学习。创造条件开设丰富多彩的选修课，为学生提供更多选择，促进学生全面而有个性的发展。

直至 2014 年，我国普通高中新课程改革基本实现了从改革开放之初的探索与试点，到改革方案的完善与全面实施，基本构建了知识与技能、过程与方法、情感态度与价值观三位一体的普通高中课程体系。

（三）课程改革的深化阶段

2014 年以前的普通高中课程改革完成了建构素质教育课程体系的目标任务，促成了课程价值观的转型。2014 年以来的普通高中课程改革则在继续坚持素质教育的方向和理念的基础上，着重探讨信息时代的特点及其对个人、社会和教育发展提出的新挑战，致力于构建信息时代下的普通高中课程体系，以此实现课程知识观转型。

2014 年 3 月，《教育部关于全面深化课程改革 落实立德树人根本任务的意见》颁发，就课程改革提出了新的任务和要求，其中也包括修订课程方案和课程标准、编写和修订学科教材等与普通高中课程改革直接相关的内容。

2014 年 9 月，《国务院关于深化考试招生制度改革的实施意见》颁布，提出的第一条原则是：坚持育人为本，遵循教育规律。把促进学生健康成长成才作为改革的出发点和落脚点，扭转片面应试教育倾向，坚持正确育人导向，践行社会主义核心价值观，深入推进素质教育，培养德智体美全面发展的社会主义建设者和接班人。

《国务院关于深化考试招生制度改革的实施意见》提出改革的总体目标则是：2014 年启动考试招生制度改革试点，2017 年全面推进，到 2020 年基本建立中国特色现代教育考试招生制度，形成分类考试、综合评价、多元录取的考试招生模式，健全促进公平、科学选才、监督有力的体制机制，构建衔接沟通各级各类教育、认可多种学习成果的终身学习"立交桥"。

为贯彻该意见精神，于同年 12 月底分别印发了《教育部关于进一步完善和规范高校自主招生试点工作的意见》《教育部关于普通高中学业水平考试的实施意见》《教育部关于加强和改进普通高中学生综合素质评价的意见》等系列文件，以此拉开了我国高考综合改革的帷幕，上海与浙江两省市率先成为高考改革试验区。

很显然，考试制度改革体现出的核心理念是，坚持育人为本、促进学生健康成长、扭转片面应试教育的倾向。这一系列理念凸显了更加立体化的高中教育目标定位、更加人本化的高中教育价值取向。也就是说，当代高中教育应该为每位高中生成功适应未来的学习工作和生活打好基础、做好准备；应该基于全民终身教育的视角，逐步回归高中教育的本体性价值追求，凸显信息时代高中教育作为大众化教育或者普及化教育的本质内涵，不仅体现为让更多（甚至每一个）年轻人接受高中教育，还应体现为每个学习者都能普遍接受符合自身兴趣和发展需求的高质量教育。

为满足这些教育诉求，确保普通高中课程改革与高考综合改革的有效衔接，自 2015 年初开始，教育部确立了以发展学生核心素养为目标的课程改革方向，并开始系统修订普通高中课程方案和各科课程标准，并于 2017 年 12 月正式印发了《普通高中课程方案和语文等学科课程标准（2017 年版）》，至此，我国普通高中课程改革进入深化阶段。

三、课程本质的重新认识

课程改革实践的持续推进与深化无不肇始、导源于人们对课程本质及其理念的突破、建构与创新，而课程本质及其理念总是特定教育本质观的自然延伸。

（一）工业化时代的传统"课程观"

现代学校教育的产生与传统工业的产生和发展联系在一起。20 世纪初，工业中的科学管理原则被运用到学校教育，将教育过程与生产过程画上了等号，教育就是生产，培养大批劳动生产者成为教育的目标。

20 世纪上半叶对课程理解的隐喻是：学生是"原料"，是学校这台"机器"加工的对象，课程也成为加工原材料的手段。所以，课程必须具体化、可考核，课程开发必须整齐划一，避免主体性与创造性的介入，如此才能最大化提高教学效率。

这一课程本质及其价值诉求契合了改革开放之初我国经济社会发展的现状，在一切都处于百废待兴之时，社会经济的发展需要教育培养大量人才，由此，多出人才、快出人才成为 20 世纪 80 年代我国教育的核心任务。为此，国家首先是恢复高考与建立重点中学，其次是用整体划一的方式制定外部评价方式与课程结构设置，以便在最短的时间内培养出更多满足社会需求的人才。

这时，提高教育质量的中心工作是寻求最快速有效的方法，快速准确地将学科教材的知识传授给学生，进而使学生成为知识扎实、具备技能的劳动者。在这一时期，课程与教材基本画上等号。所以，这个时期注重教学方法的改革，而不提课程的改革。

（二）区别于教学的现代"课程观"

随着 1992 年《九年义务教育全日制小学、初级中学课程方案（试行）》的颁布，"课程计划"这一概念被正式提出，课程开始作为独立于教学的概念得到了教育研究者的关注，人们开始对学校教育中课程本质的提出质疑、批判与建构。

2001 年《基础教育课程改革纲要》颁布后，自中华人民共和国成立初期从苏联教育模式中引入的"教学大纲"进一步被"课程标准"取代，这种改变不仅仅是简单的概念调整，而是课程本质及其价值诉求的根本转变。

教学大纲作为从学科体系建构的教学目标、教学内容、教学要点与教学课时的基本框架，首先从目标上规定了所有学生必须达到的标准，这种标准往往成为评价学生"好与不好"的基本标准，成为将学生分层分类的基本依据；其次它对学生最直接的影响是，通过量化标准与现状之间的差距，使学生长期陷于"我不行"的自我认知。课程标准不仅规定了课程实施的教学与评价建议，还包含了课程性质、课程理念、课程目标、课程结构、课程评价、课程管理等诸多要素；所有这些课程的构成内容有着共同的指向，即每个学生的发展。

课程以每个学生的发展为基本取向，课程代表的是学生自身的经验与体验，课程既是内容也是过程，内容体现在过程中，成为过程的一部分。在这一认知框架中，课程真正成为一种协作活动与创造过程，它放弃了对确定性、普遍性课程的寻求，将以教科书形态存在的课程置于具体情境中，作为特定事件来处理，将每一个实践者都视为课程创造者与开发者，而不仅仅是课程实施者。

如此，人们对课程的认识克服了教科书的局限，并赋予这个词更多内涵。它不仅是个名词，在某种程度上也是个动词；对课程本质认识的改变，从根本上体现的是对人的主体性与创造性的尊重。

四、课程目标的价值转向

课程目标是整个课程编制、课程开发活动的起点和核心，它试图解答"学校教育要达到什么样的目标，学校教育究竟要培养什么样的人"的问题。课程目标的发展与演变直接反映了教育目标的变化和发展。

（一）社会导向的工具性价值

从改革开放至20世纪90年代末，满足社会发展需要是整个基础教育改革的基本价值取向。1982年9月，党的十二大明确将教育列为经济发展的战略重点。1985年的《中共中央关于教育体制改革的决定》提出，教育体制改革的基本目的是"提高民族素质、多出人才、出好人才"。

为此，教育必须要为经济社会发展准备大量能够坚持社会主义方向的各级各类合格人才。此后，无论是1993年的《中国教育改革和发展纲要》，还是1995年的《中华人民共和国教育法》，都坚定不移地强调了教育的社会发展责任。

例如，1981年教育部修订五年制小学教学计划的一个重要指导思想就是，要积极适应社会主义现代化需要，努力提高教育质量，为培养四化建设人才打好基础。又如，1996年颁布的《全日制普通高级中学数学教学大纲（供试验用）》提出，高中数学课程目标是使学生学好从事社会主义现代化建设和进一步学习所需的代数、几何的基础知识和概率统计、微积分的初步知识，并形成基本技能；与此相适应的课程内容应精选那些在现代社会生活和生产中有广泛应用的，为进一步学习所必需的，同时又是学生所能接受的知识。[①]

（二）学生为本的本体性价值

随着21世纪的到来，我国启动新一轮基础教育课程改革。2000年颁布的《基础教育课程改革纲要（试行）》提出，课程标准应体现不同阶段的学生在知识与技能、过程与方法、情感态度与价值观等方面的基本要求。由此，"三维目标"成为引领基础教育课程改革的核心理念。

然而，在2003年课程方案指导实践10余年后，诸多问题也逐步凸现出来。比如，在片面追求"分数"的现实面前，三维目标中的"知识与技能"占了主导地位，"过程与方法"和"态度与情感"则被忽略了。

为了实现三维目标的统一发展，教育部颁布了《普通高中课程方案和语文等学科课程标准（2017年版）》。其中，《普通高中课程方案（2017年版）》对课程标准的修订进行了说明，进一步明确了普通高中育人的定位，还提出了"素养"这一概念，明确了普通高中教育的培养目标。该文件指出，我国普通高中教育是在义务教育基础上进一步提高国民素质、面向大众的基础教育，任务是促进学生全面而有个性的发展，为学生适应社会生活、高等教育和职业发展作准备，为学生的终身发展奠定基础。普通高中的培养目标是进一步提升学生综合素质，着力发展核心素养，使学生具有理想信念和社会责任感，具有科学文化素养和终身学习能力，具有自主发展能力和共同合作能力。

不难看出，相比2003年，新的课程标准针对普通高中教育领域长期以来片面追求升学率的现象与问题，强调了高中教育的"基础性"，这一学段的教育不只是要为升学做准备，还要为适应社会生活做准备。同时，新的课程方案还提出，高中教育要为"学生适应高等教育和职业发展作准备"，关注了高中教育的"选择性"。

当高中教育的课程使命在于促进每个高中生全面而个性化发展时，是对高中教育本体性价值的基本概括；但同时，尽管高中教育是基础教育的高级阶段，但

---

① 课程教材研究所. 20世纪中国中小学课程标准·教学大纲汇编：课程（教学）计划卷. 北京：人民教育出版社，2001：632.

不能将这一学段的"基础性"与义务教育阶段的"基础性"等同起来，二者既有联系也有区别。

第二节 课程改革的主要内容

普通高中课程改革40年，反映了我国教育发展目标与教育改革价值取向，这些教育目标与教育价值体现在课程本质、课程目标、课程结构、课程内容、课程评价、课程管理等要素的变化上。

一、课程结构的不断调整

课程结构与课程功能相联系，课程功能的变化也对课程结构产生了直接的影响。当高中教育从"精英化"走向"大众化"，课程不再将学术与选拔作为唯一功能，而是要充分立足于学生的生活现状及其需要。如此，课程结构也需做出调整。

（一）学科课程的主导

纵观改革开放40年我国高中课程改革历程可以发现，高中课程结构的调整基本围绕课程功能的改变而实施，并且主要体现为课程类型的调整。

整个20世纪，支配世界课程改革的主导价值观是"科学主义"；我国改革开放后提出的"科学技术是第一生产力""科学就是力量"便是这一价值观的充分体现。具体到教育领域，就是建构受科学世界支配的、以纯理性为旨趣的基础教育课程知识体系。

从我国高中教育的课程类型来看，在改革开放前20年，必修课长期主导学校课程体系。虽然早在1981年的高中课程改革方案中就已经提出了开设选修课的政策要求，但由于那时的高中教育尚属于"精英教育"，课程学习是为升学做准备，所以，选修课不仅所占的比例少，且很少有学校真正能够按照规定开设课程。

与此同时，选修课的课时安排，延续了1949年后重理轻文的传统。五年制中学普通高中物理、化学课时比例分别占 14.75%和 11.48%，历史和地理课时占比为 4.92%和 3.28%（表 3-1）。

表 3-1　1981 年我国五年制高中课程结构

项目	政治	语文	数学	外语	物理	化学	历史	地理	生物	体育	劳动技术	总计
高一/（课时/周）	2	5	6	4	4	3	3	2	0	2	每学年	31
高二/（课时/周）	2	4	6	5	5	4	0	0	2	2	4 周	30
合计/（课时/周）	4	9	12	9	9	7	3	2	2	4		61
百分比/%	6.56	17.65	19.67	14.75	14.75	11.48	4.92	3.28	3.28	6.56	□	100

注：为了统计方便，劳动技术课时没有计算在内

重理轻文的课程结构给教育带来的直接后果是，学生知识结构不合理、文理偏科严重。这直接导致了高中教育所培养出来的人不能适应社会经济发展的需求。

（二）活动课程的增加

国家教育委员会于 1990 年印发了《现行普通高中教学计划的调整意见》，进一步对课程类型做了调整，不仅扩大了选修课的范围，还增加了课外活动课和社会实践课。同时，为解决学生文理偏科严重这一问题，适当减少了数学、物理、化学等学科的课时比例，历史、地理、生物等学科课时有所增加（表 3-2）。

表 3-2　1990 年我国普通高中课程结构[①]

项目	政治	语文	数学	外语	物理	化学	生物	历史	地理	体育	劳动技术	社会实践活动	必修课总课时数	选修课	课外活动
高一/（课时/周）	2	4	5	5	3	3	□	2	3	2			29	3	6
高二/（课时/周）	2	4	4	4	3	3	2	□	2	每学年 4 周	每学年 2 周	27	4	6
高三/（课时/周）	2	5	5	4	□	□	3	2	□	2			14	16	6
合计	6	13	14	9	6	6	3	4	3	6			70	23	18
百分比/%	5.41	11.71	12.61	8.11	5.41	5.41	2.70	3.60	2.70	5.41	□	□	63.06	20.72	16.21

注：1）为了统计方便，劳动技术、社会实践活动课时没有计算在内；
　　2）因选修课无法进行学科分类，故各科课时百分比不能与常态比较

显然，通过 20 年的发展，到 20 世纪 90 年代，我国普通高中课程已经开始由学科课程主导走向与活动课程适当结合。但由于这一阶段的课程主要服务于"升学"，所以，课外活动课和社会实践课也好，选修课程也罢，最终也都服务于"考

① 陈业.建国以来我国普通高中课程设置历史、现状与发展路向研究.广州大学硕士学位论文.2008：45.

试"。教育部在 2000 年颁布的《全日制普通高中课程计划（实验修订稿）》中，正式将综合实践活动课程纳入必修课体系；这是我国高中教育第一次超越学科课程，将活动课程纳入必修课程体系（表 3-3）。

表 3-3　2000 年我国普通高中课程结构[①]

项目	思想政治	语文	外语	数学	信息技术	物理	化学	生物	历史
必修	6	12	12	8	2	4.5	4	3	3
选修	—	—	—	2~4	2	5	4.5	3	4.5
总授课时数/课时	192	384	384	332~384	70~140	158~806	140~271	105~183	105~236
百分比/%	5.89	11.76	11.76	10.17~11.76	2.14~4.29	4.84~9.38	4.29~8.30	3.22~5.61	3.22~7.23

项目	地理	体育和保健	艺术	综合实践活动				地方和学校选修课
				研究性学习	劳动技术教育	社区服务	社会实践	
必修	3	6	3	9	每学年1周	校外时间安排	每学年1周	—
选修	4	3	—	—	—	—	—	11~19
总授课时数/课时	105~209	192	96	288				340~566
百分比/%	3.22~6.40	5.89	2.94	8.82				10.42~17.34

综合实践活动课程包括研究性学习、劳动技术教育、社区服务、社会实践四部分内容。它们被纳入高中阶段必修课程体系，不仅是课程结构改革的一次突破，更是对课程本质与课程功能理解的一次突破。

"课程"一词不再与学科画等号，课程的功能不再仅仅体现为对学科教材的掌握，还包含了与学生生活密切相关的主题探讨和问题研究，课程的功能还应指向学生的真实生活。

基于这一课程理解，教育部在 2003 年印发的《普通高中课程方案（试验）》中规定，从小学到高中都必须要设置综合实践活动课程，改变以往课程（体系）中形成的、日益受到强化的科学世界的独尊地位。使课程不再是单一的、理论化的、体系化的书本知识，而是向学生呈现人类生活群体的生活经验，并把它们纳入到学生生活世界中加以组织，赋予课程以生活意义和生命价值。

由此，我国普通课程体系呈现出了必修课程与选修课程、学科课程与活动课程相结合的结构框架（表 3-4）。

① 陈业.建国以来我国普通高中课程设置历史、现状与发展路向研究.广州大学硕士学位论文.2008：47.

表 3-4　2003 年我国普通高中课程结构①

项目	语言与文学		数学	人文与社会			科学			技术	艺术	体育与健康	综合实践活动		
	语文	外语	数学	思政	历史	地理	物理	化学	生物	技术	艺术	体育与健康	研究性学习	社区服务	社会实践
必修学分/分	10	10	10	8	6	6	6	6	6	8	6	11	15	2	6
百分比/%	8.62	8.62	8.62	6.9	5.17	5.17	5.17	5.17	5.17	6.9	5.17	9.48	12.93	1.72	5.17
选修Ⅰ	根据社会对人才多样化的需求，适应学生不同潜能和发展的需要，在共同必修的基础上，各科课程标准分类别、分层次设置若干选修模块，供学生选择。至少 22 学分														
选修Ⅱ	学校根据当地社会、经济、科技、文化发展的需要和学习的兴趣，开设若干选修模块，供学生选择，至少 6 学分														

（三）课程类别的细化

2017 年年底，教育部印发了《普通高中课程方案（2017 年版）》以及语文、数学等 21 门学习科目的课程标准。这一方案进一步优化了课程结构，设立必修课程、选择性必修课程和选修课程等三个类别。其中，必修课程为学生发展提供共同基础，是高中毕业的学科学业水平考试的内容要求，也是高考的内容要求；选择性必修课程是供学生选择的课程，也是高考的内容要求；选修课程为学生确定发展方向提供引导，为学生展示学科才能提供平台，为学生发展学科兴趣提供选择，为大学自主招生提供参考。

该方案规定，普通高中开设语文、数学、外语、思想政治、历史、地理、物理、化学、生物学、技术（含信息技术和通用技术）、艺术（或音乐、美术）、体育与健康和综合实践活动等国家课程，以及校本课程。这些科目的学分要求如表 3-5 所示。

表 3-5　2017 年我国普通高中课程结构　　　　　　　单位：分

项目	必修学分	选择性必修学分	选修学分
语文	8	0~6	0~6
数学	8	0~8	0~6
外语	6	0~6	0~4
思想政治	6	0~6	0~4
历史	4	0~6	0~4
地理	4	0~6	0~4

---

① 中华人民共和国教育部. 全日制普通高级中学课程计划（试验修订稿）. (2000-01-31).

项目	必修学分	选择性必修学分	选修学分
物理	6	0~6	0~4
化学	4	0~6	0~4
生物学	4	0~6	0~4
技术（含信息技术和通用技术）	6	0~18	0~4
艺术（或音乐、美术）	6	0~18	0~4
体育与健康	12	0~18	0~4
综合实践活动	14		
校本课程			≥8
合计	88	≥42	≥14

二、课程内容的重新建构

（一）知识点的调整

改革开放之初，课程改革几乎等同于教学改革；课程内容改革基本上围绕学科知识点的删减而展开。

1980 年修订印发的《全日制十年制学校中学数学教学大纲（试行草案）》，围绕学科知识点的组织，进一步精简了传统数学内容，删去了传统数学中用处不大的内容，增加了微积分，以及概率统计、逻辑代数等初步知识，将集合、对应等思想渗透在教材中。

1986 年，国家教育委员会又颁布了修订后的中小学 18 科教学大纲，进一步降低了教学内容的难度，并对学习内容和知识点应达到的基本要求进行了层次划分。

（二）学科素养形成

2003 年教育部印发的《普通高中课程方案（实验）》提到，课程内容要精选终身学习必备的基础内容，增强与社会进步、科技发展、学生经验的联系，拓展视野，引导创新与实践。

《普通高中课程方案（2017 年版）》则进一步指出，以学科大概念为核心，使课程内容结构化，以主题为引领，使课程内容情境化，以此促进学科核心素养的落实。

　　显然，我国普通高中课程内容的改革开始跳出学科教材，超越了对学科知识点的简单删减与调整。在进一步优化学科知识体系的基础上，兼顾了学生生活经验。用杜威的话说，这是"逻辑"与"经验"的融合。以教材形式呈现的学科知识不再是一系列储存起来的、等待被接受的信息库，而是我们解释问题、阐明问题、确定问题的所在，从而成为我们判断意义的参照材料。学习也不是为教材自身而去掌握它，而是利用学科知识解决真实生活问题的过程，进而在"亲历学科实践"的过程中体验专家问题解决过程，学会专家思维。

　　如此，课程本质、教材本质与学习本质都发生了根本改变，课程内容不仅要包含学科教材，还要超越教材，将学生运用学科知识解决问题的过程纳入课程内涵；又由于学科核心素养在某种意义上体现为运用学科知识解决真实生活问题、解释真实生活现象的能力，所以，"学科核心素养"理所当然成为当前引领我国普通高中各学科课程内容建构的核心理念。

　　基于学科核心素养发展的课程内容具有时代性、综合性与探究性，强调学科学习与生活经验的关系，其核心是如何增强高中教育与信息时代、知识经济时代的大学教育、工作世界和公民生活的内在联系。

三、课程评价的观念变化

（一）评价即考试：知识记忆

　　如果将改革开放40年作为审视起点，我国普通高中的课程评价在前20年的改革历程中基本指向学科知识点掌握，评价就是考试。

　　这是一种"向下渗透"（trickle down）的集中评价体系，在这一体系中，最重要的决定是由那些对课堂和学生影响最广泛的方案策划者和决策者做出的，决策者的影响范围很广；学校教育必须重视和满足信息需求的首要目标，突出特征是坚持了知识复制观，对知识价值的测定以纯粹的、确定无疑的客观真理复制程度为准则；复制越多，越能应对各种测量活动，越能接近理性世界，以此循环往复。

　　这种考试的评价观及其结果导致了在教育实践中学生的死记硬背，也导致了学生创造力培养的缺失，产生应试的现象。

（二）评价的转向：促进发展

1998 年，随着《面向 21 世纪教育振兴行动计划》的颁布，教育部明确提出了实施"素质教育工程"的教育改革理想，它直接推动了课程评价的改革步伐。2001 年，教育部印发的《基础教育课程改革纲要（试行）》提出，课程评价要能促进学生全面发展。评价不仅要关注学生的学业成绩，而且要发现和发展学生多方面的潜能，了解学生发展中的需求，帮助学生认识自我，建立自信。发挥评价的教育功能，促进学生在原有水平上的发展。

2003 年，教育部印发《全日制普通高级中学课程计划（试验修订稿）》，该课程计划是如此描述课程评价的：课程评价应以尊重学生为基本前提，以促进学生发展为根本目的，积极地发挥评价结果的作用，通过评价帮助学生正确地认识自己在态度、能力、知识等方面的成就和问题，增加自尊和自信，改进学习方法，提高学习质量。

毋庸置疑，以上关于课程评价的理解已经开始超越"学科考试"，试图将学生学习过程纳入评价范畴。但由于高考考试招生制度当时并没有发生相应改变，所以，在这一时期，普通高中课程评价尚未发生实质性变化。唯分数论、一考定终身使学生学习负担过重等问题依然严重。

（三）新的评价观：素质建构

2014 年，颁布了《国务院关于深化考试招生制度改革的实施意见》，提出"两依据一参考"的多元评价机制。"两依据"包括统一高考成绩和高中学业水平考试成绩，"一参考"指学生综合素质评价。

与此同时，首次将"考查学生独立思考和运用所学知识分析问题、解决问题的能力"纳入学科考试范畴。上述评价政策的调整不仅意味着我们需要彻底改变对普通高中课程价值的认识，还需要改变对学科考试价值的认识。

课程不再被窄化为学科教材，它包含了一切能够促进学生素养发展的行动；学科考试不再指向知识点的记忆与背诵，而是一个人能够寻找知识运用场合并采取一系列行动或"表现"（performance）以展示其灵活解决真实问题的能力，即学科理解。这一课程评价的本质内涵在《普通高中课程方案（2017 年版）》中进一步得到了发展和完善。新的课程改革方案提出"努力完善考试评价制度"，其中包括"建立学分认定和管理制度""完善综合素质评价制度""规范考试评价要求"等三个方面要求，强调考试命题应注重紧密联系社会实际和学生生活经验，强调对综合运用知识分析解决实际问题能力的考查，要求有利于促进学生核心素养的发展。

显然，在上述理解框架内，课程评价不再以去情境化的方式了解每个个体的知识表征，强化以记忆为主的学习策略，而是关注概念之间的总体一致性，以及它们与学生当前和未来生活的相关性。学科学习的价值不只是掌握重要的学科形式，更是灵活运用这些学科形式解决新问题、创造新思想的能力。

如此，"成功者"不再以知识堆积数量为依据，而是取决于能够有效利用生物、历史和艺术等不同学科领域中可用的概念、理论、叙述与程序，并能够理解知识的个性化建构本质，同时利用它们来解决问题、创造产品、做出决策，并最终改变他们周围的世界。这是当前我国普通高中课程评价的最核心本质。

四、课程管理的体系建设

长期以来，我国课程管理体制都坚持国家统一管理的传统模式。改革开放后，在历经 20 余年的实践与探索后，我国课程管理逐步实现了统一性与灵活性的结合。

（一）地方管理的探索

1988 年，上海、浙江两地首次被赋予自行制定课程、教学大纲和教材教改方案的自主权，体现了新时期谋求改变我国基础教育课程管理高度统一的现状，实现课程统一性与灵活性相结合的努力。课程管理体制改革的序幕由此悄然拉开。

1992 年，教育部颁布的义务教育课程计划规定，义务教育阶段除设置国家统一安排课程外，各地还可以根据本地实际情况和需要设置地方课程，以适应各地的具体情况。这是一个具有突破性意义的改革举措，它改变了我国国家课程"一统天下"的课程结构，改变了"千校一面""万人一书"的高中学校发展现状，并由此推动着特色高中的发展，加快了国家课程管理模式改革的步伐。

1996 年《全日制普通高级中学课程计划（试验）》颁布，我国高中教育明确确立了国家、地方、学校三级课程管理体系，这从根本上改变了我国高度集中的课程管理制度。

由此，各类教育行政部门在组织开发教材、选择使用教材和指导学校实施课程等方面有了一定的自主权。这在一定程度上促进了教材多元化的发展。

（二）三级管理制度

2001 年的《基础教育课程改革纲要（试行）》进一步明确了三级课程管理的具体职责，教育部总体规划基础教育课程，制定课程管理政策，确定国家课程门类和课时，制定国家课程标准，积极试行新的课程评价制度；省级教育行政部门依据国家课程管理政策和本地区实际，制定本省（自治区、直辖市）实施国家课程的计划，规划地方课程；学校在执行国家和地方课程的同时，开发和选用适合本校的课程。这一管理体制赋予学校管理自主权，推动着学校结合自身发展情况建立新的管理制度。

教育部在《普通高中课程方案（2017 年版）》中，进一步完善了国家、地方和学校三级课程管理制度，明确提出，切实加强对普通高中课程实施的领导和管理。注重发挥课程在推动普通高中多样化发展中的作用。省级教育行政部门应依据本课程方案制定符合本省实际的课程实施指导意见，并抄报教育部。市县级教育行政部门应指导学校做好课程实施规划。学校的课程实施规划应报上级教育行政主管部门备案，作为开展学校教育督导的重要依据。地方教育行政部门应为学校提供必要的条件和保障，协调好师资培训、人事编制、经费投入、设施设备配置等，做好舆论宣传，为课程实施创造良好的环境。

值得注意的是，新方案不仅进一步完善了三级课程管理制度，更加关注课程实施过程，而且第一次提出了要"建立国家、省两级课程实施监测制度，健全课程建设和管理反馈改进机制"的要求，具体内容包括：国家制定监测方案，重点对本课程方案执行情况、课程标准落实情况及国家审查通过的教材使用情况进行监测，并对各地监测工作进行指导和督查。省级教育行政部门应建立相应的监测和反馈改进机制，并协助完成国家级监测相关工作。

第三节　课程改革的总结与展望

40 年的课程改革与发展历程深深烙下了时代发展的印痕。相比 20 世纪八九十年代的课程改革，2001 年以来的新课程改革最为深刻地触及了课程本质及其价值诉求。审视改革开放至 20 世纪 90 年代末的课程改革，可以发现，这一时期课程改革在中国课程改革史上具有至关重要的意义与价值，它不仅为这一阶段中国政治、经济与社会发展做出了重要贡献，也直接奠定了 21 世纪我国基础教育课程体系的基础；当前我国高中课程改革的内容既延续了过去，又超越了过去；既吸取了过去的经验，又建基于过去的问题。概言之，改革开放 40 年，我国普通高中课程改革积累了丰富经验，但也存在诸多问题。至此，有必要进行经验总结与问题反思，继而展望未来。

一、课程改革的主要成就

（一）确立了素养本位课程观

自中华人民共和国成立一直到 20 世纪末，学科中心长期主导我国普通高中课程体系设置。在这一课程认知范畴内，重视学科原有的知识体系，不注意吸取最新的科学文化基础知识，也不重视各学科的基本内容与学生生活经验的必要联系，尤其忽视本学科与相邻学科在一些关键性知识点上的横向联系。

这种课程体系不仅不利于高中学生从整体上认识自然、社会和人群，也不利于学生提高综合运用所学知识分析、解决实际问题的能力。因此，随着我国基础教育课程改革的不断深入，以及我国学者对课程理论研究的不断加深，"壁垒森严"的学科课程逐渐被打破，基于学科核心素养设计课程结构，基于学科核心大观念设计课程内容，构成了当前我国普通高中课程的基本特征，此即素养本位课程观。

以《普通高中地理课程标准（2017 年版）》为例，该文件提出了发展"人地协调观、综合思维、区域认知和地理实践力"等四个方面的学科核心素养。将必修课程分为两个模块，即地理 1、地理 2；选择性必修课程包括三个模块，即自然地理基础、区域发展和资源、环境与国家安全；选修课程则包括三大方面，分别侧重自然领域、人文领域，以及技术与实践领域。

学科核心大观念是指特定学科中最基础、最根本的观念，它可以表述为体现学科特点或本质的概念或范畴。我国颁布的《普通高中数学课程标准（2017 年版）》中提到的核心大观念有：函数、几何与代数、概率与统计、数学建模活动与数学探究活动；每个大观念形成一个探究主题，每个探究主题由若干个单元构成。

显然，当课程发展以学科核心素养为基本取向后，本质上是对传统学科知识观提出的挑战。学科知识不再是人脑对客观现实的正确反映，而是人类理解并创造世界的过程与结果。在素养本位课程认知范畴内，课程超越了"知识灌输"而走向"知识运用与创造"，并成为"知识"转化为"经验"的桥梁。

（二）增强了学生课程选择权

从 1981 年《全日制六年制重点中学教学计划（试行草案）》的颁布开始，我国普通高中课程便试图通过选修课的开设为学生提供更多可选择的课程。奠定这一政策实施的基本前提是承认学生的差异性与独特性。

针对实施 1981 年教学计划中出现的一系列问题，1983 年国家教育委员会开始对数学、物理、化学等课程的教学大纲进行调整，学科教材开始出现了选择性，由"基本要求"的乙种本和"较高要求"的甲种本组成。

1996 年，为落实科教兴国这一重大战略决策，国家教育委员会颁布的《全日制普通高级中学课程计划（试验）》正式提出，高中课程以学科类课程为主、以活动类课程为辅。

1999 年，教育部提出了建构符合素质教育要求的基础教育课程体系这一课程改革任务，并在 2003 年印发的《普通高中课程方案（实验）》中将"综合实践活动课程"纳入必修课体系；除了必修课程，还进一步拓展了选修课程的范围，除了数学、物理、化学、生物、历史、地理、信息技术等 7 门国家规定的选修课程外，该课程方案还规定，地方和学校为满足学生多样发展的需要还应创造条件开设灵活多样的选修课，学生可以根据个人志向、兴趣和需要自主选择修习。

不难看出，普通高中课程改革发展至此，不仅学生拥有了课程选择权，也为学校课程开发腾出了空间。这种对"选择权"的尊重在 2014 年的高考改革新方案中得到进一步强调，并在 2017 年新课程改革方案中得以落实。

就学生而言，课程选择权主要体现在两个方面。一是给予高中学生在考试次数上的选择权。以上海为例，外语科目实行社会化考试、一年多考，由学生自主选择考试时间和次数。二是考试科目具有选择权。上海 2014 年以来的新高考方案中，高考考试科目由"3+1"模式调整为"3+3"模式，学生可以根据高校要求、自身特长和生涯规划，在思想政治、历史、地理、物理、化学、生物等6门科目中自主选择3门作为高考科目。

对于高中学校来说，课程选择性的增强意味着课程开发自主权的拥有，但这同时对学校课程领导的专业化提出了更高要求。

（三）呈现出课程实施多元化

毋庸置疑，奠定我国整个20世纪课程实施思想基础的重要来源是赫尔巴特的课程思想。但是，由于课程与教科书是同一事物，它们通常由大学学者撰写，并且首先是为了大学生准备的，大学课本在经过简化以后应用于中学和小学，甚至有可能是同样的内容，只是在详细和丰富程度上逐级递减。由于中小学教师专业水平跟不上，教师在课堂上高度依赖教科书。而教科书往往包含课程实施的具体过程，甚至是师生问答的类型，这促成了教师对记忆的侧重。这不仅妨碍了教师对学科教材的理解、创造与运用，也阻碍了学生对于所学内容的真正理解。对于学生来说，学习的过程主要就是记忆和复述。

为此，21世纪以来的基础教育课程改革实施，将自主、探究、合作等一系列新理念与新方法运用到课程范畴中。人们开始意识到，孩子的世界是一个具有他们个人兴趣的人的世界，而不是一个事实和规律的世界。于是，建立学科教材与儿童生活经验的关系成为基础教育课程改革的核心议题。

由此，课程实施多元化在组织形式上出现，其中典型的代表就是"走班制"教学的全面推进。在上海，走班制还有"小走班"与"大走班"两种模式，分别对应中小规模学校和较大规模学校。所谓"小走班"，是指学校根据学生实际选科情况，选取4～6种科目组合来组建教学班，允许部分学生同年级或跨年级选课的一种尝试，学生则根据自己的情况实行同年级或跨年级走班。

课程实施的多元化在教学过程中体现为学生运用学科知识解决真实问题，创设各种情境，超越传统意义上的课堂、教室、教材等物质环境的限制而开展教与学，即关注学生学习过程，创设与生活关联的、任务导向的真实情境，促进学生自主、合作、探究地学习。

课程实施不再是肢解和灌输学科教材的过程，而是师生合作探究的过程；课程实施更多关注的是学生的个性化需要，为学生提供更多的学习自主权，培养学生不同的能力与智慧。

二、课程改革的若干问题

任何改革都处在矛盾与冲突的环境中，推动力与阻碍力总是如影随形。因此，我国普通高中在 40 年的课程改革历程中虽积累了诸多经验，但也面临着许多困难。

（一）考试招生改革未及时跟进

不可否认的是，历经 40 年的改革与发展，我国普通高中课程从本质内涵、价值诉求、组织实施、评价管理等方面已逐步形成比较科学完善的框架。但因为我国高中教育体系长期以来都是一个应试体系，加之高考本质上不是教育的问题，在行政管理上，由不同的领导和部门分别管理高考改革与课程改革，它们是完全不同的、平行的机构，这在某种程度上会导致二者的不同步。

就本质而言，高考是一个社会问题，就像改革开放之初恢复高考一样，本身也是维持社会安定和秩序的一种手段。高中课程改革与高考招生改革关系密切，但又往往被分开。课程改革开始落实了，但如果高考招生制度不改变，课程改革方案可能就会陷入"乌托邦"式的实践困境。该课程方案中倡导的许多新理念，除了内容和实施方式有点形式上的变化之外，诸多改革理念都难以真正落实。

高考招生制度与考试制度改革的不同步，限制了学生综合素质的发展。将学生综合素质纳入高考评价范畴是我国普通高中课程改革的一个重要亮点，也是扭转我国高中教育功能定位与价值诉求的一个重要切入口，但由于招生制度改革的滞后，综合素质评价资料如何在高校招生中使用，尚没有形成基本参考框架。"比赛即将开始，规则还未出台。"这两种不同步影响了高中学校推动课程改革的积极性。

（二）教师因素未被充分地关注

当课程改革进入新的世纪、新的时代，高中教育的本质变化带动着课程本质的改变，而课程本质的改变又推动着教师角色的调整。无论坚持哪一种教育哲学观，不可否认的是，教师都会影响学生的学习。

包括课程改革在内的教育改革，都需要教师参与，教师的知识与能力是影响课程改革的核心因素之一。当高中教育走向大众化发展，需要为所有的高中学生成功适应未来的工作和生活做好准备，教师不再扮演知识传输者的角色，而是转变为情境创设者、问题解决协助者和发展指导者，这对教师的专业能力提出了更高的要求。

然而，在过去40年的课程改革历史中，只有2017年的新课程方案第一次将加强教师队伍建设列为课程改革内容的一部分，该方案首次提出要为课程改革提供"条件保障"，要从师资队伍建设等方面为课程的有效实施提供保障。

教师在课程改革中的"缺位"至少会导致如下四个问题。①教师理念难以轻易转变。他们已经习惯了"应试"体制下整齐划一的育人方式，虽能意识到新课程理念对于学生发展的意义，但碍于思维定式与教学惯性，很难轻易改变教学风格，有效进行因材施教。②师资队伍出现结构性短缺。比如，2014年的高考改革方案实施后，在上海和浙江两地的普通高中，普遍出现生物、地理等小学科教师紧缺的现象，最终导致很多学校走班教学无法全面推进，难以真正落实促进每个学生全面而有个性发展的课程改革理念。③教师跨学科教学能力偏低。目前我国高中学校的所有任课教师都为学科教师，相互独立，彼此割裂。随着高中课程改革进入深化阶段，学科核心素养已成为学科课程的核心理念，而学科素养往往体现为运用学科知识解决真实问题和解释生活事件等能力，具有跨学科性。所以，学科核心素养对教师跨学科教学能力提出了更高要求，但目前高中教师难以适应这种教学要求。④教师培训内容陈旧，组织方式固化。目前高中教师的培训依然采用的是分学科方式，没有为教师提供与高考改革要求相配套的培训内容，教育行政部门也未对教师培训内容、方式与要求做出及时调整。上述原因造成了教师对改革理念理解不透彻，改革实践落实不深入，因此学校改革合力难以形成。

（三）学生综合素质评价难实现

将学生综合素质发展纳入课程基本价值诉求，是我国普通高中教育课程改革的重点工作。其目的在于促进学生全面而有个性发展，通过综合素质评价发现纸笔测试或知识考试体现不出来的学术能力和个性特质，从而为高校科学选才提供参考。但是，事实证明，课程改革的这一理念在实践过程中遭遇诸多困境。①在综合素质发展过程中忽略了学生的"特色化"与"个性化"。究其原因，一是为了便于记录、操作与管理，教育行政部门对学校发展学生综合素质做了硬性规定，导致所有学校的所有学生参加的活动都一样，缺少特色；二是由于社会诚信体系不完善，学生只有在官方认证机构参与实践活动才能被承认。这些官方认定的基地和岗位无法满足所有学生的需求，两者之间存在较大"供需"矛盾。②学生综合素养评价信息对于高校录取的有效性有待验证。在高中教育实践中，每个学生的特色与专长难以通过测量与记录的方式凸显出来，当前以表格形式与量化数据为主要信息来源的综合素质评价能否真正成为高校招生录取的参考依据，最终能否帮助高校真正选择出适合学校特色的特色人才还是一个疑问。

三、课程改革的未来展望

在新时代，中国教育改革与发展的目标是，全面贯彻党的教育方针，落实立德树人根本任务，发展素质教育，推进教育公平，培养德智体美全面发展的社会主义建设者和接班人。《普通高中课程方案（2017 年版）》也进一步勾勒了信息时代普通高中课程发展的基本方向。这里就我国普通高中课程改革的未来发展，提出以下展望。

（一）构建基于学科观念的课程内容

相比已有课程改革方案，《普通高中课程方案（2017 年版）》最主要的特点是，进一步明确了我国普通高中培养目标是：进一步提升学生综合素质，着力发展核心素养，使学生具有理想信念和社会责任感，具有科学文化素养和终身学习能力，具有自主发展能力和沟通合作能力。

基于这一目标，在课程内容的选择上，不仅要将能呈现经济、政治、文化、科技、社会、生态等发展的新成就、新成果有机融入课程体系，还要以学科大概念为核心，结构化课程内容，优化课程体系。

显然，《普通高中课程方案（2017 年版）》为基于学科观念的课程内容重建提供了政策支撑。但就本质而言，支撑这一课程政策取向改变的根本原因是对学科本质理解的改变。

学科在本质上应具有教育性，它虽总是可以归类为某个学科实体，但却又不同于学科实体。比如，科学物理与学科物理就不是同一事物；构成学科物理的学科事实不仅可以从科学物理中汲取，还有科学历史、科学哲学、科学社会学和科学政治学，以及其他许多来源。

比如"烹饪",它可纳入的学科实体是综合实践活动,然而,它也可以借鉴生物、化学、历史和地理等资源;换言之,"烹饪"这门课程的课程内容并不是我们可以在家门口找到一揽子整齐的、现成的事实,从而只要决定哪些内容应该捆绑在一起教、什么时候教和如何教就可以完成教学活动;相反,属于学科的一系列学科事实并不是等在某个地方等待被认识,它们是我们人类自己的创造。所以,学科发挥教育性的前提是将学科视为一项主体介入性的创造活动。

2017年的《普通高中课程方案(2017年版)》和各学科课程标准颁布后,学科课程应当如何基于方案中提出的理念重构课程体系,从而促进学生学科核心素养的发展?根据杜威的观点,各学科科目教材的价值不在于它本身,其重要意义在于它的立场、观点和方法。

讲究系统性与逻辑性的学科知识对于主体探究活动尤为重要。按照美国K-12科学教育框架的要求,这种重要性的体现必须满足四个标准:①它是一门学科的关键组织原理,或具有跨学科的广泛重要性;②它提供理解或研究更复杂观念和解决问题的关键工具;③它与学生的兴趣和生活经验相联系,或者与社会或个人的关切相联系,这些关切需要科学或技术知识;④它具有可教性与可学性,其深度与复杂性能够跨越多个年级,而且不断增加。也就是说,该观念既对年轻学生具有可接受性,又足够广博,具有持续研究的价值。

符合上述标准的学科内容就是学科核心大观念,它们是一个领域的学科专家及相关人员对特定问题或现象达成共识的集体理解。所以,基于学科大观念重构课程内容应当为未来我国普通高中课程改革的努力方向之一。

(二)实施基于学科实践的课程教学

当学科必须借助于主体介入才能发挥育人价值时,学科课程内容的建构必然要将主体"经验"纳入考虑范畴。经验是人与环境相互作用的产物,它必须通过行动或活动方能表述。亚里士多德称之为实践智慧或实践知识,它与理论知识或科学知识是两种完全不同的知识类型,其特点不是证明而是权衡,权衡与以精确规则表述的知识无关(比如写字,因为我们不会为一个词该如何写而犹豫不决)。

人们权衡的是那些具有不确定性的事情,比如医疗、理财和航海,因为它们不能还原为一个精确的体系,而导致其不确定性的原因,正是那些无法被一般规则所完全覆盖的特定情境。情境的出现，使权衡成为必要，权衡的过程是调动社会心理资源搭建普遍规则与特殊情境的联结。因而，权衡能力就是一种"应对复杂情境能力"，这种能力的培养是我国普通高中学科课程价值的根本体现。

根据亚里士多德的观点，对于要学习才能会做的事情，我们是通过做那些学会后所应当做的事来学的。比如，我们通过造房子而成为建筑师，通过做公正的事而成为公正的人。因此，我们是通过应对复杂情境或解决复杂问题而成为拥有应对复杂情境或解决复杂问题能力的人，当拥有批判与创新、交往与协作等应对复杂情境的能力构成课程目标时，课程教学本身就应该是批判与创新、交往与协作的过程，这一过程不仅伴随着学科知识的运用，还蕴含着学科思想的创造、学科思维的建立与学科方法的实践，我们称这一课程教学过程为"学科实践"。

以物理学科为例，学生学习物理课程，不仅要研究物理现象，还要进一步研究那些研究物理现象的人所概括的定律和理论，同时要学习如何研究物理现象。所以，学科实践是学科知识、学科思维、学科方法与学科态度的综合，它与真实的生活情境具有密切关联。

基于学科实践重构课程教学应迎合学科核心素养发展之需求，在我国2017年颁布的各学科课程标准中，均将学科实践视为促进课堂教学转型的基本方式。

《普通高中语文课程标准（2017年版）》规定了三种语文实践，即"阅读与鉴赏""表达与交流""梳理与探究"，作为学生语文学习的基本方式。

《普通高中化学课程标准（2017年版）》进一步明确，真实具体的问题情境是学生化学学科核心素养形成和发展的重要平台，为培养学生化学学科核心素养提供了真实的表现机会。比如，教师可以提供有关"汽车尾气及其危害"的素材，（激发）学生运用化学方法解决这一问题的兴趣，（引导学生）提出"如何应用氧化还原原理对汽车尾气进行绿色处理"等问题。在具体问题的解决中，帮助学生学会像学科专家一样解决问题，通过查阅文献、设计方案、试验探究，不仅培养学生的专家思维能力，还在小组协作过程中学会与他人交往与合作。

所以，学科实践蕴含着一种全新的教学理念与价值诉求，动态式地贯穿于学校与生活、知识与经验之间，它试图融合学科知识与学科活动，从而实现知识与技能、过程与方法、情感态度与价值观等"三维目标"从割裂走向融合；其课程意义不在于学生是否会解决某个学科问题，而是通过运用学科知识，在知识理解与创造过程中认识到学科的价值而非获得最高的考试分数，在于帮助学生个人解决真实生活问题，进而成为个人素养发展的不竭资源。

因此，学科实践不仅挑战了我们对学科知识的认知传统，也重新赋予学科课程新的内涵与价值。

（三）开展基于理解力发展的课程评价

时至今日，尽管关于教育本质及其作用的认识正在发生变化，但评价却还像往常一样在发挥作用，几乎能与考试画上等号。当学科实践成为课程教学的基本方式后，我们要关注的不再是学科知识点的记忆和背诵，而是实践过程中学生知道运用学科知识能做什么和怎么做，能够公开表现他们对学科知识的理解。

我国 2017 年颁布的各学科课程标准中明确提出，引领今后学业水平考试的核心理念是学科核心素养，考试内容必须从知识点记忆转向运用知识解决真实问题的能力。所以，在 2017 年颁布的各学科课程标准中，很多学科在谈到学业水平考试命题时，都强调了"问题"对于评价学科理解的重要性。比如《普通高中化学课程标准（2017 年版）》对学业水平考试命题提出了如下要求：准确把握"素养""情境""问题""知识" 4 个要素在命题中的定位与相互联系……"情境"和"知识"同时服务于"问题"的提出与解决……测试宗旨是化学学科核心素养，真实情境是测试载体，实际问题是测试任务，化学知识是解决问题的工具。

由此观之，我国普通高中今后的课程评价将指向学生的学科核心素养，而学科素养具体体现为学科理解能力。要评价学生的学科理解能力，尤其要关注的是运用学科知识解决真实问题的情境创设。

并非所有的实践问题和任务都有助于学科理解，真正能够体现学科理解的学科实践必须建立在"丰富性任务"的基础上，即所设计的实践任务必须是对学生真实生活有一定价值并经常会开展的特殊活动，通过这些活动，学生们能够展示他们对重要思想和技能的掌握与运用；而不仅仅是简单的程序操作。它们除了与教室之外的世界建立联系外，这些任务本身的应用也很广泛：它们代表着可证明的、具有重要理智价值和教育价值的教育成果。

譬如，数学学科中，为评价学生数学批判思维与建模能力，任务可如此设置：在社会中，生活水平的提高与已经获得的生活水平成反比，即生活水平越高，进一步提高的意愿就越低。用微分方程模型描述生活水平并解决它。生活水平是否会永远提高？变化率是递增的还是递减的？生活水平接近了某种恒定水平吗？

以考试形式呈现的普通高中课程评价，也要摒弃学科知识点的熟记，而要将学生解决问题的能力作为主要评价对象，并以此建构普通高中学生的学科评价体系。总而言之，在学科实践活动中，评价的价值不是体现在对学生分类与甄别上，它兼容了互动性、诊断性与修正性，是教师根据师生达成共识的明确标准对每个学生的理解与表现提出建设性的反馈意见，重点关注个人与标准和他自己以前的相关表现。

评价发挥着帮助学生掌握和控制自己学习过程的作用，这是课程评价改革的关键。

（四）创立为了学生选择的课程管理

任何教育，如果只重视人的一部分能力并且围绕它们来组织课程教学，那么就不可能成为面向所有人的最好的教育。加德纳的多元智能理论启示我们，具有不同能力倾向的人可以学习不同的课程；对于必须要学习的科目，可以以适合学生能力的方式进行教学组织。

2014年的《国务院关于深化考试招生制度改革的实施意见》和《普通高中课程改革方案（2017年版）》与各学科课程标准，都强调了对学生自由"选择权"的尊重。这既是归还学生学习自主权、尊重学生个性差异的重要举措，也是未来普通高中课程改革的起点与归宿。

学生拥有了课程选择的权利，这对学校的课程管理提出了新要求。要真正做到尊重学生的选择权利，至少要做到如下三点。

1）真正推动高中教育从"大众化"走向"优质化"。"大众化"高中教育阶段的核心是为每个学生提供接受高中教育的机会，如果从"公平"的角度来看，属于机会均等，是规模的扩大；但仅仅实现人人可以读高中是不够的，要真正实现高中教育促进每个学生个性化发展的目标，必然要在大众教育的基础上，将人的发展内涵平等视为基本追求，从而推动高中教育走向优质。要坚持更高的目标追求，即培养"完整的人"，也就是培养"好"人，"好"的公民和有用的人。

这是一种完满的人生哲学，完美的人性应该包括直觉、情感和智力，但智力不能等同于概念运用等认知技能，而应该包含有效思考中的恰当判断和价值辨别等品质。除此之外，人还具有情感、动机和愿望。因此，教育必须为此而服务，这也就是素养本位教育的内在意蕴。

2）要系统建立走班教学管理规范。全面推行走班制教学或许是未来我国普通高中不可逆转的改革趋势，如果仅仅依靠学校来探索改革路径，显然是不够的。教学行政部门也应从政策层面对这种教学组织模式进行全面规范与指导。

在学生选班的过程中，除了考虑学生意愿外，还要综合考虑学生的入学成绩、个人意愿、班主任和原任课教师的意见，并结合课程层次、培养标准和授课方式等要素，引导学生合理地选择不同层次的教学班。

在排课上，要尊重学生的选择，努力做到"因需定师"。比如，针对学术能力较强的教学班，可安排有教学特色、思维活跃、课堂驾驭能力强的教师；而学生基础比较薄弱、学习习惯较差的教学班，则更多地安排一些耐心、细致，善于与学生沟通的教师。

3）要实施有效的学生管理。实施走班制后，学生上课时间不再统一，自修时间也不同，如何考勤？如何收作业？如何全面评价学生？针对这些课程管理的新问题，学校需要寻找新方式来应对走班教学。

可行的方法是，可以采取"导师制"和"定座实名制"。学科教师除了要承担学科教学任务外，还要负责学生的管理工作；固定每位学生在教学班中的位置，并将考勤与学业成绩挂钩。由此及时了解学生的学习状态，及时和行政班班主任交流情况，必要时也需对所带学生进行生活咨询与心理疏导，以此确保学生自由选择权的真正落实。

第四章
普通高中学校教师培养与培训

改革开放以来，在党和国家一系列政策措施推动下，我国高中教师队伍建设取得了显著进展，在教师数量不断增长的同时，教师队伍质量也不断提高，这为我国高中教育普及与提高提供了坚实保障。本章从普通高中教师培养、培训及其在职发展等角度，介绍过去 40 年中国普通高中教师队伍建设进展。

第一节　普通高中教师职前培养体系

改革开放以来，伴随着我国传统师范教育制度向现代教师教育制度的转变，我国高中教师培养经历了两个发展阶段：第一个阶段为 1978～1998 年，由相对独立的高等师范院校承担高中教师培养工作，并实现以政府为主导的新教师分配方式；第二个阶段为 1999 年至今的改革，即逐步建立和形成了开放型教师教育体系。在师范类院校培养高中教师的同时，一些非师范类院校也参与教师培养，学校在招聘教师时，也不再只是面向师范类毕业生。这种转变，显示出高中教师培养在目标、模式、课程与教学等方面的努力与探索。

一、独立型师范院校的高中教师培养

中华人民共和国成立后，1952 年高校院系调整，我国学习借鉴苏联教育发展模式，实行独立建制的师范院校体制，开展教师培养工作；教师都是由师范院校培养的，师范院校也只培养教师。改革开放以后，仍然沿用原有的高中教师培养体系，并一直延续到 20 世纪 90 年代末。

（一）高等师范院校的培养

1978 年 10 月，教育部颁发了《关于加强和发展师范教育的意见》，提出在"调整、改革、整顿、提高"方针的指引下，统筹规划，建立中等师范学校、高等师范专科学校、高等师范学院在内的多层次的师范教育体系。

1986 年颁布了《国家教委关于加强和发展师范教育的意见》，要求高等师范学校根据基础教育发展和提高的要求进行改革。据此，各地师范大学重新修订了课程设置、培养目标、教学管理模式等，使师范大学的教师培养模式更加符合我国国情。一系列教师教育政策的颁布，明确了在三级师范教育体制中，高师本科院校主要承担着为高中培养教师的任务。

当时，高中教师培养主要以计划、定向的培养模式为主，定向招生、定向培养、定向分配，由国家根据各地教师需求数量，实行按照计划招生和培养，毕业后统一安排服务学校。例如，1985 年的《中共中央关于教育体制改革的决定》明确规定，"师范院校要坚持为初等和中等教育服务的办学思想，毕业生要分配到学校任教"。1993 年，中共中央、国务院发布《中国教育改革和发展纲要》中仍提出，"对师范学科和某些艰苦行业、边远地区的毕业生，实行在一定范围内定向就业"。"进一步扩大师范院校定向招生的比例，建立师范毕业生服务期制度，保证毕业生到中小学任教。"1993 年通过的《中华人民共和国教师法》也对教师培养工作进行了统筹规划。

1995 年，《中华人民共和国教育法》提出，国家实行教师资格、职务、聘任制度，通过考核、奖励、培养和培训，提高教师素质，加强教师队伍建设以法律的形式对教师培养进行了明确规定。一系列法律法规的出台，为高中教师培养提供了法律保障。

这一时期高中师资培养模式主要是"四年一贯制"，学制四年，招收高中毕业生，按普通高中课程设置专业和系科，仍然沿用过去的培养方式。在师范院校中，课程以专业为轴心，基本上按基础课、专业基础课、专业必修课等模块开展教育教学，当然，还涉及教育实习和教学实习。为了体现对师范教育的重视，那段时期，中央政府对所有师范生提供助学金补贴与奖学金激励。

高等师范院校强调师范生的专业思想教育，各种门类的课程与教学力求在内容和方法上体现师范教育的特点，注重结合对师范生进行教师职业技能训练与培养。

总之，这一阶段，高中师资培养逐步走向规范化、制度化、法制化。传统的中等师范学校、高等师范专科学校与高等师范院校共同组成了独立的中国师范教育系统，分别培养小学教师、初中教师和高中教师。当然，限于高中教师需求数量不足，一些高等师范专科学校的毕业生也被分配到高中任教。

（二）高中学校教师的要求

1978 年的《关于加强和发展师范教育的意见》还强调，要争取在 3～5 年内，使文化程度较低的高中教师，通过有组织、有计划的教育培训，大多数能达到师范院校的毕业程度。

1980年9月，国务院批准的《教育部关于师范教育的几个问题的请示报告》，提出师范教育培养的人才应具备三个条件：①有比较渊博的知识，有现代化的科学知识；②掌握教育科学，懂得教育规律；③有高尚的道德品质和精神境界。这为我国高等师范院校的人才培养指明了方向。

由此，我国诸多师范院校在人才培养上，将培养目标确定为：德智体等全面发展、身心健康，个性鲜明，思想观念现代化，有丰厚的文化素养，专业基础扎实，一专多能的社会主义事业的建设者和接班人；能为人师表的灵魂工程师，善于通过教学开发青少年智能的学习指导员，积极贯彻国家教育方针的教育改革的探索者和实践者。

（三）教师培养的课程结构

1980年5月和1981年4月教育部先后下发了《关于试行高等师范学校理科五个专业的教学计划的通知》《关于试行高等师范学校文科三个专业教学计划的通知》，对高等师范院校的课程设置、时间安排、教育实习等方面做出了规定。

1981年教育部颁布的《关于修订高等师范院校四年制本科文科三个专业教学计划的说明》规定，教育理论课共140学时，占总时数的5%左右；教育实习6周，占总时数的3%~4%。

这一时期高等师范院校的师范教育是以纯文纯理的基础学科为主，并按基础学科分系设置与中学相适应的单一专业，课程体系按公共课、专业基础课和专业课三类课程实施。教育课程包括心理学、教育学、教材教法"老三门"加教育实习。

当然，由此产生的问题是，高师课程结构体系单一和缺少灵活性：必修课与选修课比例不协调，必修课占总课时比重偏大，而选修课比重较小，甚至出现必修课"一统天下"的现象；教育理论课和一般文化基础课课时过少；教育科学课程门类少，训练教育基本功的课程少，这不利于教师职业知识和技能掌握，也不能适应社会发展和基础教育发展对教师素质的新要求。

（四）教师培养的质量保障

1985年，《中共中央关于教育体制改革的决定》明确提出，必须对现有的教师进行认真的培训和考核，要争取在五年或者更长一点的时间内使绝大多数教师能够胜任教学工作。在此之后，只有具备合格学历或有考核证书的，才能担任教师。

国家教育委员会 1986 年 9 月发布了《中小学教师考核合格证书试行办法》，提出中小学教师队伍实行考试考核合格证书制度。考核合格证书设《教材教法考试合格证书》和《专业合格证书》两种。高中为《高中教材教法考试合格证书》和《高中教师专业合格证书》。

1993 年 10 月的《中华人民共和国教师法》规定，取得高级中学教师资格和中等专业学校、技工学校、职业高中文化课、专业课教师资格，应当具备高等师范院校本科或者其他大学本科毕业及其以上学历；取得中等专业学校、技工学校和职业高中学生实习指导教师资格应当具备的学历，由国务院教育行政部门规定。

这些政策举措规范了高中教师的任职条件和任职资格，明确了高中教师的培养要求，有力地保障了当时我国高中教师的数量需求和培养要求。

二、开放型教师教育的高中教师培养

20 世纪末 90 年代后期以来，我国各项教育事业的大发展，尤其基本普及义务教育和扫除青壮年文盲的目标实现，在整个高等教育面临大发展的背景下，全社会对中小学教师的素质和要求不断提升，由此也对沿用百年的中国"师范教育"体系提出了质疑和改革要求。由此，"教师教育"概念产生，提升中小学教师学历水平和改变传统的教师培养体系成为改革与发展的重点之一。由此，我国开始建立开放式、非定向型的高中教师培养体系。

（一）扩大高中教师培养院校

1998 年 12 月，教育部颁发了《面向 21 世纪教育振兴行动计划》。这一计划旨在落实科教兴国战略，全面推进教育的改革和发展，提高全民族的素质和创新能力。该计划提出"实施'跨世纪园丁工程'，大力提高教师队伍素质"，其中包括：2010 年前后，具备条件的地区力争使小学和初中专任教师的学历分别提升到专科和本科层次，经济发达地区高中专任教师和校长中获硕士学位者应达到一定比例。要加强和改革师范教育，提高新师资的培养质量。实力较强的高等学校要在新师资培养以及教师培训中做出贡献。

1999 年，《中共中央国务院关于深化教育改革，全面推进素质教育的决定》重申加强和改革师范教育，大力提高师资培养质量。调整师范学校的层次和布局，鼓励综合性高等学校和非师范类高等学校参与培养、培训中小学教师的工作，探索在有条件的综合性高等学校中试办师范学院。2010 年前后，具备条件的地区力争使小学和初中阶段教育的专任教师的学历分别提升到专科和本科层次，经济发达地区高中阶段教育的专任教师和校长中获硕士学位者应达到一定比例。提高高等学校教师中具有博士学位教师的比例。

1999 年教育部颁布了《关于师范院校布局结构调整的几点意见》，标志着我国师范教育体系向教师教育体系的转型。该文件明确指出，从现在起，我国师范教育的发展趋势是：①以师范院校为主体，其他高等学校积极参与，中小学教师来源多样化；②师范教育层次结构重心逐步升高；③职前职后教育贯通，继续教育走上法制化轨道，以现代教育技术和信息传播技术为依托，开放型的中小学教师继续教育网络初步建立。21 世纪初，逐步形成具有中国特色、时代特征、体现终身教育思想的中小学教师教育新体系。

2001 年 5 月 29 日颁布的《国务院关于基础教育改革与发展的决定》，在教师培养方面，提出完善以现有师范院校为主体、其他高等学校共同参与、培养培训相衔接的开放的教师教育体系。

2002 年，《教育部关于"十五"期间教师教育改革与发展的意见》明确指出，国家鼓励其他高等学校特别是高水平的综合大学参与教师培养、培训，或与师范院校联合、合作办学，为中小学教师特别是高中教师来源的多元化做出积极贡献。高等师范学校要遵循教师培养规律，积极探索各种培养模式的改革。

正是在这一系列政策的引导下，一些综合大学开始尝试创办教育学院或者师范教育专业（尤其是教育专业硕士学位教育），我国高中教师培养由以往独立的师范院校格局，转向以师范院校为主、其他高等学校共同参与的开放式教师培养体系。

（二）探索高中教师培养模式

2002 年 2 月 6 日印发的《教育部关于"十五"期间教师教育改革与发展的意见》明确规定，教师教育是我国教育的重要组成部分，是基础教育师资来源和质量提高的重要保证……高等师范学校要遵循教师培养规律，积极探索各种培养模式的改革。

这一文件的出台，为改革高中教师培养模式起到了极大的推动作用。我国高中教师培养进行了各种探索与创新。

北京师范大学于 2001 年开始投入实施"4+2"模式。要求学生在四年本科学习期间，按照综合大学的培养模式接受本科专业的训练，结束后，志愿从事教师职业的学生经过一定的筛选程序，进入教育学院攻读教育学硕士学位，毕业后担任重点中学的高中教师。

华东师范大学于 2006 年开展"4+1+2"培养模式的改革，即"4 年本科教育+1 年中学实践+2 年硕士培养"。学生 4 年本科毕业后，进入中学工作一年，再回到学校学习 2 年。学生攻读硕士学位期间的课程设置、教学、论文指导，由大学和中学共同努力合作完成。

陕西师范大学从 2010 年实施"4+2+1"教师教育人才培养模式，学生接受 4 年本科学科专业教育，再接受 2 年的教育理论及学科知识学习、相关的教育研究和学位论文写作，并进行为期一年的基础教育实践。其中，3 年研究生学习阶段的第二学期在农村中学实习半年，第四学期在城市中学实习半年。

上海师范大学从 2007 年开始试办"教师教育创新班"，探索"3+3"培养模式。第一个"3"指学生在入学后的前 3 年按照录取时的专业培养方案进行培养，完成本科专业教育；第二个"3"指通过选拔的学生接受 3 年的"教师教育专业"方向的研究生教育。这一模式又可以分为"1+2"两个阶段，第一阶段进行为期一年的教育实践，包括教师教育专题讲座学习、教育实践等，最后 2 年完成硕士教育课程。

此外，自 20 世纪末中国实现基本普及九年义务教育之后，发展高中教育的重要性和急迫性日益显现出来。2003 年 9 月，国务院首次召开"全国农村教育工作会议"，教育部决定从 2004 年开始实施"农村高中教育硕士师资培养计划"，在具有推荐免试研究生资格的大学生中，选拔部分优秀应届本科毕业生到中西部地区"国家扶贫开发重点县"高中任教，以此来提高农村中学教师学历水平和综合素质。依据相关政策规定符合条件者享有免费攻读教育硕士学位的待遇，同时规定必须履行在国家贫困县高中服务 5 年（脱产一年学习在内）的义务；服务期满后，原则上鼓励农村教育硕士在农村长期任教。

2014 年发布的《国务院关于深化考试招生制度改革的实施意见》，对高考进行了新一轮改革。高考改革也催生了高中教师培养的模式探索，典型的代表模式是浙江省"双学科"复合型高中教师培养，以及上海的学校"订单式培养模式"。

2018 年,浙江省教育厅、浙江省机构编制委员会办公室等部门联合发布的《关于开展"双学科"复合型高中教师培养试点工作的通知》提出在部分高校开展"双学科"复合型高中教师培养工作。"双学科"复合型高中教师培养针对应届高中毕业生、在职高中教师和高校在校师范生三类培养对象,采用定向培养、脱产培训培养和在校复合培养方式。

其中,对于应届高中毕业生,由试点高校根据定向培养实施办法在招生章程(计划)中明确该专业录取要求和培养方案。毕业生在取得高中教师资格证书后,按照签订的定向就业协议,到具体任教学校,按规定签订事业单位聘用合同,服务期限为 6 年。对于在职高中教师,采用在职脱产培训培养的方式,在浙江师范大学、杭州师范大学分别开展地理、历史两个专业的试点,培训培养学员原则上为当年新聘的高中教师和 35 周岁以下的在岗青年教师。学员入学前需与所在学校签订承担多门学科课程教学的协议。在校复合培养,即面向所有在校师范生开设辅修专业,鼓励师范生通过辅修第二专业,达到复合型教师要求。同时,自 2021 年起要求各地在招聘高中教师计划中拿出一定比例的招聘名额,专项用于招录"双学科"复合型师范生。

作为高考改革先行试点之一,上海市的上海中学、华东师范大学第二附属中学、建平中学、格致中学、复兴高级中学、市西中学、延安中学、曹杨二中 8 所高中和华东师范大学签署了"订单式培养"合作协议,华东师范大学根据这些高中学校的要求,将教师培养规格提升到硕士研究生层次,力求为这些中学提供更高层次、更高质量的新师资。

(三)高中教师培养的新进展

由于高等师范院校大多已走向综合化的发展道路,高中教师培养目标逐步多元化,我国高中教师培养包括两个层次,即本科层次和硕士研究生层次。后者是我国高中教师教育改革的主要方向。

1. 政策要求

2002 年 2 月颁布的《教育部关于"十五"期间教师教育改革与发展的意见》提出,到 2005 年,大中城市和经济发达地区,新补充的高中教师中研究生学历达到一定比例。

2012 年发布的《国务院关于加强教师队伍建设的意见》指出,到 2020 年,形成一支师德高尚、业务精湛、结构合理、充满活力的高素质专业化教师队伍。

2014 年教育部颁布的《关于实施卓越教师培养计划的意见》指出，培养一大批师德高尚、专业基础扎实、教育教学能力和自我发展能力突出的高素质专业化中小学教师。

2018 年国务院颁布的《关于全面深化新时代教师队伍建设改革的意见》提出，为高中阶段教育学校侧重培养专业突出、底蕴深厚的研究生层次教师。随后，教育部等五部门印发《教师教育振兴行动计划（2018—2022 年）》提出，为普通高中培养更多专业突出、底蕴深厚的研究生层次教师。

很显然，提高普通高中新教师的培养层次和学历，是当前中国高中教育发展的又一新要求和新举措。

2. 课程设置

2011 年 11 月，《教师教育课程标准（试行）》颁布，这是我国教育史上第一部关于教师教育课程的国家标准。2012 年教育部发布的《中学教师专业标准（试行）》，强调教师专业的三个维度：①专业理念与师德；②专业知识；③专业能力。这些也成为高中教师培养课程开放的依据。在硕士研究生层次教师培养方面，一个显著的特点是，增强实践性教育环节，延长教育实习时间。

2016 年《教育部关于加强师范生教育实践的意见》提出，在师范生培养方案中设置足量的教育实践课程，以教育见习、实习和研究为主要模块，构建包括师德体验、教学实践、班级管理实践、教研实践等全方位的教育实践内容体系，切实落实师范生教育实践累积不少于 1 个学期制度。

在政策推动下出现了多元化的教师实习模式，如华南师范大学的"混合编队教育实习"、西南大学的"定岗实习模式"、河北师范大学的"顶岗实习支教工程"、上海师范大学的"三阶段教育实习"等。

3. 保障举措

为了保障普通高中教师的培养质量，国家在专业发展标准、资格要求和质量评价等方面，出台了一系列政策保障高中教师的培养质量。

2004 年，教育部发布的《中小学教师教育技术能力标准（试行）》提出了中学教师教育技术能力水平的基本规范。

2011 年，国家颁发了教师资格标准，印发了教师资格考试考试标准、考试大纲。2012 年，教育部颁布了《中学教师专业标准（试行）》。

2013 年，教育部发布了《中小学教师资格考试暂行办法》《中小学教师资格定期注册暂行办法》；2015 年，教育部颁发了《关于进一步扩大中小学教师资格考试与定期注册制度改革试点的通知》。教师资格统一考试政策为高中教师的培养设置了一道考验的阶梯或门槛，用以保障高中教师的培养质量。

2017年，《国家教育事业发展"十三五"规划》再次提出，加强教师教育体系建设，办好一批师范院校和师范专业，改进教师培养机制、模式、课程，探索建立教师教育质量监测评估制度。做好师范类专业认证试点工作。

2018年教育部等五部门发布的《教师教育振兴行动计划（2018—2022年）》提出了保障教师教育质量的若干意见，提出建立教师培养培训质量监测机制、出台《普通高等学校师范类专业认证标准》，启动开展师范类专业认证，将认证结果作为师范类专业准入、质量评价和教师资格认定的重要依据，并向社会公布等措施。

（四）高中教师培养中的问题

1. 专门面向普通高中教师培养的政策规定不多

我国对高中教师的培养缺乏直接相关的政策文件。普通高中教师培养的相关政策主要是间接呈现的，且泛化在基础教育和中小学教师的相关政策里。

当前并没有专门政策对高中教师培养问题进行规定，已有的关于高中教师培养的相关政策内容是以"中小学""中学"的形式出现的。形式上比较笼统，缺乏针对性。以教育部发布的《中学教师专业标准（试行）》为例，在该标准中初中教师和高中教师的专业标准是统合在一起的，而实际上二者在培养目标、学生特点、知识体系等方面都存在差别，初中教师和高中教师的专业标准应分别制定。

2. 高考改革使普通高中教师培养面临挑战

党的十八届三中全会审议通过的《中共中央关于全面深化改革若干重大问题的决定》《国务院关于深化考试招生制度改革的实施意见》，也对高中课程设置产生了直接影响。

伴随着新高考改革的全面推进，对于高中教师提出了新的要求，教师只会讲一门课已经满足不了高中的要求，高中需要一专多能的教师。教育行政部门需要出台相关政策对教师职前培养的专业设置、课程结构和质量标准，进行相应的政策导向和调整，使新入职教师具备与新高考相适应的知识、能力结构。

3. 高中教师培养新模式需要配套政策

各个高等师范院校的高中教育教师培养模式多种多样，但必须拥有支持这些新模式运行的配套政策，以保障它们有效地运行。在培养时限增长、教师学历提升的过程中，需要在政策上就新教师入职要求及其就业待遇做出新的规定，包括上岗工资、工作评价、职称晋升、学习提高等方面的支持和服务。

同时，还需要有新政策引导师范院校不断探索新的培养模式。例如，采取国际通用的开放式教师教育培养模式，实现分阶段模式，如"3+1""4+1""4+2"模式等，学生先进行学科知识的学习，再集中进行教育理论与能力的专业性培养。

第二节　普通高中教师培训

1976 年，我国正处于百废待兴之时。"要在本世纪内把我国建设成伟大社会主义现代化强国"成为我国在改革开放初期的主要目标，而社会主义建设人才的培养必须从教育入手。在邓小平同志的领导下，"尊重知识、尊重人才、尊师重教"的社会风尚被重新树立起来，我国教育事业进入了全面恢复和整顿时期。

一、教师培训的目标要求

（一）补偿式培训

大力发展教育，特别是基础教育，是我国在改革开放初期的重要任务，要提高教育质量必须要有一支高素质的教师队伍。

然而，改革开放之初，基础教育教师积极性不高，教师队伍素质不高，包括高中教师在内的很多中小学教师都不能胜任基本的教学工作，以及教师学历达标率较低，高中教师达到本科学历的比例很低。因此，对不合格教师进行补偿性培训，使其能够胜任基本的教学工作成为这一时期我国师资培训的主要目标。

1977 年 12 月，教育部发布的《关于加强中小学在职教师培训工作的意见》，1982 年 6 月，教育部发布的《关于试行中学教师进修高等师范专科、本科教学计划的通知》，以及 1984 年 5 月，教育部等部门联合出台的《关于在普通高等学校举办中等学校教师本科班和专科班的通知》等政策文件，都显示出对教师进行基本的教育教学能力或学历补偿性培训目标的政策要求。

1985 年 5 月的《中共中央关于教育体制改革的决定》提出，建立一支有足够数量的、合格而稳定的师资队伍，是实行义务教育、提高基础教育水平的根本大计"，并且"要争取在 5 年或者更长一点的时间内使绝大多数教师能够胜任教学工作"。

1993 年《中国教育改革和发展纲要》指出，到 20 世纪末，通过师资补充和在职培训，绝大多数中小学教师要达到国家规定的合格学历标准，小学和初中教师中具有专科和本科学历者的比重逐年提高。

在这两份文件精神的指导下，我国颁布了《关于加强在职中小学教师培训工作的意见》《关于加快中学教师学历培训步伐的意见》《关于加强高师函授、卫星电视教育、自学考试相沟通培训中学教师教学和管理工作的意见》《关于调整函授、卫星电视教育、自学考试相结合的中学师资培训工作的通知》等一系列政策文件，对包括高中教师在内的中小学教师培训工作做出了规定。

根据上述文件精神，"学历补偿"或"胜任基本教学工作"的补偿性培训始终是这一时期教师培训的主要目标。

（二）提高式培训

随着国家对教育质量的重视，以及教育教学才是真正展现教师水平的重要方面，1986 年 2 月国家教育委员会发布的《关于加强在职中小学教师培训工作的意见》，强调在对不合格教师进行补偿培训的同时，开始提出了，对于已经具有合格学历和胜任教学的教师，要组织他们学习新知识、学习和掌握新的教育理论和教学方法，总结教育、教学的经验，不断提高政治、文化和业务水平，并培养一批各学科的带头人和教育、教学的专家。[1]

显然，这一时期我国在强调学历补偿的同时，对于一些已经具有合格学历和能够胜任教学的教师，也开始重视对其进行继续教育，以不断提高其教育教

---

① 何东昌. 中华人民共和国重要教育文献（1949—1997）. 海口：海南出版社，1998：2373.

学水平。总之，政策对高中教师培训目标的定位体现出以学历补偿和胜任基本教学工作的补偿性培训为主，而在后期也开始兼顾对少部分合格教师进行再提高的培训。

1992年5月19日国家教育委员会发布的《关于加快中学教师学历培训步伐的意见》指出，在初中教师达标率较高的地区，也可参照加快初中教师学历培训步伐的措施，进行函授、电化教育、自学考试相沟通培训高中教师的试点，加快高中教师学历培训的步伐。

在加快中学教师学历培训的过程中，初中教师的学历培训具有优先性，并且在初中教师学历达标率不高的情况下，高中教师的学历培训容易受到忽视。1993年7月国家教育委员会发布的《关于加强高师函授、卫星电视教育、自学考试相沟通培训中学教师教学和管理工作的意见》，对初中教师的培训提出了若干意见，而对高中教师的培训却并未提及。

1996年12月国家教育委员会再次发布《关于调整函授、卫星电视教育、自学考试相结合的中学师资培训工作的通知》，指出了初中教师培训的效果，并就"三沟通"培训的调整提出相应建议，对高中教师的培训也并未提及。可见，在大力发展义务教育的背景下，这一时期我国对中学教师的培训多是针对初中教师，而对高中教师的涉及面较少。

二、教师培训的主要内容

（一）政治水平修养

根据1977年12月教育部发布的《关于加强中小学在职教师培训工作的意见》、1982年教育部发布的《关于试行中学教师进修高等师范专科、本科教学计划的通知》和1986年2月国家教育委员会发布的《关于加强在职中小学教师培训工作的意见》等相关文件精神，我国高中教师培训政策对这一时期培训内容的规定体现出重视教师政治素养的特点。

这与我国在改革开放初期的社会背景具有一定关系。改革开放初期，我国迫切需要一大批又红又专的社会主义建设人才，而人才的培养需要从教育入手，对包括高中教师在内的中小学教师队伍来说，必须造就一支又红又专的教师队伍。

政治素养作为教师培训的重要目标和内容在我国有一定的历史原因，并具有一定的传统。事实上，政治素养对于从事教育教学的教师职业而言，其重要性是不言自明的。教师培训政策是为教师专业发展、提高教师专业素养而制定。换句话说，政治素养是教师德才兼备的本质要求，是培养社会主义建设者和接班人的教师的必备要素。

（二）学科知识与教学能力

根据1977年12月教育部发布的《关于加强中小学在职教师培训工作的意见》和1986年2月国家教育委员会发布的《关于加强在职中小学教师培训工作的意见》等相关精神，对不合格教师进行课程知识和教育教学知识的培训是我国改革开放初期政策中规定的教师在专业知识上需掌握的主要内容。

关于课程的知识主要指熟悉所教学科的教学大纲和教材。熟悉所教学科的教学大纲和教材，以及基本的教育教学知识是教师胜任教学工作所需的两项最基本的知识。这反映了在当时的教育现状和教师队伍状况下，使大多数教师能够胜任基本教学工作的迫切需要，同时体现出对教师专业知识的其他方面关注不足。

在"使教师胜任基本的教学工作"的培训目标的指导下，改革开放初期，我国高中教师培训政策对教师专业技能的要求也体现为要求教师对基本教学技能的胜任。其表现为基本的教学方法、普通话水平、板书等基本技能的提高，以满足胜任教学的目的。

纵观政策内容在培训目标上的具体要求，可以看出：这一时期，由于特定的历史背景和教育、教师队伍的现实状况，相关政策对培训目标的规定反映了重视政治性和基础性的特点。

三、教师培训的框架体系

（一）多方机构参与的格局

改革开放初期，我国相关政策对培训机构的资质问题并未进行规定，而是强调充分调动普通高等学校、广播、电视、电化教育机构和其他力量的积极性，体现出各方共同参与的特点。

根据1977年12月教育部发布的《关于加强中小学在职教师培训工作的意见》、1982年教育部发布的《关于试行中学教师进修高等师范专科、本科教学计划的通知》，以及1983年教育部发布的《关于中学在职教师进修大学本科课程有关问题的意见》等相关文件精神，改革开放初期我国高中教师的培训机构以高等师范院校本科为主，其他高等院校为辅，而电视大学、业余大学等也要承担一定的培训任务。

同时，相关政策还提出了积极建立教育学院或教师进修学校，且充分发挥中小学校自身的作用。中小学校作为教师最容易接触且最易于组织培训的机构，也承担着最日常的培训工作，在中小学教师培训中起着重要的作用。

1986年2月，国家教育委员会发布《关于加强在职中小学教师培训工作的意见》，提出教师进修学校和普通高等学校是我国高中教师培训的两个基本渠道，并提倡广开渠道，鼓励电化教育和调动社会多方面力量的积极性。

1993年10月第八届全国人民代表大会常务委员会第四次会议通过《中华人民共和国教师法》规定：各级教师进修学校和非师范学校应当承担培养和培训中小学教师的任务。这从法律上肯定了各级教师进修学校和非师范学校在教师培训中应承担的作用。

由于这一时期我国教师队伍素质不高，师资培训具有迫切性，在培训机构的规定方面体现了多元性，并鼓励多方力量的参与。具体形成了培训教师的两大类机构：①以包括师范院校在内的普通高等学校和教师进修学校为主，电视大学、业余大学以及其他社会力量积极参与的相对专门化的培训机构；②基于中小学教育教学实际，围绕日常教学教研工作展开培训的中小学校自身，中小学校承担着最日常的培训工作，在教师专业发展中起着重要的作用。

（二）教师培训队伍的要求

"既要调集一支必要的水平较高的培训师资的专职教师队伍，又要动员各方面的力量，建立起一支强大的相对稳定的兼职教师队伍"[1]，是这一时期我国教师培训政策中关于培训者队伍的要求。

虽然政策中表现出对水平较高的专职培训队伍的重视，但是在具体的培训者资质方面却并未进行说明，除了在1986年对高师各专业的主要课程的任教教师进行了说明以外（胜任本门课程教学的具有讲师以上专业技术职务的教师），并没有对培训者的资质进行详细规定，一般默认为由培训机构的教师承担培训工作。而中小学校作为培训机构则主要是发挥教研组、老教师等的作用。

培训者是教师培训工作的实施者，培训者素质的高低直接影响培训的实效性。然而，培训者需要具备什么资质在政策中并没有进行明确的体现，表述也较为含

---

① 何东昌. 中华人民共和国重要教育文献（1949—1997）. 海口：海南出版社，1998：1588.

糊，这在一定程度上不利于保证培训者队伍的质量。

（三）在岗培训与脱产进修

这一时期我国高中教师培训对象的定位主要是不能胜任基本教学工作的教师或学历上不达标的教师。但随着对教师教育教学能力的重视，1986 年 2 月国家教育委员会发布的《关于加强在职中小学教师培训工作的意见》，将一些已经具有合格学历和能够胜任基本教学工作的教师也纳入培训的范围，成为培训对象，但这是旨在培养一批各学科的带头人和教育、教学的专家。

培训形式大体可以划分为两类：一类是业余进修；另一类是脱产进修，主要见于学历培训中。第一类是我国高中教师参与进修的主要形式。

1. 业余进修

根据 1977 年 12 月教育部发布的《关于加强中小学在职教师培训工作的意见》相关精神，在职教师的进修以自学和业余为主，主要的形式有：学校自培、函授教育、专题讲座、培训班和大中城市的业余大学、广播讲座、电视大学等。

1985 年 5 月的《中共中央关于教育体制改革的决定》提出，大力提倡和鼓励教师密切结合教学进行自学和互教，1986 年 2 月，国家教育委员会发布的《关于加强在职中小学教师培训工作的意见》，再次指出教师培训以业余为主，主要形式有函授、业余面授和中小学校组织的自学和互教等。中小学校的自学和互教是政策中强调的最基本、最经常、最普遍的进修方式。

2. 脱产进修

根据 1982 年 6 月教育部颁发的《关于试行中学教师进修高等师范专科、本科教学计划的通知》，对于教师学历补偿的培训，除了上述所说的业余进修外，还可以进行脱产培训。但在 1986 年 2 月国家教育委员会发布的《关于加强在职中小学教师培训工作的意见》中提到，脱产进修是提高在职教师的一种好形式，但当前中小学教师的教学任务重，有些学科教师数量不足，脱产进修的比例不宜过大。

由于业余进修相对便捷，且不会花费较多的人力、物力，因此，业余进修一直是我国教师进修的主要形式。但由于教师工作量大，且并不会因为进修而减少工作量，这实际上加重了教师的负担。

以补偿性为主的教师培训，主要表现为"缺哪里、补哪里"的短期培训和学历补偿的进修培训，并没有形成系统的教师培训规划。《关于试行中学教师进修高等师范专科、本科教学计划的通知》对学历补偿的教师进修学时确定为：离职进修学制 4 年，总教学时数为 2400 学时左右；业余进修学制为 5 年，总教学时数为 1800 学时左右，除面授外，还应保证相应的自学时间，一般面授和自学的时间比例以 1：1 为宜；函授学制为 5 年，五学年共计自学 2200 学时左右，面授、辅导、实验等 900 学时左右，总教学时数为 3100 学时左右。

教师培训考核方式以书面考试考查的终结性评价方式为主，即在培训结束后进行一定程度的考试或考核，合格者颁发相应的合格证书。但是，对于考核的管理和监督等并未进行说明。由于教师的工作具有复杂性，这种教师培训考核也存在着局限性。

第三节　普通高中教师继续教育

1999 年 1 月国务院转发了教育部的《面向 21 世纪教育振兴行动计划》，提出了"'跨世纪素质教育工程'，整体推进素质教育，全面提高国民素质和民族创新能力"，同时提出要实施"'跨世纪园丁工程'，大力提高教师队伍素质"，并提出 3 年内，以不同方式对现有中小学专任教师进行全员培训和继续教育。同时，教育部《中小学教师继续教育规定》的出台，标志着我国高中教师培训进入了继续教育的时期。

一、教师继续教育的目标

（一）全面提高教师综合素质

1999 年 6 月，颁布了《中共中央国务院关于深化教育改革，全面推进素质教育的决定》，决定通过深化教育改革，全面推进我国素质教育。教师作为教育改革最终的实施者，素质教育的实施自然也对教师提出了更高的要求。并提出把提高教师实施素质教育的能力和水平作为师资培育、培训的重点。

《中小学教师继续教育规定》第八条规定，中小学教师继续教育要以提高教师实施素质教育的能力和水平为重点。中小学教师继续教育的内容主要包括：思想政治教育和师德修养；专业知识及更新与扩展；现代教育理论与实践；教育科学研究；教育教学技能训练和现代教育技术；现代科技与人文社会科学知识等。

显然，素质教育的实施对教师素质提出了更高的要求，胜任基本教学工作或仅仅是学历达标已经不能满足这一时期教育发展的需要。另外，经过改革开放以来 20 多年的努力，基础教育师资学历达标率已大大提升。因此，教师培训政策也对包括高中教师在内的师资培训提出了更高的要求：全面提高教师综合素质。

1999 年以后，我国教师培训政策内容中对培训目标的定位开始从"胜任教学基本工作，进行学历补偿"转向"综合素质的全面提高"。这与改革开放初期最大的不同在于，培训目标不在于小修小补，缺什么补什么，而是教师整体素质的提高。这表现出内在价值取向的变化，是从一次性到过程性的变化，是从补偿培训到不断提高的变化，体现出培训目标逐渐提高的特点。

（二）确立不同类别培训目标

根据《中小学教师继续教育规定》，我国教师继续教育五年为一个周期，主要分为两类，即非学历教育和学历教育。非学历教育包括：①新任教师培训：为新任教师在试用期内适应教育教学工作需要而设置的培训。培训时间应不少于 120 学时。②教师岗位培训：为教师适应岗位要求而设置的培训。培训时间每五年累计不少于 240 学时。③骨干教师培训：对有培养前途的中青年教师按教育教学骨干的要求和对现有骨干教师按更高标准进行的培训。

学历教育则主要是对具备合格学历的教师进行的提高学历层次的培训。

显然，教师继续教育已经注意到了培训目标的层次性，以满足处于不同专业发展阶段的教师需求。与前一阶段相比，高中教师培训在这一时期也逐渐受到关注，在 2005 年发布的《教育部关于进一步加强普通高中新课程实验工作的指导意见》中专门提出了高中教师培训的政策要求。

（三）骨干为重点的全员培训

随着学历达标率的提升，以及培训目标的变化，这一时期的政策内容在培训对象的规定方面也实现了新的突破，表现为由前一阶段的以不合格教师作为主要培训对象转为关注以骨干教师为重点的全员培训。

1998 年 12 月教育部发布的《面向 21 世纪教育振兴行动计划》，决定 3 年内，以不同方式对现有中小学专任教师进行全员培训和继续教育和重点加强中小学骨干教师队伍建设。

这表明，我国开始注重对全体教师的培训和对骨干教师的重点培训。1999 年 6 月发布的《中共中央国务院关于深化教育改革，全面推进素质教育的决定》，进一步提出，开展以培训全体教师为目标、骨干教师为重点的继续教育。此后，"以骨干教师为重点的全体教师"成为我国教师培训的对象。

（四）探索教师培训的新方式

教师继续教育的形式包括学历教育与非学历教育，但大多是以业余进修为主，除传统的业余面授、函授、自学等学习形式之外，还出现了一些新的培训与学习形式。其中，最突出的就是远程在线培训和海外研修培训。

随着信息技术的发展和计算机的普及，进入 21 世纪以后，我国开始重视对教师进行远程培训。

2000 年 1 月发布的《教育部关于做好中小学骨干教师国家级培训工作的通知》，明确提出坚持"面授与网上学习"相结合；2001 年 10 月教育部下发了《关于开展基础教育新课程师资培训工作的意见》，提出要积极探索计算机网络等现代远程教育手段开展新课程师资培训工作；2003 年 9 月教育部出台了《关于实施全国教师教育网络联盟计划的指导意见》，决定在全国实施教师教育网络联盟。

此后，远程培训逐渐成为我国教师培训形式中的重要组成部分，并得到快速发展，产生了一批中小学教师培训研修网。

同时，随着教育开放的推进，高中教师的海外研修也不断发展。2011 年出台的《教育部关于大力加强中小学教师培训工作的意见》中，将海外研修纳入教师继续教育的政策内容中。不过，由于海外研修的经济成本较高，实施的范围较小，可能只是少数学校或者只针对少数优秀骨干教师。

但是，可以预见，随着我国对外开放步伐的进一步加快，尤其是教育培训经费的不断提升，海外研修可能会日益增多，也将成为我国高中教师继续教育的重要形式之一。

二、培训内容和机构认证

（一）师德修养与理念更新

1999 年以来，我国高中教师培训政策在专业理念与师德方面的一个重要的突破，就是在教师培训政策中将"提高政治水平"改成"提高师德水平"，这与我国这一时期的社会发展及教育现状具有一定关联。与改革开放初期相比，这一时期明确教师发展的政治方向显得并不迫切，与此同时，社会对师德表现出更多的关注。

1999 年 1 月国务院转批教育部的《面向 21 世纪教育振兴行动计划》，指出大力提高教师队伍的整体素质，特别要加强师德建设。1999 年 9 月，教育部发布的《中小学教师继续教育规定》，也将师德修养纳入了中小学教师继续教育内容。

师德修养成为我国教师队伍建设与教师培训的重要目标和内容之一。2012 年 2 月教育部印发的《中学教师专业标准（试行）》更是将"师德为先"作为教师专业标准的基本理念之一，为教师培训政策的制定起到了导向作用。由于在我国历次颁布的《中小学教师职业道德规范》均将政治方面的表现纳入教师的职业道德之内，所以"提高师德水平"并没有否定对政治水平提高的要求，只是修改后的目标不仅强调教师的政治方向，也开始关注教师对学生、对教学等与教育密切相关的道德水平。

2000 年以前，我国高中教师培训政策中很少表现出对教育理念的关注。而 2000 年以后的教师培训政策则充分表现出对教育观念与教育理念更新的关注，尤其是新课程改革的实施，进一步促进了在教师培训中重视更新教师观念和理念。

2000 年 3 月教育部发布的《关于印发〈中小学教师继续教育工程方案（1999—2002 年）〉及其实施意见的通知》，在教师岗位培训中提到"使中小学教师逐步树立正确的教育观念"。在 2004 年 9 月下发的《教育部关于加快推进全国教师教育网络联盟计划，组织实施新一轮中小学教师全员培训的意见》和 2005 年 10 月教育部办公厅转发的《中央广播电视大学关于实施教师网联计划进一步加强和改进教师教育工作的意见（试行）》，以及 2011 年 1 月出台的《教育部关于大力加强中小学教师培训工作的意见》等政策文件中，都表明了对"新理念"或"更新教育理念"的重视。这说明教师专业理念开始在教师培训政策中受到重视。

（二）关注专业知识的拓展

随着素质教育的推进和新课程改革的实施，我国对教师在专业知识上的要求也有改变。1999 年的《中小学教师继续教育规定》提出要注意专业知识的更新与扩展；在《关于印发〈中小学教师继续教育工程方案（1999—2002 年）〉及其实施意见的通知》《关于开展基础教育新课程师资培训工作的意见》《教育部关于加快推进全国教师教育网络联盟计划，组织实施新一轮中小学教师全员培训的意见》等文件中，关于课程的知识和教育教学知识是强调的重要内容之一。

自 2001 年教育部印发《基础教育课程改革纲要（试行）》之后，新课程所必需的培训成为教师继续教育的主要任务之一，尤其重视课程知识和教育教学知识的培训。

（三）注重培训学习新技能

随着社会的发展，特别是信息技术的普及和在教育中的应用，对我国教师在专业能力方面提出了新的要求。在我国高中教师培训政策中，增加了教师对以计算机为主的新技能的关注。

1999 年 6 月发布的《中共中央国务院关于深化教育改革，全面推进素质教育的决定》，提出了中小学专任教师都要接受计算机技能培训的意见。2005 年 4 月教育部出台的《关于启动实施全国中小学教师教育技术能力建设计划的通知》专门就教师计算机能力提升提出政策举措。

信息技术的快速发展给课堂带来了变革，要求教师要具有一定的计算机能力。在教学中使用信息技术，可以使教学的呈现方式更加直观，帮助学生扩大想象空间。当然，所有技术都有一定的适用性，这对教师使用技术的能力提出了更高的要求。

与此同时，高中教育发展对骨干教师专业技能要求也有了新的指向。2000 年1 月发布的《教育部关于做好中小学骨干教师国家级培训工作的通知》，将"科研能力"与"教育教学能力"作为骨干教师的重要培养技能。

2011 年 1 月教育部发布的《关于大力加强中小学教师培训工作的意见》，在对骨干教师专业技能的要求方面，加入了"培训和指导青年教师的能力"一项，进一步丰富了对骨干教师的要求，以更好地发挥骨干教师的示范作用和带头作用。

总之，教师继续教育在重视教师学习新技能方面有诸多的体现。

（四）培训机构资质的认证

《中小学教师继续教育规定》规定，各级教师进修院校和普通师范院校具体实施中小学教师继续教育的教育教学工作，鼓励中小学校组织开展校内多种形式的培训，同时指出，综合性高等学校、非师范类高等学校和其他教育机构，经教育行政部门批准，可参与中小学教师继续教育工作，且经主管教育行政部门批准，社会力量可以举办中小学教师继续教育机构。

这表明，我国教师继续教育迈入一个开放格局，打破了传统的教师教育体系。2011 年，《教育部关于大力加强中小学教师培训工作的意见》正式提出了建立教师培训机构资质认证制度，并提出制定教师培训机构资质认证标准，且经省级以上教育行政部门认定资质的培训机构所实施的教师培训项目，才可以记入教师培训学分治理档案。

改革开放初期，政策中对培训机构规定的一个重要特点是积极鼓励各方力量的参与，在这一时期，政策在鼓励多方力量参与的同时，开始提出竞争择优的思路，指出要"坚持'公开、公平、公正'的原则，择优遴选具备资质的培训机构承担培训项目"。

在强调培训机构建设的同时，教师培训实践中也表现出了对高水平理论专家和一线优秀教师的重视。

2003 年 3 月，教育部发布的《关于印发〈中小学教师继续教育工程方案（1999—2002）〉及其实施意见的通知》，提出要调动高等学校、科研单位的教师、专家、学者，与培训机构、师范院校的教师等共同组成培训队伍。

2010 年 6 月，教育部、财政部发布的《关于实施"中小学教师国家级培训计划"的通知》和 2011 年 1 月出台的《教育部关于大力加强中小学教师培训工作的意见》等政策文件都体现了对"高水平专家"的重视。虽然在不同的政策内容中，对高水平专家的表述有所不同，但几乎都表明对理论型专家的重视。

在对"高水平专家"进行强调的同时，也表现出对一线优秀教师作为培训者的重视。过去，一线优秀教师也承担着一定的培训工作，主要表现为基于学校自身组织的教研和互教等，在校本研修中，优秀教师或老教师往往承担着培训新教师的任务。而自 1999 年以来，教师培训者队伍增加了更多的一线优秀教师比例。这就意味着，一些一线优秀教师跨出了中小学校的校门，成为半职业或职业的培训者。

三、教师科研的继续教育

在学校中开展科研（含教研）是我国中小学教师队伍建设的优良传统，这不仅体现了教师即研究者的现代教师发展理念，也日益成为我国教师继续教育的有效形式之一，在高中教师专业成长上，显得尤为重要。

（一）科研兴校的教师科研

我国早在 20 世纪 50 年代就建立了教研制度，1952 年颁布的《中学暂行规程（草案）》对中学教研组设置做出了详细规定，但是教研制度在一段时间内遭到了破坏。改革开放后教研工作开始恢复，1979 年首次全国教育科学规划会议拉开了政府主导的中小学教育科研发展的序幕。由此，高中教师科研从组织机构的建立，到规章制度的完善，再到对高中教育改革实践的指导与推进等取得全方位进展。

1986 年 2 月，国家教育委员会印发的《关于加强在职中小学教师培训工作的意见》指出，教育行政部门、教研室和中小学领导要帮助教师在教学实践中边教边学，不断提高，要鼓励老教师带新教师、要充分发挥学校中各级教研组在培训和提高师资方面的作用。

河北省从 20 世纪 80 年代初开始，在省教育科研主管部门的组织下，陆续成立了中学各学科研究专业委员会，如中学政治课教学专业委员会、中学数学教学专业委员会、中学语文教学专业委员会等。

上海市教育科学研究所于 1982 年建立，1983—1985 年上海市各区县建立教育科研组或教育科研领导小组，后发展成各区县科研室。1987 年 6 月上海市出台了《上海市普教系统教育科研管理暂行办法》。20 世纪 80 年代末 90 年代初，中学教科研组织开始建立，各区县重点中学开始建立教科研领导小组、教科组、科研室或其他形式的教科研组织。

至 20 世纪 90 年代初，"科研兴校"得到发展，校长成为科研兴校第一责任人，教师成为研究者，成为学校教育科研的主体，开展以教育教学为对象的研究，实现教学科研的一体化。

1993 年的《中华人民共和国教师法》第七条规定，教师享有进行教育教学活动，开展教育教学改革和实验；从事科学研究、学术交流，参加专业的学术团体，在学术活动中充分发表意见的权利。

1993 年的《中国教育改革和发展纲要》提出，加强教育改革和发展的理论研究和试验。各级政府和教育行政部门要把教育科学研究和教育管理信息工作摆到十分重要的地位。鼓励和支持学校、教师和教育工作者积极进行教育改革试验。这确立了教育科研在教学工作中的先导地位。

1995 年的《中华人民共和国教育法》提出，国家支持、鼓励和组织教育科学研究、推广教育科学研究成果，促进教育质量提高。1997 年的《关于当前积极推进中小学素质教育的若干意见》提出，由应试教育向素质教育转轨是一场深刻的变革，会遇到许多实践和理论问题。为了解决这些问题，保证素质教育的顺利实施，必须加强教育科研，进行科学决策。

1999 年的《中共中央国务院关于深化教育改革，全面推进素质教育的决定》指出，教师要遵循教学规律，积极参与教育科研，在工作中勇于探索创新。1999年《中小学教师继续教育规定》提出，中小学教师继续教育要以提高教师实施素质教育的能力和水平为重点。中小学教师继续教育的内容主要包括：……现代教育理论与实践；教育科学研究……。2001 年《国务院关于基础教育改革与发展的决定》指出，广大教师要积极参加教学实验和教育科研。

在这些政策推动下，中小学科研制度化得到完成，一些发达地区建立了面向中小学教师的课题管理制度，包括课题申报、立项、评级等，鼓励教师进行教育科研。国家和地方教育行政部门通过招标课题、行政指令等引导和激励高中教师进行教育科研。

教育科研已经成为高中教师的专业责任之一。很多高中依据自身特色建立了科研组织体系，成立了教科研室或科研处等机构。在"科研兴校"理念的引导下，高中教师教育科研出现了一些典型的实践案例。例如，上海市在建设示范性高中的过程中，要求学校发展建立在科学研究上，积极引导教师进行教育科研，出现了一批代表性的教师科研项目，如徐汇区位育中学的"双自主教育"研究、南洋模范中学的"四个模范"研究、南洋中学的"科技教育模式"研究等。

（二）课程改革的校本教研

2001 年教育部发布了《基础教育课程改革纲要（试行）》，2003 年秋季广东、山东、宁夏、海南四省（自治区）开始高中新课程试验。伴随着新课程改革的推进，对高中教师提出了新的要求和挑战。

2002 年 12 月 30 日《教育部关于积极推进中小学评价与考试制度改革的通知》

指出，建立以校为本、以教研为基础的教师教学个案分析、研讨制度，引导教师对自己或同事的教学行为进行分析、反思与评价，提高全体教师的专业水平。

2003年1月22日至23日，全国基础教育工作会议提出了当年工作的十个要点，其中之一即是要"开创以校为本的自下而上的教研制度"。2003年底，全国84个区县教育局被教育部基础教育课程改革重点项目"创建以校为本教研制度建设基地"确立为"全国首批创建以校为本教研制度建设基地"。

2003年《普通高中课程方案（实验）》指出，学校该建立以校为本的教学研究制度，鼓励教师针对教学实践的问题开展教学研究，重视不同学科教师的交流与研讨，建设有利于引导教师创造性实施课程的环境，使课程的实施过程成为教师专业成长的过程。

各省纷纷出台校本教研相关政策，山东省出台了《山东省普通高中校本教研制度建设指导意见（试行）》，贵州省出台了《普通高中课程改革实验加强校本教研制度建设的指导意见》，湖北省出台了《湖北省普通高中校本教研制度建设指导意见》。一些高中制定了校本教研制度，包括集体备课制度、课题制度、听评课制度、教研激励制度等。校本教研的形式丰富多样，包括叙事研究、微型课题研究、课例研究、案例研究等。

2012年教育部发布的《中小学教师专业标准（试行）》提出，教师应针对教育教学工作中的现实需要与问题，进行探索和研究。2015年8月，人力资源和社会保障部和教育部联合印发《关于深化中小学教师职称制度改革的指导意见》，新的职称制度规定了关于教师科研教研的业绩条件，例如，正高级教师要具有主持和指导教育教学研究的能力。

这一时期高中教师科研更加关注课堂、关注教师个体发展，出现了行动研究、小课题研究、微型课题研究、教师个人课题研究等。山西省示范高中成成中学开展了"课例研究"，南京市教育科学研究所进行了"教师个人课题研究"，上海市普陀区建立了"教师个人课题研究制度"等。

总之，教师科研被看成是教师不断学习和提高的一种有效形式，是教师继续教育的一种方式，也是教师个人专业成长的途径之一。

（三）校本教研的组织体系

早在1952年《中学暂行规程（草案）》中规定，中学各学科设教学研究组。

由各科教员分别组织之，以研究改进教学工作为目的，其任务为讨论及制定各科教学进度，研究教学内容及教学方法。

1990 年国家教育委员会出台的《关于改进和加强教学研究室工作的若干意见》指出，各中小学教研机构要把基础教育课程改革作为中心工作，充分发挥教学研究、指导和服务等作用。该文件明确了教研的主要职能：①根据中小学教学需要，研究教育思想、教学理论、课程设置、教学内容、教学方法、教学手段和教学评价等；②根据本地实际，提出执行教学计划、教学大纲和教材使用意见，为教育行政部门决策提供依据；③根据地方教育行政部门的部署，组织编写乡土教材和补充教材；④组织多层次多形式的教学研究活动，帮助广大教师执行教学计划，钻研、掌握教学大纲和教材，不断改进教学方法，努力提高课堂教学效益；⑤总结、推广教学经验，组织教改实验，探索教学规律，推动教学改革；⑥指导和帮助教师开展学科课外活动；⑦组织对学科教学的检查和质量评估，研究考试方法的改革。

2001 年《国务院关于基础教育改革与发展的决定》进一步明确，教师要积极参加教学实验和教育科研，教研机构要充分发挥教学研究、指导和服务等作用。

2017 年《国家教育事业发展"十三五"规划》指出，着力加强教师教研新模式的探索与推广，健全和强化各级各类学校教研制度和机构，加强教研队伍建设。

由此，我国建立了省、地（市）县教研组织网络，建立了完善的教研组织。学校学科教研组是高中教师教研的组织机构。很多高中设有学科组、年级组、教研组等多级教研组织，建立了制度化的集体备课、师徒结对、听评课等多样化的教研活动。

学校科研室的主要职能定位在于对学校教师的科研进行管理，以及协助校长对学校整体的教育教学改革进行研究。有些高中建立了以教研组为单位的科研小组，构建起了以教研处为龙头，以年级组为主体，以科研小组为基层组织的三级科研网络。有部分高中建立了"学术委员会—教研室—教研组—课题组"的四级科研组织。高中有三种常见类型的科研团队：大学教师与高中教师结对的研究共同体，教研员与高中教师结成的研究共同体，学校部分教师结成的研究共同体。

总之，校本研修围绕教师的实际教学工作展开，结合教师教育教学工作的实际需要和实际情况，使教师培训的内容更加有利于促进教师成长与发展。校本研修与校本教师培训，有助于调动每个教师的主动参与和积极参与，有助于将教师发展与学校发展结合在一起。

四、高中教师培训的展望

大力提高高中教师的素质对应对高中教育普及化和提高高中教育质量，以及为社会培养优秀人才都具有极其重要的意义。如何进一步促进普通高中教师的专业发展，更好地推进教师教育改革与发展，是一个亟待解决的课题。这里结合我国改革开放以来高中教育培养与培训的实践及其政策，讨论更好促进高中教师发展的若干问题，并将教师培训作为关注点。

（一）关注高中教师的专业自主权

为了满足不断提高教育教学水平和培养优秀人才等外界期望，教师就必须不断地进步以提高自身的专业性。包括高中教师在内的所有学段教师必须具有自身的教育专业自主权，高中教师具有区别于其他学段的特殊性，表现为高中教育的特殊性对高中教师专业素养的独特要求。

纵观我国以往的高中教师培训，教师培训政策中缺少对高中教师专业特殊性的关注。无论是在教师培训内容和培训形式的设定、教师培训学时的安排，以及教师培训考核的规定等方面，往往缺少对高中教师培训的专门规定，教师参与培训的主动权也往往较少，高中教师更多的是"被培训者"。

1993 年的《中华人民共和国教师法》将教师确立为"专业人员"。是否具有自主权是衡量一个职业是否被看作是"专业"的重要标准之一。所以，提高培训中教师的专业自主权是提高教师专业性的内在要求，应该成为未来我国高中教师培训政策努力的方向之一。

因此，扩大教师的专业自主权，以提高教师专业性应成为我国高中教师培训中的一个努力方向，使教师真正参与培训中来。

（二）尊重高中教师培训的专业性

与医生、律师等职业相比，社会对教师工作专业性的认同程度并不高，所以对教师专业性的追求，一直是国内外教育者的努力方向。教师培训是提升教师专业水平的重要方式，未来的教师培训首先必须体现专业的要求，使教师培训具有专业性。

1. 培训目标与内容的规定应围绕高中教师专业成长而展开

教师培训政策是培训工作实施的政策依据，对实践具有导向作用。教师培训的具体目标应由教师应具备的"专业素养"来决定。教师培训内容作为细化的培训目标，也应围绕教师应具备的"专业素养"来设定，而不宜泛化为一般性的素养。培训目标和内容中对专业素养的各个组成部分不可偏废，不能只强调某些素养而忽视了另一些素养，可以根据不同时期的矛盾，有重点地进行培训。因此，对培训目标和内容的确定，既不能扩大它们的范围，将不属于教师专业素养的内容划入培训的范围之内，也不能在专业素养范围内顾此失彼。

2. 推进高中教师培训机构和培训者的专业化建设

教师培训专业化建设不仅需要专业化的目标和内容，还需要专业化的机构和队伍。教师培训机构及其培训者队伍专业化建设，不仅是满足高中教师专业成长的需要，更是教师培训机构自身发展建设的需要，要严把培训者进口关，不断提高培训机构和培训者的专业性。未来的教师培训政策中应体现出对教师培训工作者的资质要求，实行培训者资质审查制度。合格的培训者是教师培训工作取得成效的前提条件。要通过实施教师培训的评价机制，不断提高培训机构和培训者水平。

在教师培训形式上，可建构"反思型""实践型""合作型"等多种培训模式，改变过多注重理论知识传授的倾向，使具体的培训基于教师的教育教学实际前景、个人需求、发展需要，引导教师进行不断反思与行为改进。

3. 完善高中教师培训考核体系

培训考核是对教师培训工作进行把关的最后关口，完善的考核体系可以对培训工作的效果起到保障的作用。对我国高中教师培训考核体系的完善，不仅需要对考核方式本身进行研究，更需要加强对考核的管理。

由于高中教师工作具有较高的复杂性，简单的书面考核难以评判教师的专业素养水平。应探究更能体现教师专业素养的考核方式，通过考核看出教师专业素养的实际变化情况。在教师培训的考核管理上，改变"一刀切"的现象，加强对教师参与培训学习的全过程管理与监督，要使考核真正地发挥作用，使教师对自己有更清楚的认识，明确进一步努力的方向。

（三）提升高中教师培训管理水平

就当前我国高中教师培训或者教师继续教育的现状而言，教师培训与教师继续教育尚未成为广大教师自愿接受、自主参与和自觉实践的行为。教师培训的内容及其成效，还没有更有效地体现为对教师专业发展的影响与支持。导致这些问题的关键原因在于，教师培训及其管理偏离了以教师为中心的思想与要求。

从当前教师培训政策的内容看，教师培训更多的是对教师的要求，培训管理体现出强制性的特征。教师培训政策希望通过提高教师的专业素养达到提升教育质量的目的，对教师自身发展的实际情况及其需求考虑不多，由此也导致教师培训管理的简单化，往往以培训时间和规定的培训类别管理教师培训活动。

其实，我国高中教师的工作量大，工作任务多。在业余时间开展培训活动，事实上加重了教师的负担，这就使得参与培训实际上成为教师除教学工作以外的额外负担，容易引起他们的抵触情绪，降低教师参加培训的积极性。进一步重视开展校本研修为主的教师继续教育，应是教师培训发展的重点所在。

教师专业发展需要建立在教师自愿性的基础之上。培训学时的增多、强制性的培训活动，在一定程度上容易降低教师参与培训的积极性和培训产生的实效性，使教师把培训看作一种完成外在任务的过程，降低自我发展的主动性。

因此，教师培训政策的制定，应从以教师为本的角度出发，健全教师培训的管理制度，增强管理的灵活性，使教师培训工作真正成为高中教师发展的机遇而不是负担。

第五章

现代普通高中学校管理的改革

管理体制是整个教育体制构成与稳步运行的基础,是学校建设的基本要素之一。改革开放以来,学校管理体制改革始终是我国教育体制改革的重要组成部分。1985 年《中共中央关于教育体制改革的决定》的颁布,为我国学校管理体制改革明确了政策导向。1993 年,国务院颁布了《中国教育改革和发展纲要》,提出新时期我国教育改革与发展的行动纲领。此后,1999 年的《中共中央国务院关于深化教育改革,全面推进素质教育的决定》、2001 年的《国务院关于基础教育改革与发展的决定》与 2010 年的《国家中长期教育改革和发展规划纲要(2010—2020 年)》等文件的颁布,为我国普通高中学校管理体制改革提出了一系列的政策要求和行动规定。

第一节　校长负责制的实施

改革开放以来，我国高中学校管理体制改革首先体现为校长负责制的确立与发展。历经40年的探索，当前我国中小学校长负责制不仅在实践中得到发展和落实，而且有效地促进了学校发展。

一、校长负责制的政策脉络

（一）改革开放之前

早在20世纪50年代，我国已经有了试行校长负责制的政策呼声与实践。1952年3月，政务院批准实施校长责任制，教育部颁发的《中学暂行规程（草案）》《小学暂行规程（草案）》，对中小学管理体制做了比较完整的规定：中小学实行校长责任制，设校长一人，负责领导全校工作。校长由政府委派，直接对人民政府负责，校长对学校一切问题有最后决定权。

1957年之后，中小学普遍设立党支部，实行党支部领导下的校长负责制。1963年的《全日制中学暂行工作条例（草案）》提出，校长是学校行政负责人，在当地党委和主管的教育行政部门领导下，负责领导全校的工作，团结全体教职工完成教学计划。

（二）改革开放之初

1978年，教育部修订颁布了《全日制中学暂行工作条例（试行草案）》，提出全日制中学实行党支部领导下的校长分工负责制。学校的一切重大问题必须经过党支部讨论决定。该条例还规定中学党支部统一领导学校各方面的工作，还提出学校党支部要善于贯彻执行集体领导与分工负责相结合的原则，充分发挥行政领导干部的作用，不要包办代替。

1985 年 5 月的《中共中央关于教育体制改革的决定》提出，学校逐步实行校长负责制，有条件的学校要设立由校长主持的、人数不多的、有威信的校务委员会，作为审议机构。要建立和健全以教师为主体的教职工代表大会制度，加强民主管理和民主监督。

为落实《中共中央关于教育体制改革的决定》中关于"学校逐步实行校长负责制"的规定，国家教育委员会于 1985 年 12 月在河南省郑州市召开部分省市试行中学校长负责制座谈会。在座谈会上，试点中学和部分试点地区反映了试行中学校长负责制的效果，包括加强行政领导的责任，在体制上基本做到了职权责三者统一，调动学校行政领导的积极性；建立教职工代表大会制度，充分发挥了教职工代表大会（简称教代会）民主管理和民主监督的作用；促进学校内部管理制度的建立，使学校管理工作向科学化、民主化、制度化方向发展等。[1]

1988 年，国家教育委员会在大连召开座谈会讨论中学管理体制改革的问题。会议提及，校长负责制的试行对提升学校管理与教育教学改革和质量具有重要的作用，并明确了今后要进一步确立校长的领导地位和主要职责，建立教代会等。

1993 年 2 月，国务院印发的《中国教育改革和发展纲要》指出，深化中等以下教育体制改革，继续完善分级办学、分级管理的体制，中等及中等以下各类学校实行校长负责制。校长要全面贯彻国家的教育方针和政策，依靠教职员工办好学校。[2]这就意味着校长负责制在全国范围内中等及中等以下各类学校的全面推行。而此后一系列政策的颁布为校长负责制的进一步实施做出了规定，提供了具体的政策依据。

1995 年 3 月颁布的《中华人民共和国教育法》规定，学校的教学及其他行政管理，由校长负责，进一步明确了校长负责制下校长的职责。该文件还提出，学校及其他教育机构应该按照国家有关规定，通过以教师为主体的教职工代表大会等组织形式，保障教职工参与民主管理和监督。

---

① 《中国教育年鉴》编辑部. 中国教育年鉴 1985—1986. 长沙：湖南教育出版社，1987：112-113.
② 何东昌. 中华人民共和国重要教育文献（1940—1997）. 海口：海南出版社，1998：3469-3470.

（三）21 世纪以来

2001 年 5 月通过的《国务院关于基础教育改革与发展的决定》提出，改革中小学校长的选拔任用和管理制度，高级中学和完全中学校长一般由县级以上教育行政部门提名、考察或参与考察，按干部管理权限任用和聘任；其他中小学校长由县级教育行政部门选拔任用并归口管理。推行中小学校长聘任制，明确校长的任职资格，逐步建立校长公开招聘、竞争上岗的机制。实行校长任期制，可以连聘连任。积极推进校长职级制。

2003 年 9 月，人事部、教育部印发的《关于深化中小学人事制度改革的实施意见》指出，进一步完善校长负责制。实施校长负责制的中小学，校长全面负责学校工作，并充分发挥基层党组织的政治核心作用。校长必须正确贯彻执行党和国家的教育方针政策，坚持社会主义办学方向，积极实施素质教育，依法管理。

2007 年 5 月，国务院批转的《国家教育事业发展"十一五"规划纲要》将"加快学校领导队伍建设和党建工作"作为主要任务之一，其中明确提出"坚持和完善中小学校长负责制"，进一步确立了校长负责制在我国教育事业发展中的重要地位。

2010 年 7 月颁布的《国家中长期教育改革和发展规划纲要（2010—2020 年）》提出，完善中小学学校管理制度。完善普通中小学和中等职业学校校长负责制，中等及中等以下各类学校实行校长负责制，标志着校长负责制在高中学校的确立与全面推行。

2012 年 6 月教育部发布的《依法治校——建设现代学校制度实施纲要（征求意见稿）》提出，中小学要健全校长负责制，建立学校校务会议，完善民主决策程序，标志着校长负责制的逐步完善与进一步发展。

二、校长负责制的主要内容

虽然许多文件都从政策上提出了实施校长负责制的要求，但并没有对校长负责制中校长应当具体履行哪些职责做出明确的规定。而在具体实施过程中，明晰校长负责制的概念，以及明确校长应该承担的具体职责十分必要。

（一）校长负责制的内涵

当前我国的政策法规并没有对校长负责制中校长应当承担的责任做出明确界定。《中华人民共和国教育法》（1995年）指出"学校的教学和其他行政管理由校长负责"，而并没有说明校长的职责具体是什么，哪些属于"其他行政管理"的范畴。包括《中共中央关于教育体制改革的决定》（1985年）在内的许多政策法规都只是提及"学校逐步实行校长负责制"或"实施和完善校长负责制"，而没有提出具体的规定或者指导意见。这为实践中探索和丰富校长负责制的内涵与体系提供了创新探索的空间。

学术界对校长负责制的内涵做过一些探究。有学者提出，校长负责制是学校在上级宏观领导下，以校长全面负责为核心，与党支部保证监督、教职工民主管理有机结合。也有学者认为，校长负责制是指校长全面负责、党组织保证监督和教职工民主管理三位一体的学校领导制度，使学校成为独立办学实体，是一种岗位责任制。还有学者认为，校长负责制是一个以校长责权为核心内容的整体结构概念，其要素是上级机关领导、校长全面负责、党支部监督保证和教职工民主参与。

很显然，这些界定虽有一些差异，但核心还是一致的，即校长负责制是在上级党组织和教育行政部门领导下，校长对学校的教育教学和行政管理工作全面负责，学校党组织积极发挥政治核心作用，教代会参与学校民主管理、民主监督的一种领导制度。

（二）校长负责制的规定

2003年，人事部、教育部联合颁发了《关于深化中小学人事制度改革的实施意见》，对校长负责制的具体实施做出了一些规定。该文件指出，实行校长负责制的中小学，校长全面负责学校工作，并充分发挥基层党组织的政治核心作用。校长必须正确贯彻执行党和国家的教育方针政策，坚持社会主义办学方向，积极实施素质教育，依法管理；要改进和完善中小学校长选拔任用制度。积极推行中小学校长聘任制。中小学校长的选拔任用要扩大民主，引入竞争机制。逐步采取在本系统或面向全社会公开招聘、平等竞争、严格考核、择优聘任的办法选拔任用中小学校长。

同时，该文件规定了中小学校长的任职条件和资格。也就是说，中小学校长应具备思想政治素质和品德良好；热爱教育事业，具有改革创新精神；具有履行职责所需要的专业知识和较强的组织管理能力；遵纪守法，廉洁自律；具有团队协作精神，作风民主；还需具有教师资格；具有中级（含）以上教师职务任职经历；一般应从事教育教学工作5年以上；身体健康。

此外，该文件还规定了中小学校长的任期，校长每届任期原则上为3~5年，可以连任，要进一步完善中小学校长考核办法，加强履职考核，把考核结果作为校长奖惩、续聘或解聘的重要依据。

（三）校长职级制的产生

校长职级制是20世纪90年代中后期以来，我国中小学管理制度改革的一项革新举措，是对校长负责制的发展和创新，旨在将校长从以往的行政等级体系中分离出来，建立校长队伍自身的专业等级制度而非行政等级体系。

校长职级制主要是指在普通中小学设置校长职级序列，对具备任职条件的校长进行科学考评，并依其德识、能力、水平、实绩确定或晋升到相应校长职务等级的事业单位人事管理制度。[①]校长职级既是一种职务（岗位）的标志，也是校长学识、资历、教育教学水平和管理能力，以及业绩的综合体现。[②]

1998年教育部提出，要鼓励各地积极探索学校管理干部制度改革，积极推进校长职级制的试验。1999年的《中共中央国务院关于深化教育改革，全面推进素质教育的决定》正式提出，要"试行校长职级制"，2001年的《国务院关于基础教育改革与发展的决定》也明确提出要"积极推进校长职级制"。

可以说，这两份文件都将校长职级制作为21世纪学校管理体制改革的重要方向。之后，作为指引未来10年教育改革方向的《国家中长期教育改革和发展规划纲要（2010—2020年）》，继续强调推行校长职级制，进一步推进校长职级制在全国各地的试行工作。

2018年1月，《中共中央国务院关于全面深化新时代教师队伍建设改革的意见》再次强调推行中小学校长职级制改革，拓展职业发展空间，促进校长队伍专业化建设的要求。

---

① 赵正元. 《北京市中小学校长职级制试点工作的意见》出台 西城区在区属中小学校试行校长职级制. 北京教育，1999（11）：7.

② 张国骥. 现代中小学校长管理制度研究. 湖南师范大学教育科学学报，2010，9（2）：60-64.

三、校长职级制建设的探索

1993 年，上海市开始在全市中小学全面推行学校内部管理体制改革，率先试点校长职级制，开启了国内校长职级制的改革实践。随后，北京、广东和江苏等地也先后开始了校长职级制实践探索，形成了各具特色的校长职级制度。

2010 年 10 月，国务院办公厅印发了《关于开展国家教育体制改革试点的通知》，全面启动国家教育体制改革试点工作。其中，"探索中小学校长职级制"作为试点任务之一被提出，上海市连同吉林省松原市、山东省潍坊市、广东省中山市，以及陕西省宝鸡市被列为试点地区。由此，中小学校长职级制在全国推广。

（一）上海市先行先试实践

上海市是国家教育改革与发展的先行者和探索者。早在 1993 年，上海市教育工作会议就提出，实施中小学校长管理制度改革，建立校长职级制的改革目标。1994 年上海市根据"抓好试点、以点带面、稳步推进、不断完善"的原则，在该市静安区、卢湾区率先开展了中小学校长职级制度改革试点工作。

1999 年，上海市颁布了《关于上海市中小学校实行校长负责制的若干意见》，提出中小学校长职级制改革的具体建议，推进校长职级制的实施。2000 年，在总结经验的基础上，上海市教育委员会同其他部门共同制定了《关于上海市推行中小学校长职级制度的实施意见》，计划在全市稳步推进校长职级制的试点工作，使得全市所有县区的中小学校全面实施校长职级制，制订了"五级十二等"的中小学校长职级制方案。

到 2001 年 8 月底，全市有 12 个区县完成上海市中小学一级和特级校长的申报和认定工作，由此上海市校长职级制改革向全市推广。2009 年，上海市全面开展了普教系统校长职级评审和认定工作，并发布了《上海市教育委员会关于 2009 年开展普教系统校长职级评审和认定工作的实施意见》，同时，制定了《上海市中小学校长职级评定方案》等，为校长职级评定工作提供了实施依据。

2010 年 10 月，上海市发布了《关于进一步完善上海市中小学校校长负责制的若干意见》及三个配套文件《上海市中小学校党组织工作意见》《上海市中小学校校长工作意见》《上海市中小学校教职工代表大会工作意见》。

这些文件明确指出，中小学实行校长负责制，是在上级党组织和教育行政部门领导下，校长对学校的教育教学和行政管理工作全面负责；学校党组织发挥政治核心作用；教代会参与学校民主管理、民主监督，并规定校长是学校的法人代表。中小学党组织在学校发挥政治核心作用。教职工代表大会，是学校实行民主管理、民主监督的基本形式。坚持和完善校长负责制，必须不断提高学校领导干部的思想政治素质。中小学校工作实行民主决策、科学决策、依法决策。校长、书记、工会主席的选任，要坚持德才兼备、以德为先的原则，按干部管理权限和有关规定进行。这些内容旨在规范上海中小学校管理、促进现代学校制度建设、推进中小学教育改革与发展。这些文件还提出学校重大问题决策的四个主要程序：确定议题、调查研究、会议讨论、明确分工和组织实施，为更好地推进校长负责制的实施提供了制度保障。

与此相关的，上海市制定了探索中小学校长职级制改革试点实施方案，加大了探索中小学校长职级制度改革试点步伐。该实施方案提出校长职级制的总体目标：从校长成长规律出发，从校长所担负的职责、扮演的角色、校长在教育事业中所处的地位入手，参考和借鉴发达国家在中小学校长专业化发展方面的有益经验和成果，创造性地开展上海市中小学校长专业化队伍建设。通过对于校长专业标准拓展延伸校长准任制度、校长职级制度、校长培训制度，校长过程培养机制、校长选拔任用机制以及校长激励机制的研究，构建中小学校长队伍建设的长效机制，推动校长专业化的发展，进而全面提升中小学校办学质量，推进现代教育制度建设，深化教育体制改革。

该实施方案还确定了三个阶段性目标：第一阶段，制定符合上海特点的上海市校长专业标准，并完善上海校长职级制度的认定标准和认定程序；第二阶段，制定校长任职资格标准和建立考试机制，并制定校长任职前与履职岗位培训制度与培训课程大纲；第三阶段，研究校长培养机制、选拔任用机制和激励机制，并研究校长专业发展的评价机制和培养工作的评估机制。

《上海市教育委员会关于 2012 年开展普教系统校长职级评审和认定工作的实施意见》提出，在探索校长职级制度改革基础上，开展普教系统校长职级评审和认定工作。该文件强调坚持校长专业发展、坚持均衡发展和坚持"抓好试点、平稳衔接、有序推进、不断完善"的原则，以上海市、区县教育行政部门所属的全日制中小学、特殊学校、工读学校、幼儿园、区县教师进修学校、面向中小学的校外教育机构，以及本市各中等职业学校的在岗工作的正职校长为对象，将上海市现行的中小学校长五级十二等的职级调整为四级十一等，即初级 1、2、3 等，中级 1、2、3、4 等，高级 1、2、3、4 等和特级。

与此同时，上海市出台了《上海市中小学校长职级评定标准》，分别包括个人修养、专业素养和办学成效共 3 个一级指标，其中，个人修养又分为思想素质和道德品质 2 个二级指标；专业素养分为办学思想、学校管理、教育教学和师资建设 4 个二级指标；办学成效分为办学实绩和社会影响 2 个二级指标。

《上海市教育委员会关于开展 2018 年普教系统校长职级评审和认定工作的通知》不仅规定了评审与认定的各项要求，提出按照个人申报、述职与评议、考核与评鉴、评审与推荐、备案等五个步骤进行。该通知还对各级校长比例与名额做了规定：中学、中职校为高级 30%～35%，中级 45%～50%；小学为高级 25%～30%，中级 50%～55%；幼儿园为高级 20%～25%，中级 55%～60%。特级校长的数额一般掌握在高级一、二等校长总数的 20%左右。上海教师专业发展工程领导小组办公室把握全市总量的调控，结合区域事业发展和校长专业发展实际下达特级校长推荐指标。

目前，上海市的校长职级制实施已经驶入常规式轨道，每三年组织一次评选。

（二）广东省中山市的实践

在响应中央政府的政策号召，以及吸收上海市推行校长职级制的经验基础上，2003 年，根据国家政策和广东省人事厅、教育厅颁布的《关于深化我省中小学人事制度改革的意见》，中山市制定了《中山市中小学人事制度改革的意见》，提出"积极探索和试行校长职级制"，并决定从 2004 年 6 月开始试行中小学校长职级制。

2004 年，中山市结合自身管理校长队伍的实践经验，制定了一系列校长职级制实施方案，包括《中山市中小学校长职级制实施办法（试行）》《中山市中小学校长职级考评方案（试行）》《中山市中小学校长职级考评办法》《中山市中小学校长职级评审办法》《关于校长职级聘任及待遇问题的通知》等。

《中山市中小学校长职级制实施办法（试行）》将中小学校长职级分为实质职级和荣誉职级。实质职级设为五级十等，由低到高依次为初级校长、四级二等校长、四级一等校长、三级二等校长、三级一等校长、二级二等校长、二级一等校长、一级二等校长、一级一等校长，荣誉职级设为特级校长。

《中山市中小学校长职级考评办法》和《中山市中小学校长职级评审办法》则

具体规定了如何对中小学校长进行评级和考评。为了公正客观地对校长进行评价，中山市成立了中小学校长职级考评委员会，由市教育局有关领导、教育专家、本市教育督导人员，以及教育教学经验丰富、业务水平高的知名校长担任委员会成员，负责全市中小学校长的职级考评工作。考评方式包括开卷考试、实地考察、人员访谈、问卷调查、权威机构评价、综合考评等，具体考评程序分为个人申报、资格审查、个人述职、初步评价、综合考评、公示、认定等环节。

评审中，注重校长素质的评价、注重校长工作的评价，以及注重校长工作绩效的评价三个方面。中山市建立的校长评价指标体系分为三级，一级指标包括教育思想、学校管理、教育教学、业绩和素养；每个一级指标下设两个二级指标，包括教育理念、办学思想、常规管理、事业发展、教育工作、教学工作、学校业绩和个人素养；这些二级指标又划分为若干个三级指标。

随着校长职级制的逐步实施，中山市的校长管理体制改革取得了一定成效。2010年11月，中山市中小学校长职级制改革被国家教育体制改革领导小组办公室批准为国家教育体制改革试点。2011年8月，在对原有《中山市中小学校长职级制实施办法（试行）》进行修改的基础上，市政府印发了《中山市中小学（中职）校长职级制改革试点实施方案》，正式启动新一轮校长职级改革工作。同时，该市教育局还与北京师范大学签订"中山市中小学（中职）校长职级制改革研究与实践"的合作协议，以期通过高校专家团队的科研理论指导，进一步完善该市校长职级制改革。

2012年，中山市召开"深化中小学校长职级制改革"动员大会，并举办"中山市中小学校长职级制改革实务培训班"，进一步推动中小学校长职级制评定工作的全面开展。新一轮中小学职级评定工作将校长职级设为小学（幼儿园）、初中（特殊教育学校）、普通高中（中职学校）三个独立的序列，每一序列设置四级七等，从低到高依次为初级校长、中级二等校长、中级一等校长、高级三等校长、高级二等校长、高级一等校长和特级校长。

2013年，中山市中小学校长职级评定共评定出1名特级校长、83名高级校长、103名中级校长，以及46名初级校长。

（三）校长职级制实践反思

20世纪90年代中后期我国部分地区开展校长职级制实践探索以来，至今已有 20 多年。校长职级制在我国不同省市和地区的实践探索，虽获得了一定的社会认可，取得了一定的经验，但也仍然存在一些问题。

1. 职级制改变校长的行政身份

校长职级制是对以往普遍实行的中小学校长行政化管理方式的突破，是中小学管理实践中"去行政化"的有效尝试。在传统行政级别的制度框架下，校长职务只与单位级别挂钩，不与校长个人的能力、水平和业绩等挂钩，这不利于校长自身的专业发展与能力提升，无法推动校长队伍的专业化。

校长职级制的试行，取消了中小学校原有的行政级别体系，从专业层面为校长设置了不同等级序列，在对校长进行全面科学考评的基础上，依据其道德学识、专业素养、能力水平和业务实绩等条件确定或晋升校长职务等级，实现了从专业层面对校长进行综合评价。

2. 职级制获得基层学校校长认可

实践表明，这种以校长管理的专业水平为基础的校长职级制，改变了传统的校长人事管理制度，有序的等级制评审与认可调动了广大校长的工作积极性，使校长获得了成就感和不断进步的动力。

这一举措受到试行地区校长的普遍欢迎。校长们认为，这种改革淡化了校长原有的行政级别，对校长资历、成绩、学识等方面的综合评估和认定专业、科学与合理；职级制解决了原先单位行政级别和校长职级不对称的问题。这种职级制也是校长负责制的体现，能够推动学校教育改革的深入与发展。

3. 职级制受到外部因素限制

在实践中，校长职级制实施也遇到一些问题。我国校长职级制改革是一种政府行为，各地进行校长职级制改革呈现出一种"自下而上"的实践路径。虽然国家文件多次提到要进行校长职级制改革，但仅局限于政策性和号召性的工作部署，对于如何推行校长职级制，如何为这一改革营造适合的环境，并没有任何具体的要求。

校长职级制的实施，还需要在国家宏观政策与制度的框架范围内进行，特别是所涉及的人事制度与工资制度。如果没有整个中小学教师队伍与校长队伍建设改革，尤其是薪酬制度改革，单纯的校长职级或者等级可能难以发挥应有的积极作用。一些传统的有关人事制度的规定，仍在一定程度上制约着校长职级制的推进与实施。

4. 校长职级制实施不平衡

从当前中学校长职级制实施情况来看，各地对于校长职级制的接受程度和认可程度不一。目前校长职级制主要在我国经济比较发达的地区实施，如北京、上海、广东和江苏等东部地区；而在中西部地区的探索或者实施较少，甚至没有试点，这些地区仍然沿用传统的中小学行政规格制和校长行政级别制。

其原因在于，职级制改革需要相应的人事制度改革和工资制度改革作为支撑，这就必然会涉及地方财政、教育经费等各种现实和客观因素。在当前我国教育经费投入"以县为主"的财政体制下，中西部地区县级教育经费相对不足，其试点校长职级制的改革动力当然不足。

如何建立科学、公正、合理的校长评级考核制度还有待进一步探索。虽然试行地区纷纷建立了不同的校长职级等级，也大都提出了依据校长自身的道德素质、专业素养、综合能力和业绩等进行全面评价。然而，如何将校长评价和学校评价有机地结合起来，将校长的定级定等、晋职晋级和学校办学质量挂钩，这也是未来实行校长职级制需要解决的关键问题之一。

第二节　现代学校制度建立

现代学校制度以学生全面发展为核心，有效协调校内和校外关系，是我国教育法制化、民主化、开放化发展的要求与体现。它以构建学校法人制度为基础，确立学校主体地位；以学校组织制度、管理制度和新型政校关系为主要内容，以学生、教师和学校的发展为核心，推动校内制度和校外制度的协调发展，进而实现"依法办学、自主管理、民主监督、社会参与"的重要目标。现代学校制度体现了制度安排的"现实性"，是一种"好的、先进的、能适应时代要求的"学校制度。改革开放以来，建设现代学校制度是我国基础教育改革发展的重要内容，也是普通高中教育改革与发展的重点之一。

一、建设现代学校制度的背景

我国建设现代学校制度是在国内外社会和教育发展背景下提出的。国际教育改革与发展，尤其是如何协调学校与政府之间的关系，为我国建设现代学校制度提供了参照；同时，改革开放之后我国社会经济体制改革，尤其是教育体制机制改革，也要求建立更有助于学校发展的制度和体系。

（一）国际背景

改革开放使中国教育改革有了宽阔的国际视野，学习和借鉴国际教育先进思想与教育经验，成为中国学校改革与发展的重要基础。国际范围内的教育体制改革浪潮对我国现代学校制度产生了重要影响。

西方新公共管理主义认为，政府职能是掌舵而不是划桨，政府的服务应以市场为导向，要在公共管理中引入竞争机制，不需要严格的行政管理，要采取授权的方式以追求政府行为的有效性。这种思想引发了人们对政府的教育职能的反思，即如何界定政府与学校之间的关系，政府行政干预教育的范围和权限是什么，这些都需要从制度层面进行规定和说明。

20 世纪 80 年代以后，与私立教育相比，公立教育效率不高、质量较低成为以英国和美国为代表的西方国家的重要教育问题。社会普遍认为，公立学校办学缺乏竞争的压力和动力，为此需要打破公立学校对学校教育的垄断，必须建立公立教育和私立教育平等竞争的局面。由此，公立学校必须具有独立办学的能力，必须减少政府对公立学校的过度干预，尤其需要激发公立学校参与教育市场的动力。为此，需要建立一种新型学校制度，确保公立学校与私立学校具有同等办学自主能力。

（二）国内背景

建设现代学校制度也是为了适应改革开放以后我国由计划经济向市场经济转型的经济体制和政治体制发展的需求。随着国家教育改革的深化，传统的高中学校制度中存在的问题不断呈现：政府对高中教育的过度干预，高中学校法人的主体地位不明确，高中学校内部治理结构不健全，高中校长的专业化能力跟不上时代的需要。

与此同时，在微观的学校实践层面，鉴于传统的行政化管理，高中学校校长缺少创新办学的动力，传统的应试教育、千校一面的现象，以及学校的社会责任等，都成为社会批评高中学校的话题。实践中，一些高中学校在办学过程中还有失范行为，如乱收费等。

正是在这样的国内外发展背景下，我国开始探索现代学校制度建设。

二、现代学校制度的政策发展

尽管学界在 20 世纪 90 年代就提出要建立现代学校制度，但在实践中推行缓慢，原因之一是没有国家政策的支持和保障。

（一）倡导建立现代学校制度

至 2003 年 2 月，教育部才在其牵头组织撰写的《从人口大国迈向人力资源强国》报告中提出，将建立现代学校制度作为教育制度创新的基本目标。2003 年 7 月，教育部基础教育司在上海召开了"基础教育现代学校制度"研讨会，提出 9 月份起在全国部分省市试验区和试验校正式启动"基础教育现代学校制度的理论与实践研究"专项工作。

2004 年 2 月教育部颁布的《2003—2007 教育振兴行动计划》，明确提出深化学校内部管理体制改革，探索建立现代学校制度的目标。同年 7 月，中央教育科学研究所和教育部基础教育司共同召集相关专家，在北京召开了全国教育科学"十五"规划国家重点课题"基础教育阶段现代学校制度的理论与实践研究"小型理论研讨会，讨论现代学校制度的理论与实践问题。

直到 2010 年，《国家中长期教育改革和发展规划纲要（2010—2020 年）》从国家政策高度对建设现代学校制度提出了明确要求和实施路径，指出要适应中国国情和时代需要，建设依法办学、自主管理、民主监督、社会参与的现代学校制度，构建政府、学校、社会之间新型关系。适应国家行政管理体制改革要求，明确政府管理权限和职责，明确各级各类学校办学权利和责任。探索适应不同类型教育和人才成长的学校管理体制与办学模式，避免千校一面等。

（二）确立依法治校的现代学校制度

2012 年 6 月，教育部发布《依法治校——建设现代学校制度实施纲要（征求意见稿）》，9 月正式颁发《全面推进依法治校实施纲要》，提出了现代学校制度建设的 29 条要求，旨在全面推动教育行政管理体制，以及学校内部管理体制的改革、创新，在依法行政、依法治校的基础上，构建政府、学校、社会之间的新型关系，加快建设现代学校制度。

《国家教育事业发展第十二个五年规划》也进一步强调了建设现代学校制度的具体要求，包括健全学校管理的法律规章制度。开展《学校法》的调研起草工作，依法理顺政府和学校的关系，探索建立具有中国特色的学校制度。以公办学校财政拨款制度、人事管理制度改革为重点，扩大学校办学自主权，保障教师和学校的民主管理权……完善各类学校治理结构。加强中小学校管理能力建设，推动中小学全面设立家长委员会，并使家长委员会有重大事项知情权、参与决策权、评价权、质询权、监督权。

正是在这种背景下，我国普通高中学校按照依法治校的要求，加快建设现代学校制度。例如，《上海市中长期教育改革和发展规划纲要（2010—2020 年）》指出，要探索建立现代学校制度，落实学校办学自主权，完善学校内部治理结构，形成学校决策权、执行权、监督权相分离和相制衡的机制，促进学校面向社会、依法自主办学，增强学校办学活力。2010 年以后，湖北省、江苏省、重庆市、宁夏回族自治区等都把"建设现代学校制度"列为重要内容。

在各省市教育政策的推动下，我国普通教育领域的现代学校制度建设得到了推进。例如，2003 年起，山东省潍坊市开始建设现代学校制度的探索与研究，提出了"三步走"战略：①抽调精干力量，组成专业项目团队，并精心选择部分改革基础好的学校认真剖析、梳理、归纳，为整个项目组提供有关资料、案例和实践成果；②强化学校自主推荐、管理权限；③按照"依法自主办学"的思路，逐步对中小学进行放权。2006 年 4 月，潍坊市教育局正式下发了第一份建设现代学校制度的文件，要求各县市区教育局、各级中小学进一步加强学校民主建设，加快构建和完善现代学校制度。

三、现代学校制度的主要内容

现代学校制度体现了新型学校管理体系，其中，教职工代表大会、校务监督委员会、家长委员会作为现代学校制度建设的三大内容，是现代学校实行"自主管理、民主监督、社会参与"的重要途径。

（一）教职工代表大会

自主管理是现代学校制度建设的根本。作为现代学校制度的重要组成部分，教职工代表大会制度是学校实行民主管理的基本形式，是保障教职工行使民主管理权利的基础。教职工代表大会最早是在高等学校中推行的。

早在 1985 年 1 月，教育部、中国教育工会全国委员会颁布了《高等学校教职工代表大会暂行条例》提出，高等学校应建立和健全党委领导下的教职工代表大会制。该条例对教代会的职权、教职工代表的选举及任期、教代会的组织制度和工作机构等都做了规定。之后，教代会的适用范围逐步扩大，由高等学校延伸至各级各类学校，包括普通高中学校。

1995 年颁布的《中华人民共和国教育法》规定，学校的教学及其他行政管理，由校长负责，学校及其他教育机构应当按照国家有关规定，通过以教师为主体的教职工代表大会等组织形式，保障教职工参与民主管理和监督，确立了教代会的法律地位。

2010 年颁布的《国家中长期教育改革和发展规划纲要（2010—2020 年）》将建立健全教职工代表大会制度，不断完善科学民主决策机制作为完善中小学管理制度的重要内容。

2011 年 12 月 8 日，教育部发布《学校教职工代表大会规定》，其适用范围包括中国境内公办的幼儿园和各级各类学校、民办学校、中外合作办学机构。该规定指出，学校教职工代表大会是教职工依法参与学校民主管理和监督的基本形式，学校应当建立和完善教职工代表大会制度，明确规定了教代会的职权、选拔机制、任期、享有的权利与义务、组织规则以及工作机构等。可以说，该规定成为依法保障教职工参与学校民主管理和监督、加强学校民主政治建设、完善现代学校制度和促进学校依法治校的重要文件。

2012 年 1 月 17 日发布的《教育部中华全国总工会关于学习宣传、贯彻实施〈学校教职工代表大会规定〉的通知》，要求贯彻执行《学校教职工代表大会规定》，提出要进一步提高认识，切实增强建立健全教职工代表大会制度的责任感紧迫感……把贯彻实施《规定》作为当前加强学校民主管理工作的首要任务……，同时提出探索建立和完善党委领导、行政支持、工会运作、教职工参与的学校教职工代表大会工作机制……落实好教职工代表大会的各项职权……加紧研究建设教职工代表的选举、议事、表决、监督、责任追究的程序与规则，促进学校管理的科学化、民主化和程序化。要加强教职工代表大会代表的队伍建设，通过学习培训等方式提高代表素质，增强其参与学校民主管理和监督的工作能力等要求。

显然，尊重教师的主体地位，发挥教代会的重要作用，事关学校利益的重大事项必须通过教代会的集体审议，真正让教师参与学校的管理决策和规则制定，都是实现现代学校制度的重要举措。

为此，不少地方把建立和完善教代会制度作为探索现代学校制度的突破口。完善教职工会议制度，强化教代会的职能，规范教代会程序，严肃教代会组织、召开的纪律，重大学校决策提请教代会审议和表决，成为学校建设现代学校制度的重点之一。例如，山东省烟台市第三中学的教代会在学校管理决策中发挥了重要作用，诸如学校德育系列评奖办法、教师评优办法、教研室管理办法、教职工年度考核办法等各种文件都是经过教职工代表小组提出议案、经代表大会审议通过而形成。

（二）校务监督委员会

校务监督委员会（简称校监会）是指在学校党组织的领导下，由教代会授权，对学校相关政策的制定、有关事务的执行实施监督的一个新型组织，有些学校也称其为"校务委员会"。校监会是学校管理的参与者、建议者、审议者和监督者，是新形势下教职工行使民主权利、参与学校管理和监督的一种有效途径，成为中国现代学校制度的重要组成部分。

校监会由民主选举产生，一般由学校领导、教师、学生、家长、社区代表、专家等人员组成，在学校管理事务中具有明确的职责。

广州市执信中学是一所拥有近百年历史（成立于1921年）的名校。作为学校管理制度的一部分，该校成立了校务监督委员会，将其作为学校事务管理的监督者和建议者，是教职员工参与和监督学校管理的民主监督机构。该校校务监督委员会在上级纪检监察部门和校党委的领导下，按照有关学校管理的法律法规，对社会和人民群众关心的热点难点事项、学校重大行政决策法定程序、校务公开和保障教职员工合法权益等实施监督。该校校务监督委员会由5人组成，成员从学校党委（1人）、工会（1人）、普通教师（非行政干部，含熟悉财务基建或审计工作人员，3人）中产生，从事非行政工作的普通教师占总人数的比例应大于50%。成员通过党委提名，经全校教代会选举产生。校务监督委员会成员任期与教代会代表任期相同，成员换届与教代会同期进行，成员经选举后可连任。校监会成员的基本职责是，积极认真督促学校行政、党组织正确履行职责，主动收集并认真受理教职工的意见建议，实事求是、客观公正地监督事务、提出意见、反映问题。同时，这些成员享有知情权、监督权、建议权和反映权等权利。

（三）家长委员会

家长委员会是鼓励和推动家长参与学校教育活动的一种有效组织形式，也是建立现代高中学校治理体系的重要组成部分。事实上，学校成立家长委员会，发挥家长参与学校发展和学校建设，促进学校教育教学改革与全面提高学校教育质量，一直是中国基础教育阶段学校管理制度建设的一个方面。

2009年，山东省出台了《山东省普通中小学家长委员会设置与管理办法（试行）》，要求建立三级家长委员会（学校、年级、班级），履行三大职能，在两大合作空间推进家校合作共育。三大职能分别是参与学校的民主管理、参与学校的课程建设、利用家长开设家长教育课程。所谓两大合作空间，包括：①让家长走进学校、了解学校、理解学校、支持学校；②在家长所联系的社会资源的支持下，让学生走出校门，参与社会实践。

基于这一政策文件，山东省的中小学校所有班级都成立了家长委员会，所有家长都要参与家长委员会。在班级家长委员会的基础上产生年级家长委员会，进而产生学校家长委员会。具体到各个地区，不同学校的家长委员会建设各具特色。济南市舜耕小学家长委员会组织了家长护校队、爸爸俱乐部和家长课堂等活动，并成功举办了家长节。在济南市新苑小学，家长作为志愿者，每天下午到学校图书馆和孩子们一起整理图书、一起读书；一些有专门知识和技能的家长还参与学生社团活动。另外，家长还参与观课、评课，对学校教学提出自己的意见。济南市历城区董家中学创建了"村居学习互助组"，学生放学后走进参加互助组的家庭，共同读书、学习、交流。一些高中学校将家长委员会引入学校管理中，学校里的很多管理问题都要征求家长委员会的意见。在济南市第一中学，学校食堂和宿舍床上用品的招标都交给家长委员会去做。青岛市第二中学的家长委员会参与审议《青岛二中高考保送及自主招生推荐办法》，参加北京大学、清华大学校长实名推荐选拔测试。学校把这些管理权力让渡给家长委员会，大大提高了治理效能，同时，也进一步体现了学校内部的自主管理。

2012 年,《教育部关于建立中小学幼儿园家长委员会的指导意见》正式出台,有效地促进了家长委员会在我国基础教育学校中的发展,成为现代学校制度建设的重要方面之一。

该意见提出,中小学生和幼儿园儿童健康成长是学校教育和家庭教育的共同目标。建立家长委员会,对于发挥家长作用,促进家校合作,优化育人环境,建设现代学校制度,具有重要意义。要把家长委员会作为建设依法办学、自主管理、民主监督、社会参与的现代学校制度的重要内容,作为发挥家长在教育改革发展中积极作用的有效途径,作为构建学校、家庭、社会密切配合的育人体系。该文件还就家长委员会的基本职责、组建、作用和保障等方面提出了具体要求。

由此,家长委员会在基础教育学校得到更为规范的建立与发展,成为现代学校制度的又一重要组成。

四、现代学校制度的区域探索

与高等教育领域的现代大学制度的建设不同的是,包括高中学校在内的中小学现代学校制度,更多的是自上而下的执行,即主要是依托地方教育行政部门的参与和引导,在一些中小学校开展建设现代学校制度的探索与实践。

(一)四川省成都市青羊区现代学校制度建设

成都市青羊区是全国教育科学"十五"规划重点课题"基础教育阶段现代化学校制度理论与实验研究"最早的八个实验区之一,也是全国教育科学"十一五"规划重点课题"中国公办中小学民主管理委员会建设的实验研究"最早的三个实验区之一,同时是教育部基础教育司"基础教育综合改革实验"的四个实验区之一。

该区从 2003 年起开展现代学校制度的研究与实践,在政校关系的调整、学校内部治理结构、校长公推直选、社区评价学校、学校与家庭社区互动等方面,取得了比较丰富的、具有较高实践价值和政策价值的实验研究成果。

2009 年 4 月,《成都市青羊区深化城乡统筹推进教育现代化纲要》出台,提出以争取到 2013 年,努力构建政府主导、校本管理、社区参与的现代学校教育治理体制和机制为基本目标和总目标,并确立三个方面的重要内容:①通过教育管理分权,改革过于集中、统得过死的管理体制,明确教育行政部门、学校、社区等各方责权利，基本形成在区教育局的领导下，以校长负责制为主体的现代学校管理机制；②通过优化学校内部治理结构，推进学校内部管理体制改革，教育局着力于引导、督导、监测与评估，初步建立起政府宏观调控、学校民主管理、公开透明的学校治理机制；③通过坚持和扩大开放办学，扩大社会参与学校治理，基本形成多层次、宽领域的学校与社会和谐共建格局。为此，采用了以下举措。

1. 以人事制度改革为突破口，理顺政校关系，落实学校办学自主权

1）转变教育管理观念，促进政校职能转型。以简政放权和转变政府职能为关键，构建分级管理机制。构建以"服务、支持"为价值取向的教育行政管理机制，明确教育行政管理部门与学校在办学中的管理权限范围，落实学校办学自主权。

2）完善校级干部选拔任用机制。教育行政部门要完善校长的选拔、任用、流动、评价、考核、认定等机制。建立校长绩效考评机制，建立校级干部定期流动机制，建立校长专业化制度，适当推广校长"公推直选"。

3）逐步规范校长用人权。学校对教师聘任、中层干部任命拥有充分的决定权。探索改革教师管理机制，教育局依据学校办学规模和学生人数为学校配备教师编制，学校在额定编制内依据有关人事管理规定自主确定招聘条件、内容和形式，并对聘用教师拥有任用、考评等权力，学校在额定编制外聘用教职工由学校自行负责。

4）探索岗位淘汰机制。以绩效工资为手段，优化岗位薪酬制，构建优胜劣汰的用人机制。

2. 以推行"阳光政务"为突破口，优化学校内部治理结构，提升学校发展动力

1）建立校长负责，党支部、教代会参与决策、有效监督的学校管理机制。

2）优化学校内部治理结构，构建以人本管理为基本理念的管理新机制。建立和完善学校重大事务由全体教师大会表决通过的制度；建立有利于调动全体教职工参与学校建设和管理的学校内部管理机制，调动全体教职员工参与学校建设的积极性，形成办学合力。

3）搭建学校信息公共服务平台，健全信息公开规则及协调机制，及时、准确地公开学校教育信息，特别是人事、财务等实行"阳光政务"。

4）深化绩效工资改革，推行岗位薪酬制，建立相应的激励评价机制。

3. 以社会参与为突破口，扩大开放办学，促进学校与社会和谐共建

1）探索建立由政府、社区人士和家长等组成的参与学校管理的组织，对有关学校发展、经费使用、校本课程的开发、安全等重大事务进行协商决策。

2）引入具有较强话语权的机构与人员参与学校建设。定期联系"两会代表"（人大代表、政协代表）入校观摩、恳谈，沟通交流，邀请社区知名人士、家长代表、专业人士、片区民警等参与学校管理和建设，提高学校教育活动的知晓度与认同度。

青羊区将三个具体任务（突破点）分为三类进行试点，每个突破口先选择 2～3 所学校作为试点校试行，之后再逐渐推广。在分项试点的基础上，青羊区致力于梳理完善教育行政部门以服务支持为主，宏观管理为辅，学校自主办学，民主管理、政务公开，社会力量广泛参与的各项制度，在全区推广、完善。

（二）江苏省苏州市的现代学校制度实验学校

在《国家中长期教育改革和发展规划纲要（2010—2020 年）》《全面推进依法治校实施纲要》等政策文件号召下，江苏省苏州市积极开展了建设现代学校制度的实践探索。

2017 年，苏州市在全市范围内遴选 37 所中小学校作为苏州市现代学校制度实验学校，其中包括小学、初中、高中，以及中等和高等职业学校。为持续提升"全纳、优质、公平、适切"的教育现代化苏州形态的制度环境和法治基础，苏州市印发了《苏州市现代学校制度实验学校创建工作实施细则》（2017 年），以推进现代学校制度实验学校的创建工作。

该文件提出，以"法治、民主、公平、效能"为基本原则，"健全校务委员会制度，健全教职工代表大会制度，健全家长委员会制度，健全校务公开长效机制，健全法律顾问制度，推进现代学校文化建设，提升学校章程执行力，构建健全、规范、统一的制度体系，健全学校重大决策机制，健全校内权利救济制度"等十大基本目标。

现代学校制度实验学校的重点在"五个一"方面，即一校一规划、一校一章程、一校一课题、一校一平台、一校一特色。主张现代学校制度实验学校的创建不求面面俱到，应在一个或几个方面率先探索，形成可复制、可推广的经验。不断拓展现代学校制度创建内涵，充分发挥其引领、示范和辐射作用。

基于此，苏州市将现代学校制度实验学校建设的工作分成三大阶段，包括宣传发动阶段（2017 年 1 月—2017 年 6 月）、实验与推广阶段（2017 年 7 月—2019 年 6 月），以及总结与深化阶段（2019 年 7 月—2019 年 12 月）。力求在试点的基础上，全面反思和深刻总结现代学校制度建设的实践经验与成效，形成相关理论和技术成果，为现代学校制度持续发展奠定基础。

第三节　中小学教师人事制度改革

中小学人事制度改革是我国学校管理体制改革的重要内容之一，是各项改革中与学校教师利益最为息息相关的改革，也是国家推动事业单位人事制度改革在教育领域的体现。正是中小学人事制度的不断改革与完善，在一定程度上促进了当代中国高中教育的大发展。

一、教师人事制度改革线索

（一）改革的政策轨迹

我国中小学人事制度改革可以说自 20 世纪 80 年代就启动了。1985 年的《中共中央关于教育体制改革的决定》把调动教师的积极性作为改革教育体制的重要内容，提出要依靠教师，认真听取他们的意见，充分发挥他们的作用，还要充分注意调动学校思想政治工作人员、行政管理人员、后勤工作人员和其他工作人员的积极性。要根据他们的劳绩和贡献，给予合理的待遇和应有的鼓励。

2000 年，教育部成立了中小学人事制度改革研究小组，在总结各地改革经验的基础上，会同中央组织部、人事部积极研究拟定了《关于深化中小学人事制度改革的实施意见》，并通过推广经验、加强宣传、研究政策等工作，积极推进中小学人事制度改革。

2001 年颁布的《国务院关于基础教育改革与发展的决定》指出，大力推进中小学人事制度改革。全面实施教师资格制度……推行教师聘任制。

2002 年 5 月，教育部在北京召开了全国中小学人事制度改革工作经验交流会。会议总结了近年来各地在促进教师队伍流动和交流、改进中小学校长聘任和选拔办法、实行教师聘任制，以及提高教师待遇和完善社会保障等方面的做法与经验，研究部署了核定中小学教职工编制、推行教师聘任制度、改革校长选拔任用制度，以及教师队伍人才流动和调整优化等当前深化中小学人事制度改革的重点工作。会议要求各地着力做好以下几项重点工作：①认真核定中小学教职工编制，加强编制管理工作，为进一步深化用人制度改革打下坚实基础；②积极推进中小学教师聘任制度，探索建立与聘任制相适应的工资分配机制，努力形成优胜劣汰、激励优秀人才脱颖而出的机制；③改进和完善中小学校长选拔任用制度，积极推行校长聘任制；④建立促进人员合理流动的导向机制，抓住机遇调整优化中小学教师队伍。

为加快中小学人事制度改革的步伐，2003 年 9 月，人事部、教育部联合印发《关于深化中小学人事制度改革的实施意见》，提出了深化中小学人事制度改革的总体目标及主要任务。总体目标是：以实行聘用（聘任）制和岗位管理为重点，以合理配置人才资源，优化中小学教职工结构，全面提高教育质量和管理水平为核心，加快用人制度和分配制度改革，建立符合中小学特点的人事管理运行机制，建设一支高素质专业化的中小学教师队伍和管理人员队伍。主要任务是：加强编制管理，调整优化中小学教职工队伍结构；进一步完善校长负责制，改进和完善校长选拔任用制度；实行教职工聘用（聘任）制；完善中小学教职工工资保障机制，建立健全分配激励机制；促进人才合理流动。

（二）主要的改革成果

通过几十年的中小学人事制度改革，我国大部分省（自治区、直辖市）逐渐建立了比较完善的、符合中小学工作实际和教师职业特点的人事制度，在新进教师公开招聘、聘用制度、职称制度、定岗分流等方面不断取得新进展。

1. 实行新进教师公开招聘

2003 年以来，全国半数以上的省（自治区、直辖市）按照"公开、公平、公正"的原则，采用考试考核相结合的办法，对新进教师实行了公开招聘，创新了教师补充新机制，进一步严把教师入口关。河南、陕西、云南、青海等省份还下发了专门的文件，以规范教师公开招聘工作。

2. 教师聘用制改革稳步推进

各地在严格定编、定岗、定责的基础上，按照"按需设岗、平等竞争、择优聘任、合同管理"的原则，陆续推行了教职工全员聘任制改革。绝大部分省（自治区、直辖市）根据国家有关文件精神，结合本地实际，制定出台了深化中小学人事制度改革或者聘用制改革的政策性文件。各省（自治区、直辖市）的做法包括按需设岗、推行竞争上岗、创新聘用模式和办法、推进合同管理等。

3. 加大中小学职称改革力度，大力推进"评聘合一"试点

"评聘合一"改革取消了任职资格评审，强化学校责任和教师岗位聘任，引入竞争激励机制，是推进中小学教师职务聘任制改革，深化中小学人事制度改革的一项新的重要举措。各地在人事制度改革过程中，采取各种措施，保证评审工作的公平公正，广东于2006年进一步完善了"公开、展示、考核、评议、监督"相结合的制度，促进了职称评审工作的科学化、规范化；深圳市开发了教师职称评审系统，实行网上评审。

4. 定岗分流，妥善解决代课人员问题

全国各地结合编制核定，大力做好定岗分流，清理挤占编制人员的工作。据全国24个省份的统计，截止到2005年底，共有1641个县（市、区）的中小学完成了定岗分流任务，占全部2244个县（市、区）的73.1%，其中北京等10个省（自治区、直辖市）基本完成了定岗分流任务。2007年全国中小学有代课人员37.9万人，分别比2005年和2006年减少6.8万人和4.8万人。①

可以说，人事制度改革有力地推动了我国中小学教师队伍建设，使中小学专任教师的学历合格率、高学历教师比例和职务结构都有了较大提高，教师资格制度得以全面施行，保障了基础教育的改革发展和素质教育的实施。

---

① 中华人民共和国教育部. 中小学人事制度改革. （2015-06-30）[2018-09-05]. http://www.moe.edu.cn/publicfiles/business/htmlfiles/moe/moe_2460/200810/40000. html.

（三）高中学校改革案例

国家提出进行中小学人事制度改革以来，各省（自治区、直辖市）在地方党委、政府的领导下，结合各地实际，广泛开展了中小学人事制度改革工作，各省（自治区、直辖市）都出台了中小学人事制度改革的相关文件，由此促进了高中学校的内部改革。这里介绍山西省太原市实验中学人事制度改革的实践。

山西省太原市实验中学原名太原铁路第一中学，于1951年建校，系山西省首批34所重点中学之一。针对学校教师资源时有流失、教育软硬件资源落后，人员结构失调、行政人员超标严重，一线教师数量不足、年龄和学科结构不合理等问题，太原市实验中学于2008年正式启动了学校人事制度改革。

该学校人事制度改革主要包括三方面举措。

1）确定竞争选聘岗位范围。学校确定了竞争选聘岗位的范围，即中层干部、行政人员、初高中起始年级组长、班主任四类岗位进行公开竞争选聘。

2）建立机制组织。学校成立了领导组（领导干部）、专家组（外聘的专家）、监督组（分管纪检工作的领导、年级组长和教师代表）和考评组（教学、政教、总务和党办、校办负责人）四个组。

3）公布竞争实施流程。公布任职条件和岗位职责之后，学校按照公开报名—演讲答辩—民主评议—综合评价—考察公示—按干部和人事管理的程序任用管理人员与教学人员。中层干部竞争上岗着重突出制订实施方案，通过自荐推荐—公开报名演讲答辩—外聘的专家组审核—党委会研究—试用一年—考察公示等环节进行公开选聘。初高中起始年级组长、班主任、任课教师的选聘，重点做好两个"三"，即三个层次和三步走：三个层次包括年级组长、班主任、任课教师。三步走的第一步是年级组长的产生。年级组长实行实名自荐和推荐。在此基础上，由领导组以1∶3的比例确定各年级组长的候选人，之后进行演讲答辩和民主评议，在广泛征求意见的基础上，由领导组最后确定各年级组长的人选。第二步是班主任的产生。按照自荐或推荐的方式决定班主任人选，通过竞岗演讲—评委组评价—最后确定的程序进行。第三步是班主任和任课教师的双向选择。由班主任按1∶3的比例依序选择任课教师，采取双向选择，各得其所。落聘的教师可参加之后进行的行政人员竞岗。

经过努力，太原市实验中学的人事制度改革初见成效。

1）领导班子的凝聚力和战斗力得到增强。中层领导由原来的16人减至13

人，平均年龄由 46 岁降至 39 岁，干部的工作作风也有了变化，工作的主动性强了，思路广了，办法多了，师生满意度也随之提高了。

2）教职工的干劲得到激发，形成了积极向上的氛围。通过人事制度改革，教师基本明确了职责、理顺了关系。教职工创先争优的意识增强，精神面貌大为改观，学校中的团队合作意识逐渐增强。

3）多种学习平台得以搭建，初步建构了学习型校园。人事制度改革强化了广大教职员工的责任心、进取心和事业心，促进了学习型校园的建设，学习已成为全校教职员工主流化的一种生活方式。学校的"两坛"（专家讲坛和教师论坛）、"两台"（教学讲台和科研平台）的活动更加常态化。以互学、互研、互听、互评为主要形式的校本研训开展得有声有色，教师个人的思想政治道德修养和教育教学理论素养得到普遍提升。

类似太原市实验中学的人事制度改革在国内很多地方都有。这些改革以建立现代学校制度为导向，旨在建立稳定而充满活力的学校教师队伍，调动全体教师的积极性、主动性、创造性，全面推进学校教育教学质量的提升。

二、教师收入分配制度改革

教师收入分配制度改革是当代中国高中学校管理制度改革的一个重点，也是一个难点。改革开放之初，中小学教师工资收入参照国家行政人员工资等级而确立。改革开放以后，尤其是随着教师职称制度的恢复和完善，教师工资收入中除传统的等级工资之外，还受教龄、职称等因素影响。所以，教师工资收入是结构性的，即由工龄、职务和职称等因素决定，工资收入中通常不考虑教师工作业绩表现的因素。当然，教师收入除常规性的工资之外，一些学校还可以根据收入情况，为教师提供奖金或者津贴等报酬。

这种相对固定的工资收入，尤其是不考虑工作表现的分配方式，在市场经济发展的进程中，受到了极大的冲击。这是带有鲜明"平均主义"色彩的"大锅饭"分配制度，难以调动和激发教师教育教学工作的积极性，也不利于提高教育教学质量。

（一）等级工资制

1994 年，人事部、国家教育委员会等印发了《关于印发高等学校、中小学、中等专业学校贯彻〈事业单位工作人员工资制度改革方案〉三个实施意见的通知》，其中包括：新的中小学工资制度总称为中小学职务（技术）等级工资制。工作人员工资由职务（技术）等级工资和津贴两部分构成。职务（技术）等级工资为工资中固定的部分，主要体现工作能力、责任、贡献、劳动的繁重复杂程度；津贴主要体现各类人员的岗位工作特点、劳动的数量和质量。在各单位工资总量构成中，职务（技术）等级工资部分占 70%，津贴部分占 30%。

需要指出的是，学校教师收入分配是国家整体事业单位工作人员收入分配制度的组成部分，但学校又有着区别于一般事业单位的独特性。学校教师从事教育教学管理工作难以简单地测量与统计，因为教育对象是具有主观能动性的学生，学校教师的工作能力、责任履行、贡献大小和劳动量等并不好评判，尤其是教育教学工作需要集体力量，需要团队合作。所以，这个改革方案提出的"津贴"占各自总收入的 30%，旨在拉大教师收入之间的差距，改变以往教师工作收入的"平均主义"现象。

但是，这种"津贴"在实施过程中发挥的调节作用并不明显，原因在于教师工资收入并不高，职务等级工资在工资收入中的比例较大，不能很好地发挥工资收入的"激励机制"。

（二）绩效工资制

2006 年 10 月，财政部、人事部印发了《高等学校、中小学、中等专业学校贯彻〈事业单位工作人员收入分配制度改革方案〉三个实施意见》。在《中小学贯彻〈事业单位工作人员收入分配制度改革方案〉的实施意见》中，明确提出中小学实行岗位绩效工资制度。岗位绩效工资由岗位工资、薪级工资、绩效工资和津贴补贴四部分组成，其中岗位工资和薪级工资为基本工资。基本工资执行国家统一的政策和标准。中小学教师岗位工资和薪级工资标准，在新的专业技术人员基本工资标准的基础上提高 10%，薪级工资主要体现工作人员的工作表现和资历，绩效工资主要体现工作人员的实绩和贡献，是收入分配中活的部分。

2008 年 12 月，国务院通过了《关于义务教育学校实施绩效工资的指导意见》，决定从 2009 年 1 月 1 日起，在全国义务教育学校实施绩效工资，绩效工资分为基础性和奖励性两部分。基础性绩效工资主要体现地区经济发展水平、物价水平、岗位职责等因素，占绩效工资总量的 70%，具体项目和标准由县级以上人民政府人事、财政、教育部门确定，一般按月发放。奖励性绩效工资主要体现工作量和实际贡献等因素，在考核的基础上，由学校确定分配方式和办法。根据实际情况，在绩效工资中设立班主任津贴、岗位津贴、农村学校教师补贴、超课时津贴、教育教学成果奖励等项目。

绩效工资制要求学校在完善内部考核制度的基础上，根据教师、管理、工勤技能等岗位的不同特点，对其进行分类考核，并根据考核结果进行收入分配，进而实现"多劳多得，优绩优酬"，充分发挥绩效工资分配的激励导向作用。

2009年9月国务院常务会议提出，在公共卫生与基层医疗卫生事业单位和其他事业单位实施绩效工资。其中，2009年10月1日起，配合医药卫生体制改革，绩效工资在疾病预防控制等专业公共卫生机构和乡镇卫生院等基层医疗卫生事业单位实施。

按照相关文件要求，全国普通高中从2010年1月1日起全面实施绩效工资。

2018年1月，《中共中央国务院关于全面深化新时代教师队伍建设改革的意见》提出，健全中小学教师工资长效联动机制，核定绩效工资总量时统筹考虑当地公务员实际收入水平，确保中小学教师平均工资收入水平不低于或高于当地公务员平均工资收入水平。完善教师收入分配激励机制，有效体现教师工作量和工作绩效，绩效工资分配向班主任和特殊教育教师倾斜。实行中小学校长职级制的地区，根据实际实施相应的校长收入分配办法。

（三）问题与思考

至2018年5月，全国31个省（自治区、直辖市）都已全面施行义务教育教师绩效工资制度，且已推广到包括高中和学前教育在内的非义务教育阶段。我国中小学绩效工资制度的实施，不仅会对教师的个人工资收入与工作积极性产生影响，还会对整个教育系统的事业发展产生非常重要的影响。

但是，十年来高中教师绩效分配政策的执行仍然存在较大偏差。调查研究发现，在全国高中学校教师绩效工资实施中，还存在一些突出问题，主要表现为：①多数地区未能建立起中小学教师绩效工资总量与当地公务员津贴补贴同步同幅度调整的长效联动机制；②参照义务教育学校绩效工资执行的高中学校绩效工资实施效果不佳，忽视了高中学校与义务教育学校的差异性；③绩效工资对高中优秀骨干教师的激励效果不佳，高中优秀骨干教师对绩效工资的满意度不高；

④绩效考核与学生学习成绩联结遇到困境。

普通高中教师绩效工资制度实施遇到的困难，在很大程度上，与各地高中教育管理体系有关，也与高中学校教师工资收入的来源有关。

1）高中学校与义务教育学校即小学和初中不同，一些地区高中教师工资收入并不都是来自政府拨款。实施绩效工资的经费应该由政府全部负担还是由政府和普通高中共同负担，在部分地区有异。在有些地区，普通高中实施基础性绩效工资和奖励性绩效工资的经费全部由政府负担。但在有些地区，普通高中实施基础性绩效工资的经费由政府负担，实施奖励性绩效工资的经费则全部或者部分由普通高中负担。而这些需要承担教师绩效工资经费的高中学校，大都是在中西部地区，包括贫困地区；仅凭这些学校有限的学费收入显然难以解决这部分绩效工资的经费问题。政府在高中教师绩效工资拨款方面的缺位，是导致这些高中学校教师绩效工资实施不到位的重要原因。

2）普通高中学校中应试导向的教育教学在教师绩效考核上有显著体现。由于教育部等部门并没有出台专门针对普通高中实施绩效工资的规定，在普通高中教师绩效考核标准没有明确规定的情况下，一些学校将教师的绩效考核与学生的成绩、升学率挂钩，加剧了普通高中的"应试教育"倾向。将绩效直接与高考升学率挂钩，与学生考试分数挂钩，这种做法在实践中损害了大多数教师的利益，也影响了素质教育的全面实施。

3）高中学校之间的差异。各地的普通高中学校中普遍存在等级性差异，即省级示范性（重点）高中、区（县）级示范性（重点）高中，以及一般的普通高中。在学校核定绩效工资总量时，政府部门向这些示范高中或者重点高中倾斜，还是向薄弱的、一般的、农村的普通高中倾斜？如果参照《关于义务教育学校实施绩效工资的指导意见》中"绩效工资总量向薄弱学校倾斜"的要求，那么在核定本行政区内各所普通高中的绩效工资总量时，应向薄弱普通高中适当倾斜。但是，按照绩效的本意，在核定绩效工资总量时，政府似乎理应向优质普通高中倾斜，因为这些优质普通高中办学成效显著，并发挥着对其他普通高中的示范和引领作用。究竟如何缩小不同学校之间的差距，成为普通高中教师绩效工资制度实施的一个问题。

未来随着社会经济发展，尤其是高中教育经费的财政性投入不断增加，有理由相信我国普通高中学校的教师工资收入及其分配更为科学、更为合理、更有激励效应。

三、教师人事制度改革展望

教师人事制度改革必须以使得教师获得成就感、幸福感和建立可以调动教师积极性、主动性、创造性的中国教师制度为目标；必须在教育现代化过程中坚持"教师优先"；必须体现尊重教师及其职业的要求；必须运用教育治理的思想方法；必须确保教师队伍的可持续发展。

（一）基于新时代教师发展的要求

教师是谁？教师工作的特点是什么？我们怎么认识教师？新时代我国需要什么样的教师？这些最基本的问题，是建立合理的教师人事制度不能回避的。习近平同志有诸多关于教师的重要论述，这些论述及其思想，必须成为教师人事制度改革工作的重要依据。

2013年教师节，习近平同志向全国广大教师致慰问信。他在信中写道："百年大计，教育为本。教师是立教之本、兴教之源，承担着让每个孩子健康成长、办好人民满意教育的重任。希望全国广大教师牢固树立中国特色社会主义理想信念，带头践行社会主义核心价值观，自觉增强立德树人、教书育人的荣誉感和责任感，学为人师，行为世范，做学生健康成长的指导者和引路人；牢固树立终身学习理念，加强学习，拓宽视野，更新知识，不断提高业务能力和教育教学质量，努力成为业务精湛、学生喜爱的高素质教师；牢固树立改革创新意识，踊跃投身教育创新实践，为发展具有中国特色、世界水平的现代教育作出贡献。

"各级党委和政府要把加强教师队伍建设作为教育事业发展最重要的基础工作来抓，提升教师素质，改善教师待遇，关心教师健康，维护教师权益，充分信任、紧紧依靠广大教师，支持优秀人才长期从教、终身从教。"[1]

2014年教师节，习近平同志提出了"四有"好教师的要求，即好教师应该具有理想信念、道德情操、扎实意识、仁爱之心；并把教师工作提到了"极端重要性"的地位。

2016年教师节前夕，习近平同志又提出了"引路人"概念，即教师要成为学生锤炼品格的引路人、学生学习知识的引路人、学生创新思维的引路人、学生奉

---

[1] 人民网. 习近平向全国广大教师致慰问信.（2013-09-10）[2018-08-18]. http://cpc.people.com.cn/n/2013/0910/c64094-22864548.html.

献祖国的引路人；他还提出要让教师安心从教、热心从教、舒心从教、静心从教的要求。

总之，习近平同志对新时代教师的要求，对于实施新时代教师人事制度改革非常有帮助。需要从教师职业的特点与要求出发，从为教师服务、促进教师发展的立场出发，制定教师人事制度改革与发展的政策和举措。

教师的健康、快乐、有成就感，是教育事业发展的需要，也是教育发展的成果之一；让广大教师在教育中当家作主，应是新时代人事制度建立的根本目标。教师人事制度改革的取向不能只是直接的"减员"，而应该优先考虑教育的"增效"。建设高质量的教师队伍，才是我们教师人事制度改革的根本。

（二）认清教师人事制度改革要求

教师人事制度改革的两个基本目标为：①激发广大教师在教育现代化建设中的参与、创新、创造和贡献，使他们有获得感、成就感、幸福感；②要让广大教师主动参与教育改革，获得职业成长、专业成功、事业成就，建设出能够不断调动教师积极性、主动性、创造性的中国教师制度。人事制度改革紧紧围绕教师的参与、教师的成长，由此推动整个教育事业的发展。

所以，新时代教师人事制度改革需要做到：①把人事制度改革作为加快教育现代化的关键，体现教师优先；②体现尊重教师及其职业的要求，力求以人为本和体现专业性；③运用教育治理的思想方法，倾听教师声音，与教师对话，与教师协商，与教师达成共识，而不是以往常见的自上而下；④要从稳定、动态、更新、发展等角度出发，考虑教师队伍的可持续发展。

在建设教师人事制度的过程中，必须关注以下几个重要的因素。①政府的作为及其统筹，这个因素非常重要。政府怎么看待教师人事制度改革，影响教师数量的配置；在教师的流动、换岗中，最重要的是政府的决策。②学校层面，学校自主权与教师的参与之间的关系；强调教师当家作主，也并非教师说了算，而是辩证的关系。③稳定与分流的关系，现在讲教师人事制度就是淘汰或者分流；管理学上有末位淘汰，有的学校也是末位淘汰，并且这个末位淘汰还是由家长判断的，这对于教师队伍来说有一定的损害性，在管理层上也不是完全行得通的。分流不应该影响稳定。④教师评价与管理的创新，需要考虑怎么用专业评价方式去实施。⑤教师人事制度改革需要考虑跟其他系统的区别、协调、互动，体现教师地位与特殊性。

（三）创新教师人事制度改革思维

改革教师人事制度，涉及对一些基本概念的重新认识，只有转变一些传统观念，才能建立新时代促进学校发展的人事制度。

1）编制数量的确定方法要改变。现在都是用经济学的效率思想确定编制。当前我国已经是世界第二大经济体，教育经费能不能在人力资源方面更加充足一些？能不能让教师在岗位上也有更多"空闲"余地？人力资源充足应该是未来教师队伍发展的重要方向，师生比不能成为教师数量及其配置的"唯一"因素。

2）职称是评价教师教育教学成就及其水平的指标，但是，职称不能与岗位的概念捆扎在一起。从人事配置与工资分配的角度看，经费更应该注重岗位，学校之中需要确立各种岗位等级，教师收入与胜任岗位的绩效相联系，这样才能发挥绩效工资的效应。

3）人事制度本质不只是管理教师，而是更有效地服务于教师，促进教师的发展。所以，教师人事制度的建设与改革，要从教师出发，要依赖教师的参与，要为学校留出更多的空间，千万不能"一刀切"。在教师管理与考核上，千万不能简单地采用"考"教师的方式方法。

4）学校中除了专职教师之外，还可以考虑发展更多的兼职教师、共享教师、流动教师、网络教师等新型教师，尤其是在满足学生个性化发展的高中学校中，教师与学校之间并不一定是一对一的关系，难以用传统的人事制度予以管理。

5）人事制度改革必须有不断增长的经费保障。必须以教师工资收入的稳定增长来体现教师职业的尊严和社会地位，这样教师才能安心从教、终身从教，成为一个合格的教师。

第六章
现代普通高中学校体系的建设

　　随着我国九年义务教育实现全面普及和免费,高中教育发展进入大众化阶段,"人人有学上"的教育机会平等问题已经得到解决。然而,优质教育作为稀缺资源,日益成为社会和人们争相追逐的对象。推动优质教育资源的发展,特别是推动现代化的优质高中学校建设显得尤为重要。改革开放以来,建设现代优质普通高中学校体系,一直是高中阶段教育发展的特征之一,与这一特征相关的政策和实践主要表现在重点中学制度、示范性高中建设,以及特色高中学校发展等方面。

第一节　重点中学制度

重点中学制度是中华人民共和国成立初期教育资源匮乏的制约，以及"快出人才、出好人才"的现实要求的产物。自提出以后，重点中学政策经历了多次反复，对我国高中教育发展乃至义务教育的发展产生了重要影响。尤其是改革开放以来，重点中学制度更是获得了快速发展，并产生了巨大社会影响和效应。

一、重点中学制度的发展历程

回顾我国重点中学制度的发展，可以将其分为三个阶段：第一阶段是中华人民共和国成立初期至改革开放，即 20 世纪五六十年代，这是重点中学的产生与发展初期；第二阶段是改革开放起至 20 世纪 90 年代中期，这是重点中学恢复、整顿与大发展期；第三阶段则是 20 世纪 90 年代中期以后重点中学政策的再调整期。

（一）重点中学的产生与发展初期

中华人民共和国成立后不久，国家就提出要创办重点中学。1953 年 5 月，中共中央政治局举行会议讨论教育工作，会议决定"要办重点中学"。随后，教育部发出通知，要求在全国积极充实和重点办好高级中学和完全中学，以逐步提高中学教育质量，培养合格毕业生，请各省、市、自治区选定学校。

1953 年 6 月，教育部在北京召开了第二次全国教育工作会议，颁布了《关于有重点地办好一些中学与师范学校的意见》。同年 7 月，教育部将此次会议关于中学和师范教育工作的几项决定通知各地，要求有重点地办好一些中学与师范学校，取得经验，指导一般，并分别规定了各地应办好的中学数量，全国重点中学的总数为 194 所，占全国中学总数的 4.4%。

　　然而，这一办好部分重点中学的要求与当时中国教育事业大发展的形势需求格格不入，此后一段时间，教育又开始了规模上的扩张，高中招生人数不断增加。以至于到 1959 年 4 月，周恩来在全国人民代表大会《政府工作报告》中提到，在各级全日制的正规学校中，应当把提高教育质量，作为一个经常的基本任务，而且应当首先集中较大力量办好一批重点学校，以便为国家培养更高质量的专门人才，迅速促进我国科学文化水平的提高。1954 年 5 月，教育部发出通知，要求继续办好 1953 年所确定的应重点办好的中学。

　　20 世纪 60 年代，国家继续提倡创办重点学校。1961 年 9 月，教育部部长杨秀峰在中共中央工作会议上发言时指出：1962 年和 1963 年这两年，"在各级各类学校中，确定一批重点学校，规模不要过大；努力改善各种条件，认真办好"。1962 年 12 月，教育部颁发了《关于有重点地办好一批全日制重点中、小学校的通知》，要求各省、市、自治区确定要办好的全日制重点中、小学的学校名单，总的原则是数目不宜过多，以便集中力量，尽快地把这批学校办好，然后视可能条件，再分期分批地扩大这批中小学校的数量。该通知还提出了办好这批学校的具体措施。

　　1963 年 1 月，教育部针对重点办好一批中小学的有关问题复函云南省教育厅，指出：要保持和逐步办好一定数量的全日制中小学，作为教育事业合理布局的稳固基础，与高一级学校形成"小宝塔"。这类学校的数量和规模要考虑和高一级学校的招生保持适当比例，高中应该全部包括在这类学校内。同时还指出，有重点地办好一批基础较好的学校，就是要集中力量办好一批"拔尖"的学校。教育部的这一"指示"确定了重点中学的"拔尖"性质。

　　此外，教育部还在教师编制方面赋予了重点中学"优越性"。1962 年 5 月，中共中央批准了教育部党组关于普通中学的编制，提出重点高中每班教职工为 4 人，其中教师为 3 人；而一般高中每班教职工为 3.6 人，教师为 2.6 人。[①]

　　这一时期，全国重点中学已形成一定规模。据 1963 年 9 月统计，27 个省（市、自治区）确定的重点中学共有 487 所，占所有公办中学数量的 3.1%，其中有 6 个省（市、自治区）的重点中学占所有公办中学的的比例高于 5%。同时，重点中学的地域分布也比较鲜明：北京、吉林、江西等 9 省（市、自治区）的 135 所重点中学中，位于城市的有 84 所，占 62%；县镇重点中学有 43 所，占 32%；农村

---

①《中国教育年鉴》编辑部. 中国教育年鉴 1949—1981. 北京：中国大百科全书出版社，1984：167.

重点中学 8 所，只占 6%。还有 7 个省（市、自治区）没有农村重点中学。[①]

从这一数据中，可以看到在当时情况下，重点中学的建设与分布已经存在着地域上以及城市和农村之间的差别。

（二）重点中学的恢复、整顿与大发展期

"文化大革命"的十年间，我国的重点中学遭到了严重破坏。1977 年，邓小平在一次座谈会上提出，为了适应社会主义现代化培养建设人才的需要，先集中力量办好一批重点学校。

根据邓小平重点办好一批重点学校的指示，1978 年 1 月，教育部颁发了《关于办好一批重点中小学的试行方案》，对办好重点中小学的目的、任务、规划、招生办法和加强领导等问题都作了规定，并列出了直接由教育部办的 20 所重点中小学名单。同年 8 月，鉴于整个国家财政体制的改革，经教育部与各地协商，原教育部办的 20 所重点中小学，改由所属的省、市、自治区教育部门领导管理。

1980 年 10 月，教育部印发了《关于分期分批办好重点中学的决定》，其肯定了自 1978 年以来重点中学建设的成就，重点中学的面貌得以显著改善，教学质量得到了提高，并进一步提出了办好重点中学的具体要求。同时，该文件也指出了一些亟待解决的问题：①集中力量办好重点中学还不够，不少重点中学还没有"重"起来；②忽视了德、智、体全面发展，违背教育规律，单纯追求升学率的现象，加重了学生负担。

根据这个决定，各省（直辖市、自治区）确定了首批办好的重点中学。到 1981 年底，全国共有重点中学 4016 所，占全国中学总数的 3.8%。[②]

（三）重点中学政策的再调整期

重点中学的建设，在一定时期内满足了我国快速提高教育质量、建设优质学校、"快出人才、出好人才"的要求。特别是在 20 世纪六七十年代受计划经济体制的影响教育呈现"平均主义、政治至上"特征的情况下，重点中学政策一直稳步推进。

然而，随着我国社会的不断发展，经济体制逐步向市场经济方向转变，特别是在 20 世纪 80 年代至 90 年代末"效率优先、兼顾公平"这一教育政策导向的影

---

①《中国教育年鉴》编辑部. 中国教育年鉴 1949—1981. 北京：中国大百科全书出版社，1984：168.
②《中国教育年鉴》编辑部. 中国教育年鉴 1949—1981. 北京：中国大百科全书出版社，1984：168.

响下，人们对优质教育资源的需求和教育消费的能力越来越强，重点高中成为学生家长争相追捧的对象，"择校热"愈演愈烈。

与此同时，由于优质教育资源的稀缺性，重点高中开始了争夺优质生源、狠抓升学率等方面的竞争，应试教育现象出现。再加上，只有一部分高中学生能够享受到优质教育，重点高中不断受到"有悖教育公平"的诟病。

另外，重点中学政策也对其他普通中学造成了不利影响。受国家教育政策的影响，许多地区都将重点中学作为重点扶持的对象。特别是在那些经济不太发达的地区，当地领导部门聚集所有力量办好重点中学，重点中学不仅获得政策上的支持，也得到了财政、物质等多方面的优待。相比之下，非重点中学的办学情况则没有受到重视甚至被忽视，对非重点中学的教育教学产生了消极影响。

随着重点中学的本质缺陷越来越多地暴露出来，其负面效应远远超过了正面效应，严重威胁着教育公平的进程。

为了解决重点高中发展过程中的这些问题，1993 年发布的《中国教育改革和发展纲要》提出"全国重点建设 1000 所左右实验性、示范性的高中"的口号。1995 年，国家教育委员会又发布了《关于评估验收 1000 所左右示范性普通高级中学的通知》，各地掀起创办实验性示范性高中的热潮，"重点高中"这一名称逐渐消失，取而代之的是"实验性示范性高中"的大力发展。

二、重点中学制度的基本特点

（一）重点中学的规定

我国颁布的一系列关于办好重点中学的政策文件中，部分地对重点中学的组织建设进行了规定，这些具体规定反映出了重点中学的组织机构特点。如 1962 年颁布的《教育部关于有重点地办好一批全日制中、小学校的通知》提出，这批中、小学校应当分别贯彻执行全日制中学和小学暂行工作条例（草案），实行教育部规定的全日制十二年制中、小学教学计划，按照条例（草案）提出的培养目标和教学计划的具体要求，切实提高教育质量，提高教学水平，并且注意总结和积累提高中、小学教育质量的经验。

《教育部关于有重点地办好一批全日制中、小学校的通知》还对办好这批中学的措施给予具体规定：①在学校规模上，提出高中每班以 40 人为宜；②在领导力量和教师队伍方面，要有坚强的领导核心，有合格的、足够数量的教师（各学校各年级都要有骨干教师）；③在教育教学所需的物质条件方面，应当有配套使用的校舍和图书、仪器、体育、卫生等设备。中学还应当有足够用的物理、化学、生物实验室和图书阅览室；④在招生方面，可以在较大的地区范围内择优录取德、智、体几方面条件较好的新生。

1980 年教育部印发的《关于分期分批办好重点中学的决定》也对切实办好重点中学提出了具体要求，包括搞好领导班子的建设、建设一支合格的教师队伍、改进和加强学生的思想政治工作、认真进行教学改革、确定学校的规模、改善办学条件、充实和更新教学设备等多个方面。其中，在教育改革方面提出，重点中学学制要有步骤地改为六年。要改革课程设置，增设职业技术教育课，设立选修课。要努力提高课堂教学质量，加强基础知识的教学和基本技能的训练，注意培养能力。要积极开展各项课外活动，开阔学生的视野，发展他们的爱好和特长。

在学校规模方面指出，完中一般以二十四个班为宜，最多不能超过三十六个班；高中以十八个班为宜，最多不能超过二十四个班。要严格控制每班名额，一般以四十个人为宜。最多不要超过五十个人。在办学条件和教学设备方面提出，要有足够的教学用房、合格的教室和课桌椅……建设够用、合格的实验室（物理、化学至少要各有二个，生物学至少要有一个）。

这些政策规定提供了重点中学在组织建设方面的依据。然而，随着改革不断向前推进，我国社会经济不断发展，国家的财力、物力、人力都得到了极大丰富，各地重点中学的组织机构建设出现了更新、更好的景象。由于经济发展的地区差异，不同地区的重点中学建设也存在办学条件和水平方面的差异。

（二）重点中学的特征

作为受国家重视并得到重点建设的学校，重点中学无论在硬件设施（资金、办学条件、各类基础设施）或是软件条件（国家政策支持、教师）方面，都比普通中学具有绝对的优势。因此，重点中学的办学有着鲜明的特征，主要表现为重点中学的质量的优质性、招生的选拔性和分布的不均衡性。

1. 质量的优质性

重点中学政策的提出就是为了满足中华人民共和国成立初期快速提高教育质量的需求。"要办重点中学、办好重点中学"是建设重点中学的重要指导思想，重点中学也肩负着"为国家培养更高质量的专门人才，迅速促进我国科学文化水平的提高"的历史重任。因此，"优质"是重点中学的内在要求。

同时，国家在重点中学的建设方面也给予了政策上的倾斜。如1961年教育部部长杨秀峰在中共中央工作会议上提出的，要努力改善重点中学的各种条件；1962年中共中央批准的普通中学编制中，重点中学每班教职工数及教师数都比一般中学要高；等等。在我国集全国人民之力办好重点中学的现实情况下，重点中学呈现出优质性的特征。

2. 招生的选拔性

选拔性是重点中学的又一特点。"有重点地办好一批中学"或是"办好一批重点中学"这一政策本身就反映了重点中学具有一定的代表性，并不包括全部中学。这样一来，就读于重点中学的只是少部分学生，这也就意味着在招生等方面，重点中学必定具有选拔的性质。

1962年，教育部颁发的《关于有重点地办好一批全日制重点中、小学校的通知》提出重点中学的建设"数目不宜过多，以便集中力量，尽快地把这批学校办好"；1963年，教育部在复函云南省教育厅时明确指出，重点学校是"拔尖"的学校，"拔尖"就意味着重点学校具有人才选拔的功能。特别是20世纪80年代以来，重点中学逐渐暴露出忽视学生德、智、体全面发展，单纯追求升学率的弊端，其选拔性越来越突出。

3. 分布的不均衡性

重点中学的建设还表现出不均衡的特征。最初在教育部印发的《关于有重点地办好一些中学与师范学校的意见》（1953年）中，就根据全国各地情况的差异，有差别地规定了各地建设重点中学的数量。

之后，教育部颁发的《关于有重点地办好一批全日制重点中、小学校的通知》（1962年）再次提出，各省、市、自治区选定若干所中学（进行重点建设），"基础好的地区可以多一些，基础差的地区可以少一些"，体现出重点中学数量在地域上的差异与不均衡性。

（三）不同的地方实践

在国家提出重点中学政策以后，特别是自《中国教育改革和发展纲要》（1993

年）提出"每个县要面向全县重点办好一两所中学，全国重点建设 1000 所左右实验性、示范性的高中"的目标以来，各地纷纷启动重点中学的建设并确定建设目标，有些地区还出台了本地的重点中学评估验收标准。由于不同地区在地域、经济、文化等方面存在差异，各地的重点中学建设也呈现出不同的情况。

1. 江苏省

1989 年 12 月至 1990 年 10 月，江苏省进行了首批 30 所重点中学的检查验收工作。到 1994 年底，该省先后共开展了四批重点中学的检查验收工作，最终有 99 所高中被确认为合格重点高中。

为总结基本经验，进一步办好这批骨干学校，江苏省教育委员会于 1994 年 11 月召开全省重点高中和部分完中校长会议。会议指出，在新形势下，重点高中要切实树立现代化的教育思想，特别是在课程建设方面要形成学科性、活动性、环境性课程相互补充、互相渗透的复杂课程结构；要认真改革和加强德育工作，讲究德育工作的针对性和实效性；要在加快推进学校现代化的基础上，逐步实现学校管理的现代化，积极推进办学体制改革和学校内部管理改革。[1]

1995 年，江苏省提出继续办好并创建一批新的省级重点高中的要求。在国家制定的普通高中办学标准的基础上，省教育厅颁发了《江苏省重点高中合格标准》，以及《江苏省重点高中评估验收细则》。该省创建重点高中的特色是实行"一把尺子量到底"（将合格标准比作尺子），不规定比例，也不限制数额，形成由各地申报、省组织评估、验收合格发文授牌这样一套激励运行机制。

同时，江苏省以创建重点高中为龙头，带动了高中教育的办学规模的扩大和办学水平的提高。各地把创建重点高中与布局调整、改造薄弱学校紧密结合起来，认真规划，积极争创。各市还分别制定了市级重点高中的验收评估标准，帮助办学基础较差的学校实现逐级发展，使不同层次学校的办学水平和管理水平都得以提升。

创建重点高中的工作还带动了农村中学的办学水平迅速提高。江苏省有 117 所省级重点高中建在乡镇，较好地满足了农村学生接受优质高中教育的愿望，缩小了城乡教育的差距，促进了教育的均衡发展，使得"重点高中"不再是县级以上地区的特色。与此同时，一些"公办民助""民办公助"和民办高中也参照重点高中标准发展，成为创建优质高中的重要力量。

---

[1]《中国教育年鉴》编辑部. 中国教育年鉴1995. 北京：人民教育出版社，1995：453-454.

此外，江苏省还把各地扩大优质高中的积极性引导到提升整体办学水平的方向上。全省规定，凡是有拖欠教师工资或有危房存在的县，申报省级重点高中不予验收。在验收细则中规定"贯彻教育方针""示范性和实验性""学校管理"占评分总量80%，基本实施占20%，以此促进学校提高干部和教师两支队伍水平，增强重点高中的辐射作用，以点带面，提高整个高中阶段教育水平。截至 2002 年，该省省级重点高中已达 310 所。①

2. 湖南省

1994 年，湖南省坚持"重点中学重点办"的原则，要求把重点中学办出高质量、有特色、现代化的示范学校。湖南省教育委员会拟定了《湖南省重点（实验）中学标准和管理暂行办法》（征求意见稿），进一步建立和完善了重点中学的评估制度，成立了重点中学评审委员会，颁布实施了《湖南省重点中学资格评审委员会工作章程》。

在国家教育委员会颁布关于示范性高中验收评估的通知后，湖南省仍在继续开展重点高中的建设工作。1997 年 12 月，湖南省教育委员会在全省普通高中教育暨中小学基础薄弱学校建设工作会议上，提出到 20 世纪末，全省将办好 100 所左右的重点高中，力争使其中 60 所左右的重点高中列入全国 1000 所示范高中的重点中学建设目标。②

1998 年，为了加强省级重点高中的建设与管理，推动省普通高中教育改革与发展，湖南省教育委员会颁发了《湖南省重点高中等级管理办法（试行）》，赋予省级重点高中全面贯彻教育方针，全面提高教育质量，坚持改革、实验、示范、高质量、有特色、现代化，经评审合格并授牌的高级中学的内涵。

2003 年 4 月，湖南省教育厅再次印发了《湖南省重点高中管理办法》，指出创办省级重点高中，"扩大优质高中资源"的目的，要求省级重点高中必须模范执行国家的教育方针和有关法律法规，按照"改革、实验、示范、高质量、有特色、现代化"的要求办学……省级重点高中的确定，须经申报、指导、检查、评审、认定等基本程序……所有省级重点高中原则上五年内须接受一次综合性督导评估。

---

① 戴嵩松，赵建春. 江苏省级重点高中占总量近四成. 中国教育报，2002-07-28（01）.
②《中国教育年鉴》编辑部. 中国教育年鉴1998. 北京：人民教育出版社，1999：638.

第二节　示范性高中建设

随着我国高中阶段教育的普及发展，尤其是20世纪90年代中期教育公平观念的接受与传播，重点中学制度日益受到各方的质疑，由此出现了"示范性高中"学校建设的新方向。

所谓示范性高中，是指那些全面贯彻党的教育方针，模范执行教育法律法规和有关政策，办学思想端正，积极开展教育教学改革，师资力量强大，办学条件好，管理水平高，办学有特色，积极实施素质教育，学生德智体等方面全面发展，具有较高声誉，对其他同级同类学校发挥示范作用的普通高级中学。

一、示范性高中产生的背景

20世纪七八十年代以来，随着重点中学单纯追求升学率、忽视学生德智体全面发展的弊端逐渐凸显，如何解决这些问题成为全社会关注的焦点，也是重点中学发展面临的课题。

1983年8月，教育部在《关于进一步提高普通中学教育质量的几点意见》中提出，重点中学应成为模范地贯彻党的教育方针，教育质量较高，具有示范性、试验性的学校。重点中学应逐步成为本地区中学开展教育、教学研究活动的中心。由此，"示范性、实验性"作为重点中学的建设目标被提出。

之后，1994年7月发布的《国务院关于〈中国教育改革和发展纲要〉的实施意见》再次明确了重点中学的示范性的价值取向。该文件提出到2000年"全国重点建设1000所左右实验性、示范性高中"的目标。自此，一系列关于推进实验性、示范性高中的政策不断出台，与之相应，重点中学政策逐渐退出历史舞台。

1995年7月，国家教育委员会颁发了《关于评估验收1000所左右示范性普通高级中学的通知》，要求各地把建设示范性普通高中作为促进基础教育发展的战略任务来抓。与此同时发布的还有《示范性普通高级中学评估验收标准（试行）》，按照教育部的要求，示范性高中的建设要遵循"改革、实验、示范、高质量、有特色、现代化"的办学思想。

1999 年 8 月，教育部印发了《关于积极推进高中阶段教育事业发展的若干意见》，提出要加强示范性高中建设，扩大示范性高中的招生规模，努力满足人民群众对高质量高中阶段教育的需求。

2001 年 6 月，《国务院关于基础教育改革和发展的决定》再次提出，各地要建设一批实施素质教育的示范性普通高中。此后，实验性、示范性高中的口号逐步取代了重点中学的口号，全国各省市原有的"重点高中"相继改名为"实验性、示范性普通高中"。

之后，教育部还进一步发布文件规范示范性高中的建设与评比工作。2006 年 5 月，教育部发布了《关于进一步规范普通高中建设兴办节约型学校的通知》，提出各地要进一步规范示范性高中建设与评估工作，调整评估指标和重点，强化反映学校实施素质教育、提高教育质量等方面的要求，加大与教育教学密切相关的教师、班额、图书、实验仪器、电教设备等项目的权重，减少不必要的硬件建设要求，引导学校更加重视质量提高和内涵发展，引导学校更加自觉地建设节约、环保、和谐、安全的校园。

二、示范性高中的主要特点

示范性高中的特点集中地反映在政策文件对示范性高中建设的相关规定中。1995 年国家教育委员会发布的《关于评估验收 1000 所左右示范性普通高级中学的通知》给出了示范性高中的定义，示范性高中应是全面贯彻教育方针，模范执行教育法律、法规和有关政策，办学思想端正，积极开展教育教学改革，教师素质和办学条件好，管理水平和教育质量高，办学有特色，学生德智体全面发展，社会和高等院校对其毕业生评价较好，有较长的办学历史，在省（自治区、直辖市）内、外有较高声誉的普通高级中学。这也是政府文件中唯一一次对示范性高中进行界定。

与其同时发布的《示范性普通高级中学评估验收标准（试行）》提出，示范性高中在加强德育工作、教育教学改革、教育科学研究、学校管理、勤工俭学等方面对其他一般普通高级中学起示范性作用，在师资培训，设备使用等方面发挥基地作用。该文件还从办学条件方面提出了示范性高中的评估标准，包括学校班级规模、教学设施设备、校长任职条件、师生比等多个方面。具体而言，示范性高中集中呈现出示范性、优质性、辐射性和探索性等特点。

（一）示范性

"示范性"是示范性高中的重要特征，国家提出建设示范性高中就是为了发挥其实验性、示范性作用。《示范性普通高级中学评估验收标准（试行）》中对示范性高中的界定，提出了示范性高中应该在规范办学、办学思想、课程实施、教学改革、师资力量、促进学生全面发展、学校质量和声誉等方面具有示范性作用。

这种示范性作用具体表现为：①有先进的办学思想与理念，为其他学校提供示范；②有先进的教育教学设施，在办学条件上有示范引领作用；③学校的教育教学成效突出，尤其在服务社会和促进学生全面发展上成效突出，是其他学校学习的榜样；④学校积极开展教育改革，学校管理水平高，对其他学校有示范与辐射作用。

此外，示范性高中的"示范性"还可以反映学校办学特色的示范，即在办学理念、课程设置、教学特色、教师专业发展、校园文化等方面有示范作用；在培养学生个性、特长发展、全面发展和创新人才培养等方面都有示范作用。

（二）优质性

示范性高中的"优质性"是其应有的本质特点。只有优质性的存在，它们才能具有示范的作用。所以，这些学校办学思想先进、教育教学改革积极、教师队伍素质水平高、校园与办学条件良好、学校管理水平高、办学质量高。

事实上，各地区示范性高中绝大部分都是之前的重点高中，这些高中长期以来受到政策上，以及当地政府与社会各界的财政扶持，在办学条件、师资力量（凭借优越的办学条件和福利待遇吸引优秀骨干教师加盟）、生源质量（招收当地中考成绩最好的学生）等方面，较之其他高中学校都具有极大的"优越性"基础。

因此，无论是从"硬件"（办学条件、教学设施等），还是从"软件"（政策支持、师资力量、生源水平等）来说，示范性高中与重点中学一样都具有优质性的特点。

（三）辐射性

示范性高中评选与建设的目的在于积极发挥这些优质高中的示范、辐射与引领作用，将自身的优质教育资源辐射到其他学校，鼓励并带动其他高中学校的发展。

《关于评估验收 1000 所左右示范性普通高级中学的通知》（1995 年）中明确规定，申报示范性高中学校所在县（市、区）必须普及九年义务教育并验收合格；必须有对薄弱高中扶持、改进的积极措施，并取得一定成效。在这一政策的规定下，示范性高中必须肩负起扶持薄弱高中的责任和使命。

所以，示范性高中在办学理念、学校管理、课程设置、教师发展、促进学生全面发展、校园文化等方面积极将自身的实践与经验辐射到其他学校，在自身发展的同时带动其他学校的发展。

在这一点上，全国各地有很多成果的案例和经验。

（四）探索性

示范性高中的"探索性"主要表现为，学校根据自身历史、基础和发展目标，而提出自己学校的发展理念，制定合理规划，实施课程教学改革，促进教师专业发展，推动教育教学研究，鼓励学生个性化成长和全面发展，进而实现学校办学的高质量。

这种探索性主要体现为学校内的全方位教育改革，力求通过改革促进学校发展，建立现代学校多样化发展格局。这种探索性也可以认为是实验性的。例如，上海在建立示范性高中学校实践中，明确定位于实验性示范性。

事实上，示范性高中建设政策文件中也提出，示范性高中的评选与挂牌并不是"终身制"的，要求示范性高中建设要与时俱进。上海市规定，实验性示范性高中每 3 年复核 1 次，违反教育法律法规和政策情节严重者将被取消称号。

三、示范性高中的地方实践

在创建示范性高中方面，上海市走在了全国的前列，其他省市紧随其后，纷纷开展示范性高中的创建与评比工作。

（一）上海市

上海市推进实验性示范性高中建设旨在逐步建构起"现代学校发展"的框架系统，探索构建一个社会化、开放性、发展性的"现代学校评估机制"，激活学校发展潜力，形成学校自身发展能力，让学校成为充满活力的、可持续发展的现代学校。

1997年，上海市制定了《关于本市实施示范性学校（普通高中）建设工程的意见》，确定了建设10多所现代化高标准寄宿制高级中学的目标。

1999年4月，上海市教育委员会发布了《关于本市开展"实验性示范性高中"规划评审的意见》，正式启动了实验性示范性高中建设工程。至2004年底，全市有49所学校通过了创建实验性示范性高中规划的总结性评审，其中28所学校获得了上海市实验性示范性高中学校称号。①

2004年，上海市教育委员会颁布了《上海市实验性示范性高中管理办法》，明确了实验性示范性高中的任务是传播先进教育思想、管理经验和教育成果，承担国家和市基础教育改革实验任务，举办市公开主题活动；成为市教育科学实验研究基地学校，成为培养和输送骨干校长与优秀教师的摇篮；承担帮助相对困难学校的对口支援工作，在师资、教研、教学设施等教育资源方面提供支持，帮助对口学校提高办学水平，促进全市基础教育均衡发展；在推动社区先进文化建设中发挥积极作用，并形成学校办学特色。

同年，上海市又出台了《关于进一步推进本市实验性示范性高中建设的若干意见》，提出了示范性高中的建设要求，包括：①学校依法形成自主发展的机制；②学校依法办学具有示范性；③学校积极推进教育改革实验；④学校能带动和支持办学困难学校的发展；⑤学校办学有较好的社会声誉，积极参与并推进地区先进文化建设；⑥学校办学具有国际视野，能经常性开展国内外教育文化交流，并积极引入先进的教育理念；⑦学校在硬件建设方面对学校教育改革与发展起到保障和促进作用。

2005年10月印发了《上海市教育委员会关于对本市实验性示范性高中开展年检工作的通知》，提出每年11月份对已命名的上海市实验性示范性高中学校进行年检工作，并及时在12月将年检结果向社会公布。该文件还在指导思想、年检

---

① 《中国教育年鉴》编辑部. 中国教育年鉴2005. 北京：人民教育出版社，2005：629.

内容和工作要求等方面提出了具体要求。

2007 年，上海市在完成实验性示范性高中年检工作之后，编制了《上海市实验性示范性高中 2006 年度检查报告》白皮书。2017 年 9 月，上海市举办实验性示范性高中发展性督导评估专家培训会，标志着上海市实验性示范性高中发展性督导评估工作正式启动，也进一步完善了上海示范性高中学校建设的体系。

至 2017 年底，上海市的实验性示范性高中学校数量达到 67 所。

（二）黑龙江省

1999 年，黑龙江省制定了《黑龙江省示范性普通高级中学标准》，第二年又颁布了《黑龙江省示范性普通高中评审细则》。

2003 年，省教育厅等部门发布了《关于进一步加快普通高中教育发展的意见》，将加强示范性普通高中建设，"十五"期间到 2010 年，努力建设 30 所左右国家级、60 所左右省级示范性普通高中，每县都要办好 1 所示范性普通高中作为重要目标。

2007 年，该省发布了《黑龙江省国家级示范性普通高中建设方案》，倡导各市、区、县要坚持"重建设、重过程、重发展"和"开放性"原则，积极创建国家、省、市三级示范性高中学校的建设，并通过示范性高中建设发展优质高中，推进普通高中教育的均衡、协调和可持续发展。

根据这些文件的精神，2009 年，黑龙江省教育厅确立了省级示范性普通高中评审制度，由省教育厅成立黑龙江省示范性普通高中建设领导小组，负责全省创建示范性普通高中的指导和评审工作；学校按照省教育厅下发的黑龙江省示范性普通高中标准和细则进行自查，形成自查报告，由主管教育行政部门审核，同意后，向市（行署）和农垦、森工总局教育行政部门申请初检，上报省里集中组织论证，进行过程性论证；经市、行署、总局教育行政部门初检合格后，省辖市、行署主管学校由市、行署、企业教育行政部门向省教育厅申请报告，县（市）管辖的学校由县（市）人民政府向省教育厅提出申请报告。

省示范性高中建设验收领导小组根据各地的整改情况，组织研评，提出整改意见。工作小组赴学校实地研评，提出研评意见，并向省示范性普通高中建设领导小组汇报研评情况。之后，申报学校根据研评意见整改，申请复核；最后，省教育厅组织专家复核，经过厅长办公会讨论验收情况后，予以命名挂牌。

2000 年、2002 年和 2005 年，黑龙江省先后进行了三次省级示范性高中的评审工作。2006 年，黑龙江省在总结前三批示范性高中建设经验的基础上，采取网上论证的方式，对第四批申报的 26 所学校进行了网上论证，20 所学校进入评估阶段。各市（行署）的市级示范性高中的论文研评工作也已经全面展开，这对于扩大优质教育资源、提高高中教育总量和质量、缓解瓶颈压力起到了良好的推动作用。

2011 年，黑龙江省还将"继续推进省、市两级示范高中建设，扩大优质教育资源，让更多学生享受公平、优质普通高中教育"作为省教育厅的工作要点之一。至 2017 年底，黑龙江省示范性高中学校达到了 100 多所。

（三）福建省

2001 年，福建省教育厅印发了《福建省国家级示范性普通高中评估验收办法及评估细则（试行）》，对 9 所省一级达标中学开展了创建国家级师范性高中的调研，为 2002 年正式启动省级试评估工作奠定基础。

2003 年，省教育厅印发了福建省《示范性普通高级中学评估办法（试行）》和《示范性普通高级中学评估标准（试行）》，将建设和评估示范性高级中学作为加快普通高中建设和发展的一项重要措施，决定用 3～5 年时间重点建设并分期分批评估验收 30 所左右示范性高中，指出了评估验收应遵循的原则：重在过程，促进发展；率先实验、加强示范；软件从严、硬件从实；动态管理、定期复查。

福建省《示范性普通高中评估标准（试行）》共设 A 级指标 7 项，B 级指标 19 项，C 级指标 66 项，总分为 1000 分，总分达到 850 分以上为合格。2006 年，福建省教育厅又及时对示范性高中的评估标准进行了调整和修订，强化了申报学校的办学思想、学校管理、课程改革等"软件"建设的要求，加大与教育教学密切相关的教师、班额、图书、实验仪器、电教设备等项目的权重，减少一些不必要的硬件建设要求。

为进一步推动示范性普通高中建设，福建省教育厅发布了《关于遴选培育福建省示范性普通高中建设学校的通知》，提出"十三五"期间，通过培育省级示范性普通高中建设学校，进一步强化立德树人根本任务，进一步创新教育管理机制，进一步深化课程教学领域改革，强化内涵建设，有效提高人才培养质量和办学水平，建设形成内涵深厚、质量优异、特色鲜明、高考综合改革成果突出、社会公认、辐射带动作用显著的省级示范性普通高中 35 所左右，其中若干所教育教学改革取得重大突破，成为有全国影响力的知名高中的建设目标。具体先以目标管理、过程建设形式，在全省范围内遴选省级示范性高中建设学校 50 所左右，经 4 年培育建设，最终再从中验收确认省级示范性高中 35 所左右。

2018 年 3 月 6 日，福建省教育厅公布首批 34 所省级示范性高中建设学校，另有 11 所省示范性高中候选建设学校，半年后视整改情况再行确定。

第三节　特色高中学校发展

随着示范性高中建设的逐步推进，一批"示范性高中"取代了原有的"重点高中"，成为各地重点支持发展的对象。然而，这种改革也遭遇到了一些质疑。在一些地方，这些示范性高中仍然清一色的都是当地原先的重点高中，在实践中，普遍存在同质化办学模式，仍然存在过于注重追求升学率的现象，没有真正发挥应有的示范作用。为了改变这种高中办学"千校一面"的现象，国家提出要鼓励示范性高中办出特色、实现特色发展，提出高中学校多样化发展的新政策。

一、高中多样化发展的政策要求

2010 年颁发的《国家中长期教育改革和发展规划纲要（2010—2020 年）》明确了高中阶段教育发展的任务，即"推动普通高中多样化发展，鼓励普通高中办出特色"。在高中多样化发展的支持引导下，特色高中学校建设成为中国普通高中学校发展的新样态。

2010 年，中央教育科学研究所（今中国教育科学研究院）牵头制定了《普通高级中学特色学校建设方案（征求意见稿）》，提出我国将用 10 年左右的时间，以三年为一个周期分三期推进普通高中特色学校的建设工作。从 2010 年起的第一个周期内全国将形成 30 多所特色高中，第二个周期内形成 100 所特色高中，第三个周期内形成 500 所特色高中。同时开始了在全国范围内开展特色高中的评选工作。

由此，许多省市都将特色高中建设作为高中学校发展的一大目标，并将其写入本省市的教育发展规划纲要中。如北京市将"开展特色高中建设试点"作为探索学校多样化发展的新途径之一；湖北省提出"推进普通高中特色发展。实施普通高中特色建设计划，推进特色高中、特色课程建设。到 2020 年，建设特色项目500 个，建设一批具有鲜明文化特色、各具风格的高中学校"的办学目标；河南省提出，"支持普通高中多样化发展，鼓励普通高中办出特色"。

除了提出建设特色高中的总体发展目标外，部分地区还制定了特色高中的建设方案，为该地区特色高中发展提供了具体目标和详细指导。

（一）优质是特色高中建设的要求

特色高中将"优质"作为其本质要求，也就是说，特色高中必须建立在学校教育"优质"的基础之上。

2011 年的《天津市特色高中建设实施方案》提出，促进普通高中由标准化、规范化向高质量有特色发展；《大连市推进特色普通高中建设工作方案》（2011年）中提及，特色高中是指在先进的办学理念指导下，经过长期的办学实践，形成独特、稳定的办学风格，办学成效显著；赢得社会广泛认可的学校，其中"先进的办学理念"和"办学成效显著"都体现了特色高中的"优质"特征。又如，《南京市推进普通高中多样化特色化建设实施意见》（2011 年）提出，实施"普通高中多样化特色化建设工程"，重点建设 20 所富有鲜明办学特征的高水平普通高中，即综合改革高中、学科创新高中、普职融通高中和国际高中，努力形成特色鲜明、课程丰富、资源开放、评价多元、育人全面的普通高中发展新格局，其中，"高水平"是对这些多元化和特色化普通高中的"质"的规定性。由此可见，"优质"是特色高中的重要前提。

（二）特色是特色高中发展的特征

特色高中建设强调学校要具备独特、鲜明的办学特征，满足不同学生的发展需求，进而促进学生全面而有个性地发展。各地推进特色高中建设的方案也都十分强调学校的"特色化"发展。

《山西省中长期教育改革和发展规划纲要（2010—2020 年）》提出，鼓励学校根据各自特点，形成富有特色的多样化办学模式，满足不同潜质学生发展需求。福建省教育厅的《关于推进普通高中多样化有特色发展的指导意见（征求意见稿）》（2011 年）提出，坚持以学生发展为本，创新体制机制，深化课程改革，创新培养模式，强化内涵建设，突出特色发展，激发办学活力，努力为每一个不同潜质的学生提供适合其成长的高中教育。

可见，对于特色高中的建设，"特色化"是其应然特点。而这种特色正是基于学校所具有的办学历史与基础、教育教学面向的学生人群，以及学校发展的目标追求。

（三）多样是特色高中发展的路径

"多样"是特色高中发展的又一关键词。同时，在各地特色普通高中建设方案中都可以找寻到"多样"的身影。

辽宁省教育厅的《关于加强特色普通高中建设工作的意见》（2011 年）指出，普通高中特色化发展是通过办学体制机制多样化、办学规模多样化、培养模式多样化、学校课程多样化、资源开发多样化、评价方式多样化等方式实现的。

广西壮族自治区的《关于开展特色普通高中试点工作的通知》（2011 年）提出，促进普通高中科学定位发展，形成办学模式、课程设置、培养模式、培养目标的多样化，建设一批办学特色鲜明、人才培养成果显著的特色普通高中。

"多样化"体现为学校特色内容的多样化。在特色普通高中的建设过程中，许多地区都强调学校特色内容的多样化，鼓励学校在科技、艺术、外语、体育、音乐、美术等多个领域形成自身的特色。"多样化"还体现为特色高中建设的主要目的就在于满足学生多样化的教育需求，其内在基础就是特色学校自身提供的多样化的教育，包括丰富、多样的课程等。

总之，特色高中建设旨在促进中国普通高中能够自主发展、主动发展和创新发展，使普通高中学校为学生增加更多的可选择性，有助于促进学生的个性发展和特长发展。

二、特色高中学校建设的进展

自 2010 年起，全国范围内创建特色高中的实践如火如荼地开展起来。这里选择上海市、天津市和湖南省三地就它们开展特色高中建设的实践进行描述。

（一）上海市

2011 年，上海市教育委员会启动了上海市特色普通高中建设与评估项目，以项目方式推动本市普通高中多样化、特色化发展，以促进高中教育从分层教育逐步向分类教育转型。

2014 年，上海市教育委员会制定了《上海市推动特色普通高中建设实施方案（试行）》。其中，明确提出了特色普通高中建设的指导思想，即引导普通高中贯彻"为每个学生提供适合的教育"的理念，根据自身办学基础和学生实际情况，以深化课程教学改革为主要抓手，着力构建富有特色的学校课程体系，以及相应的运行和管理机制，促进学生全面而有个性地发展，推动高中学校错位发展、特色发展和可持续发展，逐步形成全市普通高中教育"百花齐放"的发展格局，促进高中教育从分层教育逐步向分类教育转型。

该方案对上海市特色普通高中进行了界定，即是指能主动适应上海城市功能定位、社会和地域经济发展，以及学生发展的需求，有惠及全体学生、较为成熟的特色课程体系及实施体系，并以此为基础形成稳定独特办学风格的普通高中学校（含完中、十二年一贯制、十五年一贯制学校的高中部）。

上海市提出，通过普通特色高中的建设，在全市建成一批课程特色遍及人文、社科、理工、艺体等多个领域，布局相对合理，有效满足学生多样化学习需求的特色普通高中，并发挥示范引领作用，成为各特色领域的课程建设高地和教师研训基地，推动上海市高中特色课程资源的辐射共享。

在具体推进过程中，特色普通高中的建设要坚持校本化、递进化和稳定性的原则，实行学校自主规划、区县推荐支持、项目滚动指导、探索分阶段管理的运行机制。上海市及各区县为特色普通高中建设提供课程保证、师资保障、经费保障、评价与选拔保障等。为此，上海市还出台了《上海市特色普通高中建设参考指标》。

2016 年，为进一步推进特色高中建设，上海市教育委员会印发了《上海市推进特色普通高中建设三年行动计划（2016—2018 年）》，提出要经过三年行动计划的实施，在全市形成一批覆盖领域广泛、特色鲜明、定位科学、水平较高、上海知名，在全国具有一定影响力的特色普通高中。通过特色办学带动学校发展方式和育人模式转型，努力形成上海普通高中分类发展、百花齐放的局面。具体目标规划包括以下几个方面。

1）形成市区两级特色普通高中项目学校梯队。在原有 25 所市级特色普通高中项目学校基础上，进一步加以遴选和增补，形成市级特色普通高中项目学校 40 所左右；区县根据本区县实际情况形成区县级特色普通高中项目学校若干所。

2）命名 10 所左右上海市特色普通高中学校。

3）形成特色领域合理布局。特色创建领域涵盖人文、社科、理工、艺体等诸多领域，既注重传统特色领域的传承和创新，也注重新兴领域的开拓与发展。通过特色创建，形成学校特色鲜明的办学思路，并逐步提升为办学理念。

4）依托创建成功的特色普通高中学校，建设市级特色课程高地、研训中心和教师研训基地，形成特色共享和辐射机制。进一步明确了"项目孵化、滚动推进；分类指导、分阶提升"的特色普通高中建设的策略与原则。

在政策的推动和各校的实践努力下，经过 7 年多的创建，通过学校申报、区推荐、专家评选等程序，共有三批 56 所学校成为上海市特色普通高中项目学校，涵盖人文、科技、艺术、理工、社科、金融、医药等多个特色领域，布局较为合理，在满足学生的多样化发展需求上跨出了重要一步。

按照"成熟 1 所创建 1 所，创建 1 所命名 1 所"的原则，在上海市教育委员会及上海市特色普通高中创建项目组的指导下，2017 年 3 月，上海市曹杨中学率先被命名为"上海市特色普通高中"；2018 年 4 月，甘泉外国语中学、华东政法大学附属中学和上海海事大学附属北蔡高级中学等也相继加入"上海市特色普通高中"的行列。

总之，上海市在特色高中建设上，显示出了规划先行、要求明确、指导得力、学校积极、稳步推进的发展特征，在实践中产生了良好的社会反响，促进了上海市普通高中学校的改革与发展。

（二）天津市

2011 年 4 月 18 日，天津市教育委员会下发了《天津市特色高中建设实施方案》，正式启动了天津市特色高中建设工程，计划在未来五年内创建 50 所特色普通高中。

天津市特色高中建设实验项目可分为以下三类。

1）学校文化建设类，主要体现在育人风格、育人模式方面的学校特色构建，包括学校文化建设特色、创新人才培养特色、综合实践育人特色等。

2）特色课程建设类，主要体现在高中课程个性化设计与特色课程建设的特色，包括外语语言特色、美术音乐特色、科技创新特色和数理学科特色等。

3）综合高中建设类，主要体现在普职融通，为学生提供多种学习需求支持的特色。

天津市还提出，特色高中实验项目采取"自愿申报、区县推荐、专家评审、竞争入选"的方式，首先申请参加实验研究。

2011年，天津市完成了第一批特色高中实验项目布点和启动任务。该市每个区县可申报一所特色高中实验学校，所有的高中学校均可申报特色高中实验项目。被选上的学校将被确认为"天津市特色高中项目实验学校"，天津市教育委员会给予其一定的实验经费支持建设特色实验室、特色实验基地和特色教材等。学校自身可依据办学特色需求，适当调整高中课程计划，加大选修课程比例，自主开设特色选修课程。南开中学、天津市第一中学和实验中学三所示范性高中被命名为首批"天津市特色高中项目实验学校"。

2012年，天津市将"推动普通高中特色多样化发展"纳入《天津市教育事业发展第十二个五年规划》，指出要实施普通高中特色建设工程，着力建设50所市级特色高中，开发建设一批特色实验室、特色实践基地、特色教师培训项目和特色课程教材……支持普通高中根据自身特点，加强学校文化建设，培植优势特色学科，形成学校发展特色。

至2017年，天津市已对首批24所特色普通高中完成达标验收，最终确定天津市第二十中学、天津市实验中学、北京师范大学天津附属中学、天津市崇化中学、天津市南开中学、天津外国语大学附属外国语学校、天津市第四十五中学、天津市民族中学、天津市第四十七中学和杨村第一中学等10所学校为"特色鲜明学校"；天津市第一中学等14所学校为"特色形成学校"。

为促进天津市特色高中进一步高质量有特色发展，2017年12月，天津市教育委员会提出，实施包括"特色鲜明学校奖补"和"特色形成学校奖补"两个子项目在内的特色高中建设奖补项目，为特色高中建设提供专项资金。其中，每所"特色鲜明学校"每年获得支持资金80万元，每所"特色形成学校"每年获得支持资金 50 万元。

与上海市建设特色高中相似，天津市对特色高中学校建设予以高度重视，不仅提供资金支持，而且注重培育与认定相结合，稳步推进全市特色高中学校建设进程。

（三）湖南省

为进一步推进普通高中教育教学改革，探索高中办学模式多元化，2008 年，湖南省选择了一部分贯彻党的教育方针、教育教学特色显著的高中学校，明确了创办特色学校的指导思想和培养目标，成为湖南特色学校创建的试点学校。

为此，要求这些普通高级中学，必须在确保完成普通高中必修课程的基础上，根据办学特色需要，适当调整选修课程，突出校本课程，加强特色学科建设，促进学生的个性发展。2008 年 5 月，湖南省首家普通高中特色实验学校在湘乡市第二中学挂牌，该校确立了"精品加特色"的办学思路，突出办学的德育特色、管理特色和体艺特色。

2009 年，湖南省全面启动普通高中特色教育实验学校建设，制定了《湖南省普通高中特色教育实验学校建设基本要求（试行）》，进一步明确了特色教育实验学校建设基本要求，提出：省普通高中特色教育实验学校必须为全日制普通高中（不含完全中学），办学规模原则上在 15 个班以上，班额原则上不超过 45 人；有三年以上普通高中特色教育实验经验；普通高中学生学业水平考试合格率在95% 以上；特色教育课程学业水平考试成绩优良率达 60% 以上；特色教育教研教改成果显著，在本市（州）同类学校中具有示范作用；学校参加各类竞赛活动成绩优异，特色教育整体水平和教育质量得到社会广泛认同。省普通高中特色教育实验学校一经认定，即享受省示范性高中同等待遇。5 年内，省普通高中特色教育实验学校数量控制在 20 所以内。

湖南省教育厅提出，地方政府应加大财政投入力度，积极支持创建特色教育实验学校；教育行政部门应在教师配备、招生与管理等方面出台相应的政策，引导和支持办特色教育实验学校。特色教育实验学校应根据实际，制定特色教育实验发展规划，关注学生个性发展，面向全体学生因材施教，促进学生全面发展；要围绕学校特色教育构建必修课程、选修课程及与之相适应的拓展性课程体系，课程结构完善，特色鲜明，能满足学生个性、兴趣和特长发展的需要；在队伍建设、资源建设、教学管理制度建设上有自己的特色。

2009年，湖南省确定了包括长沙外国语学校、株洲市第十八中学等在内的5所高中为首批"湖南省普通高中特色教育实验学校"，2011年，汨罗市第四中学被命名为"湖南省普通高中特色教育实验学校"，2013年，湖南省又确认汨罗市第三中学、新邵县第八中学、醴陵市第四中学为"湖南省普通高中特色教育实验学校"。随着越来越多的学校加入到创办普通高中特色教育实验学校的队伍，推进了湖南省高中学校多样化办学格局的形成。

2016年，湖南省教育厅印发了《湖南省建设教育强省"十三五"规划》，提出实施普通高中多样化发展计划。进一步巩固与完善示范高中、综合高中和特色高中办学模式。继续办好示范高中，积极推进特色高中和综合高中建设。继续鼓励、支持普通高中分类规划、分类建设、分类发展。分类制定普通高中资源配置、队伍建设、课程建设、教育教学管理与教学质量评价标准，建立完善适应普通高中多样化发展的管理与评价制度，促进普通高中办出自身特色。

湖南省将特色高中学校建设与示范高中、综合高中等建设相结合，有效地促进了湖南省普通高中学校的改革与发展，激发了基层高中学校的办学活力，使普通高中教育呈现了多样化的格局。

三、普通高中学校的国际化发展

1983年，邓小平同志提出"教育要面向现代化、面向世界、面向未来"的号召，这是中国教育开放和实现国际化发展的重要标志。在当今全球化背景下，教育国际化水平成为衡量国家教育发展水平的重要指标之一。改革开放以来，随着国际教育交流的不断推进，我国一些普通高中学校也逐渐走上了国际化办学之路，主要表现为创办国际部、引进国际课程、实行中外合作办学、开设海外孔子课堂等形式。

事实上，普通高中学校的国际化发展，也是普通高中特色发展的一个重要方面。

（一）创办国际部

随着我国对外开放进程的推进，吸引了不少外籍人士来华投资和工作，为了满足这些外籍人士子女在华学习的需求，高中国际部（班）应运而生。国内学生出国学习愿望更加强烈，高中国际部（班）成为国内学生出国留学做准备的选择。

1989 年 6 月，北京市第五十五中学成立国际学生部，成为我国最早创建国际部的公办高中学校。1993 年，上海中学创办国际部，成为上海市第一所面向外籍学生开设国际课程的普通高中。这两所学校开创了我国高中学校创设国际部的先河。

2003 年，国务院发布了《中华人民共和国中外合作办学条例》，明确中外合作办学属于公益性事业，鼓励中外合作办学。2010 年的《国家中长期教育改革和发展规划纲要（2010—2020 年）》提出，鼓励各级各类学校开展多种形式的国际交流与合作，加强中小学对外交流与合作，提高我国教育国际化水平，培养大批国际化人才。在此背景下，越来越多的普通高中学校创办国际部。

随着高中国际部数量的增多，其招生能力远远超出了境外学生的数量，再加上国内选择高中毕业后出国读大学的学生越来越多，国内高中生渐渐成为高中国际部的主要招生对象，这些学生在国际部学习一些国际课程，以应对国外高校的招生要求。

普通高中学校开设国际部起初主要在上海和北京等大城市。这些城市的一些传统重点中学或者示范性高中具备相对优越的办学条件、高质量师资条件，而且有充足的生源。

在上海，从第一所创办国际部的上海中学，到后来的华东师范大学第一附属中学、华东师范大学第二附属中学、进才中学、上海交通大学附属中学、控江中学、南洋中学、上海外国语大学附属外国语学校、复旦大学附属中学、上海复兴中学、大同中学、育才中学、晋元高级中学、南洋中学、上海实验学校、位育中学等，都是获上海市教育委员会命名的实验性示范性高中。开设国际部或者国际班似乎成为这些示范性高中发展的一个方向。在北京也同样如此。截至 2012 年，北京有 11 所示范性高中开办了高中国际班。

这些国际部与国际班在课程设置、师资配备、学习规划等方面，往往开设各类英语课程，重视外国语教学，注重培养和提升学生的综合素质，强化学生自我教育和管理意识，并且借鉴国外班级管理模式，突出过程性评价，以便学生在出国留学时较快地适应国外的学习和生活，旨在增强这些国际部学生出国留学的竞争力。

当然，在实际发展过程中，也出现了一些问题，主要是"未经审批办班、不具备办学资质、民办教育机构占用公办学校教育资源、未经许可乱收费、宣传言过其实、教学质量达不到承诺要求等问题"①。更为突出的是，各地对高中国际部的管理政策不一。如北京市将招收外籍学生的国际部作为"民办机构"，其学费作为"经营服务性收费"管理；上海市则允许部分学校为外籍学生"独立制定教育计划"，其学费纳入"行政事业性收费"。在这种情况下，加强对普通高中国际部管理显得尤为必要。

2013 年，教育部出台了《高中阶段国际项目暂行管理办法》草案，明确对各类高中"国际部"和"国际班"，从招生、收费等多方面予以规范，对部分不符合规定的"国际班"进行清理或转制。此后，北京、上海宣布不再审批新的公办高中国际班，浙江、安徽、黑龙江、吉林等地将公办高中国际班的审批权收归到省级。

2013 年，颁布了《重庆市教育委员会关于加强普通高中国际班管理的通知》，该通知对普通高中国际班进行了界定，指出普通高中国际班是指普通高中学校经市级以上教育行政部门审批，通过中外合作举办的与国际教育相衔接的全日制普通高中班或非学历培训班，是以引进国外部分教材、课程、师资和教学计划为主的教育教学组织形式。国际班办学必须坚持党的教育方针，坚持社会主义办学方向，全面实施素质教育，必须在《中华人民共和国教育法》《中华人民共和国中外合作办学条例》及其实施办法等法律法规的范围内组织教育教学工作。普通高中学校未经市级教育行政部门依法审批，不得举办国际班、出国预科班和国际证书班等。此外，还从申请举办出国班的普通高中学校的条件、审批程序、课程教材管理、招生管理、学籍管理、外籍教师管理、毕业要求、收费管理、规范管理等多方面做出规定。

当前，我国各地已经建立了一套比较规范的普通高中举办国际部或者国际班的管理办法，引导国际部有序而健康发展。

据《2017 中国国际学校发展报告》的统计，截至 2017 年 10 月，全国公立学校开设国际部或者国际班的学校有 241 所②，这些学校主要是普通高中学校。

（二）引进国际课程

随着高中改革的推进，引进国际课程也成为一些普通高中学校发展的又一选

---

① 重庆市教育委员会. 重庆市教育委员会关于加强普通高中国际班管理的通知. （2013-04-23）[2018-06-07]. http://www. cqedu. cn/site/html/cqjwxxgkw/fgfxwj/2013-02-19/Detail_11562. htm.

② 教育部. 2017 中国国际学校发展报告. （2017-02-28）[2018-08-10]. http://www.360doc.com/content/17/1106/19/815848_701441938. shtml.

择。最初，国际课程是针对那些中国台湾、香港地区，以及持有外国护照而在中国境内读书的学生而开设的，20 世纪 90 年代，为满足内地学生出国留学的需要，以大连枫叶国际学校为代表的一些学校开始面向内地学生开设国际课程。

这些面向国内中国学生的国际课程主要是，有国际文凭大学预科课程（简称 IB 课程）、英国中学高级证书考试课程（简称 A-level 课程）、美国大学先修课程（简称 AP 课程）、美国全球通用证书考试课程（简称 PGA 课程）、加拿大 BC 省高中毕业证书课程、德国德语语言证书考试课程（简称 DSD 课程），以及美国的学术能力倾向测验（即 SAT 考试课程）等。以往这些国际课程往往是高中国际部（班）设置的。但在我国教育国际化趋势与出国留学潮的驱动下，一些没有国际部的普通高中也开始引进国际课程。

国内高中引进国际课程的方式主要有三种：①通过地方教育行政部门引进，如上海南洋模范中学通过所在的徐汇区教育局与加拿大大不列颠哥伦比亚省教育主管部门协议引进该省的高中课程；②通过中介机构引进，如上海格致中学通过美国安生文教基金会引进 AP 课程；③通过具有官方背景的民办非教育机构引进，如上海大同中学通过隶属于教育部的中国教育国际交流协会引进了 PGA 课程。

2010 年的《上海市中长期教育改革和发展规划纲要（2010—2020 年）》明确提出，"试点开设高中国际课程"，为那些没有国际部的高中甚至小学和初中引入国际课程提供了政策支持。

2012 年，上海市已有 15 个区县的 33 所学校举办高中课程，引进的高中国际课程多达 18 种。为了规范普通高中开设国际课程试点的工作，完善普通高中课程体系，增强普通高中课程的现代性、丰富性、多样性，上海市教育委员会于 2013 年 5 月颁布了《关于开展普通高中国际课程试点工作的通知》，经过立项申报、审核评估，2014 年确定了 21 所高中国际课程试点学校，其中公办 11 所、民办 10 所。

除了上海市外，江苏省也有许多高中学校陆续开设了国际课程。2006 年，南京外国语学校率先引入 A-level 课程。之后，2007 年秋季，苏州中学也开设了这一课程。2008 年，金陵中学、无锡市第一中学等知名中学开设了 A-level 课程实验班。2011 年，南京大学国际学校与英国爱德思国家职业学历与学术考试机构联合建立的 A-level 教学考试中心在江苏省横林高级中学开设分中心，2011 年 9 月，横林高中开设了 A-level 国际课程班。

引进国际课程的举措推进了国内高中学校国际化办学的进程，为国内学生不出国门直接体验外国教育提供了条件，也为那些有志于出国留学的学生尽早适应国外学习做了思想、语言等方面的准备。

这些国外课程带来的教育理念、教育内容和教学方式对中国高中学校教育教学也产生了影响。它们区别于国内传统的传授式教学模式和整齐划一课程设置，注重研讨式的、学生独立思考与小组合作，以及重视学生的差异性发展。这种差异在一定程度上也掀起了引进国际课程的热潮。

（三）中外合作办学

改革开放以后，我国中外合作办学最早始于高等教育阶段，之后逐渐出现在其他教育阶段，其中国家也为这种办学形式制定了相关的政策。

1995年，国家教育委员会发布的《中外合作办学暂行规定》，其适用对象是高等教育阶段，并不涉及其他教育阶段。2003年国务院通过的《中华人民共和国中外合作办学条例》，规定"中外合作办学者可以合作举办各级各类教育机构。但是，不得举办实施义务教育和实施军事、警察、政治等特殊性质教育的机构"。自此，中外合作办学开始向高中教育阶段蔓延。

2007年，国务院批转的《国家教育事业发展"十一五"规划纲要》将"推动中外合作办学"作为"加强教育国际合作与交流，提高教育对外开放水平"的重要举措，指出要全面落实《中华人民共和国中外合作办学条例》，积极引进国外优质教育资源。加强管理与引导，办好若干具有示范作用的中外合作办学机构和办学项目。这一政策文件进一步成为普通高中中外合作办学发展的助推力量。由于国家政策放宽了对中外合作办学教育机构类型的限制，各地纷纷开展高中中外合作办学。

1997年3月，北京市教育委员会批准北京师范大学附属实验中学与加拿大新不伦瑞克省教育部、加拿大加皇国际投资集团合作成立北京中加学校，成为北京市第一所实行中外合作办学的高中。该校构建了以中国课程为主、融中加课程为一体的课程体系，实施双学籍、双文凭管理。之后，陆续有普通高中学校获得北京市教育委员会的审批，开展中外合作办学。2011年，北京市教育委员会又批准了五所中学与美国学校合作办学，开设美国大学先修课程，包括北京市第八十中学、北京市第四中学、北京市第十二中学、北京师范大学附属中学和北京市第二中学。

2004年，江苏省召开"中外合作办学工作会议"，大力提倡和鼓励在高等教育和职业教育领域开展中外合作办学，允许在高中教育阶段和幼儿教育阶段进行中外合作办学的探索。同年 4 月，江苏省教育厅批准南京大学附属中学国际高中的中外合作办学项目（中加双学历实验班），开设多种国际班，包括与加拿大多伦多 CIA 国际学校联合举办"中国–加拿大双学历教学实验班"、与美国乐训文教基金会联合举办"中国–美国 AP 课程班"、与加拿大及美国等多所知名大学和教育机构协议举办国际预科班。至 2005 年，江苏省的高中中外合作办学项目已达到 27 个；2009 年，江苏省新增 3 个高中中外合作办学项目。

2004 年，浙江省安吉县上墅私立高级中学和加拿大新斯科舍省合作举办"中加高中实验班"获得浙江省教育厅批准，成为浙江省首个获正式批准的高中阶段中外合作办学项目。实验班学生同时接受中加两国的课程教育，毕业时通过相关考试后，则可同时获得中国和加拿大两国高中毕业文凭。至 2012 年，浙江省内经浙江省教育厅审批并在教育部备案的开展中外合作办学的高中学校有 16 所，这些学校开展的中外合作办学项目主要是中美合作班、中英合作班，以及中加合作班。

第七章
薄弱高中改进与高中普及攻坚

　　实现教育公平一直是中国政府的教育目标之一。改革开放以来，中央政府高度关注我国教育发展不利地区的高中教育发展、经济贫困人群的高中教育机会获得与高中教育质量的提升，相继制定各种相关政策，促进高中教育的普及与发展。本章从薄弱高中学校改进、高中教育普及政策与攻坚，以及民族地区高中教育发展三个方面，对我国40年来中国高中阶段教育发展进行阐述。

第一节　薄弱高中学校改进行动

一、薄弱高中改进的政策与实践

（一）薄弱高中的由来

1978 年 4 月，教育部召开全国教育工作会议，会议提出新时期教育战线的中心环节是提高教育质量。邓小平同志在会议上指出，为了加速造就人才和推动整个教育水平提高，必须考虑集中力量加强重点大学和重点中小学的建设，尽快提高它们的教学水平和教学质量。

在此背景下，我国重点中学制度应运而生。重点高中成为整个高中教育体系中的核心要素，这在一定程度上出现了一部分非重点的普通高中学校，在以后的发展中受到冷落和忽视；再加上受这些学校办学者自身的观念、能力与水平等各种因素的限制，造成了学校发展的困难与缓慢，进而导致了学校教育质量较低和社会影响不佳。

对于薄弱学校的概念，国家教育委员会在颁布的《关于在普及初中的地方改革初中招生办法的通知》中明确强调，要搞好薄弱初中建设，使这些学校的校舍、办学经费、师资水平、教学仪器设备等办学条件，有较大改善和提高。

1997 年，国家教育委员会基础教育司司长李连宁在接受《人民日报》的采访中指出，薄弱学校主要在办学条件、师资水平、学校管理、生源质量等方面比较薄弱，从而造成教育质量不高，其中关键的是管理，其他诸端是相对的。[①]

显然，这一解释同样适用于高中学校。所以，薄弱高中是指，在一定区域内

---

① 董洪亮. 为孩子们创造平等受教育机会——就加强薄弱中小学建设问题访国家教委基础教育司司长李连宁. 人民日报, 1997-07-02（10）.

办学条件和生源质量较差、教学质量和社会声誉较低、教师素质和管理水平较差的普通高级中学。

（二）代表性文件

自 20 世纪 90 年代以来，随着我国九年义务教育普及的推进，重点中学制度引发了社会的重新关注。同样，与此相关的薄弱高中也受到了国家教育部门的极大关注，各个省（自治区、直辖市）也纷纷响应，采取具体的措施促进薄弱高中教育的发展。

1995 年 6 月 8 日，国家教育委员会颁布了《关于大力办好普通高级中学的若干意见》。该文件提出，要大力加强薄弱普通高中的建设任务，提高普通高中整体质量和水平。因为薄弱高中的存在制约了整个普通高中的改革和发展，影响了普通高中整体质量的提高。

随后，国家教育委员会印发了《加强薄弱普通高级中学建设的十项措施（试行）》，这十项措施就是：①切实转变教育思想，更新教育观念；②继续调整中等教育结构，积极推进中考制度改革；③积极进行办学体制改革试验；④大力推进办学模式改革；⑤合理调整学校的布局、规模；⑥努力增加投入，改善办学条件；⑦进一步加强学校领导班子和师资队伍建设；⑧深入开展教育教学改革；⑨建立科学的评估体系；⑩提高认识，统筹规划，保证加强薄弱高中建设工作顺利进行。

自《加强薄弱普通高级中学建设的十项措施（试行）》颁布之后，中央政府和教育部在出台的各种政策文件中也有对薄弱学校改革与建设的相关要求，各级地方政府也认真按照国家文件要求采取具体措施，加强对各地薄弱高中学校的治理，并取得了显著进展。

（三）地方性实践

2002 年，为实现全省普通高中的均衡发展，河北省教育厅在积极扩大重点高中教育资源的过程中，采用联合、合并办学的方式，实现以强带弱，转化一批薄弱高中，鼓励重点高中与薄弱高中实行联合和合并。2006 年，河北普通高中均衡发展又有新的思路：撤弱扶强，提出 4 年左右全省将撤并 300 所薄弱普通高中，到 2010 年左右，全省撤并 300 所薄弱普通高中，基本实现普及高中优质教育。

自 2005 年，湖南省将省示范性高中对口扶助薄弱高中，作为加快普通高中优质教育资源扩张，促进普通高中教育协调发展的重要举措。也就是说，示范性高中重点帮助薄弱高中确定发展目标，制定扶助薄弱高中的近期、中期规划，在管理指导、校长及教师培训、学术交流、经费物资援助等方面采取切实措施，帮助薄弱高中提高办学水平和教育质量。

2010年，黑龙江省根据各地市报送的普通高中薄弱学校名单，开始实施为期5年的黑龙江省薄弱高中改进。在改进期间，财政支持普通高中的经费将重点向薄弱高中改进项目倾斜。该省提出，普通高中薄弱学校改进计划的指导思想是以促进达标学校建设、促进高中阶段教育普及为引领，以推进区域内普通高中教育协调发展，加快缩小城乡、校际教育发展差距，努力实现普通高中多样化特色化发展格局的目标，集中力量做好薄弱高中改进工作。

2012年，黑龙江省教育厅再次强调，各地市要对照《黑龙江省普通高中达标学校标准（试行）》《黑龙江省普通高中达标学校评估细则（试行）》，自行确立改进的目标与任务。

2012年，青海省编制了《青海省民族地区教育基础薄弱县普通高中建设规划》，重点建设青海22个民族地区教育薄弱县高中教学、生活用房。其中，中央预算投资6000万元，主要用于建设民和县第一高级中学、循化县高级中学的教学、生活用房，总建设规模29 000平方米。

2014年，教育部基础教育二司在年度工作要点中提出，要制定政策措施、扶持薄弱地区，加快普及高中阶段教育。同时，研究实施普及高中阶段教育攻坚计划。支持中西部贫困地区加快发展普通高中教育，配合有关部门实施好普通高中改进计划和民族地区教育基础薄弱县普通高中建设项目，改善办学条件，提高普及水平。

需要指出的是，民族地区的薄弱高中教育问题也引起了国家的关注，2011年教育部会同国家发展和改革委员会启动实施"民族地区教育基础薄弱县普通高中建设"项目。

这一项目的覆盖范围为西藏、新疆南疆三地州、青海等地的藏区，以及集中连片贫困地区教育基础薄弱的民族自治县。由中央和地方财政支持改扩建一批普通高中或完全中学的教学与学生生活类校舍，改善办学条件，在继续推进民族自治地方中等职业教育发展的同时，努力提高民族自治地方普通高中学校培养能力，提高高中阶段教育普及水平。为此，2012年，中央安排专项投资8亿元，项目涉及13个省（自治区、直辖市）和新疆生产建设兵团。

二、薄弱高中改进的主要途径

薄弱学校改进与建设的本质就是，使这些学校拥有更多的优质教育资源，进而提高这些学校的人才培养质量。为此，经过20余年的努力和实践，我国已经探索出了薄弱高中学校改进的各种路径，包括学校结对办学、集团化办学、委托管理等方式，努力使薄弱学校拥有更多的优质教育资源，进而改善办学条件和提高教育教学质量。

（一）学校结对

传统的重点中学即优质高中与其他薄弱高中学校建立"结对"关系，被认为是推动优质高中资源扩散与薄弱高中改进的重要途径。不同省市之间、不同地区之间的学校结对能为学校发展注入新鲜的优质资源，而同一地区城乡之间的学校结对则能充分利用地域优势，结对学校间的交流更便利，合作更持久。

2007年9月，上海市奉贤区教育局出台了《关于南城城区学校与乡镇学校结对交流工作的实施意见》，提出通过城区学校、示范高中与乡镇学校的结对互动，激活各校的内部管理机制，优化教育资源配置，不断提高学校管理者与教师的专业水平，提高教育教学质量。该意见还对结对交流的工作内容、工作要求、保障机制等方面做出规定。这次"结对"活动，共有3所优质高中分别与其他学校组成"结对"学校，分别是奉贤中学与景秀中学、曙光中学与奉城高级中学、致远高中与上海师范大学第四附属中学。

2008年，成都市举行了"城乡百所学校结对子，百万学生手拉手"活动，并颁布了《成都市"城乡百所学校结对子，百万学生手拉手"活动实施评估细则》，指出活动的主题，涉及城乡学校的管理者、教师和学生三个方面，并分别详细指出各项活动的内容。

2009年，发布了《重庆市教育委员会关于开展普通高中学校捆绑发展工作的通知》，提出要建立市级重点中学和一般高完中捆绑发展制度，按照就近选择、自愿组合和适当统筹相结合的组合原则，实现每所市级重点中学捆绑一所一般高完中发展，并鼓励有实力的学校捆绑多所一般高完中发展。

（二）教育集团

学校集团化是指一些名校或重点学校利用自身的优势资源，参与改进"薄弱学校"，并与这些"薄弱学校"联合起来，进行"捆绑式"的集团化发展。学校集团化发展的主要目的，是要实现优质教育资源扩散。与此同时，组建教育集团在一定程度上加深了学校之间的联系，有助于学校之间建立伙伴关系。

集团化办学最初开始于 20 世纪 90 年代初期的上海。当时上海的一些重点中学在政府支持下，与其他一些教育质量相对较差的学校包括薄弱高中组建成为教育集团，将这些重点中学的教育资源和教育经验传递给这些伙伴学校，进而带动这些学校发展。

例如，1993 年起，上海市建平中学利用办教育集团的方式，以办学思想为无形资产，向外输出包括师资管理、教学质量管理、教学过程管理等在内的"管理思想"，在 10 年内发展成为拥有 9 所联办学校的教育集团。

同样，上海市育才中学也是一所实施集团化办学的传统名校。2000 年 3 月，育才教育联合体正式成立，育才中学、育才初级中学、五四中学、静安区第一中心小学、威海路第三小学等 5 所学校成为第一批成员。之后，时代中学、育英中学、西康路第三小学和延安中路小学（现为陈鹤琴小学）等也陆续加入。此外，上海市七宝中学教育集团也是一个比较突出的代表。

浙江省也是集团化办学规模最大的地区之一。2001 年，浙江省发布了《关于进一步拓宽教育融资渠道加快教育事业发展的意见》，规定组建教育集团，扩大优质教育资源，加快教育事业发展，各地可探索组建以优秀学校为龙头，跨地区、跨类别学校的教育集团。截至 2009 年底，浙江省已建立教育集团 228 个，参与学校 729 所，占全省义务教育学校的 12%。

2002—2007 年，杭州市先后出台了多项政策文件以推动集团化办学的发展。在高中教育阶段，杭州市成立了杭州市第二中学、杭州市第十五中学、杭州市采荷中学、杭州市第四中学、杭州市第十三中学等 5 所以高中为主体的教育集团，充分发挥了这些优质高中教育资源的辐射作用。

2011 年，安徽省合肥市启动了普通高中布局优化工程，计划新建、扩建、改建、搬迁一批普通高中学校，推进老城区普通高中资源的整合。其将办学规模小、办学质量差、布局不合理的学校逐步改制为义务教育阶段学校或停招，探索以优质高中为主体的教育集团办学形式，以兼并、合作办学或办分校的形式，重新组合扩大优质教育资源，以提高普通高中的办学效益。

2011 年，辽宁省沈阳市也组建了 10 所高中学校教育集团，旨在"用优质先进学校，带动薄弱后进学校，实现教育资源的优化配置"，通过"集团化办学"

的新模式治理高中"择校热"问题。

总之，教育集团化在推动普通高中发展和薄弱高中改进过程中发挥了重要作用。

（三）委托管理

为了推进薄弱学校改进工作，委托管理也是一种实践创新，即政府以契约的形式，以第三方评估为基础购买优质学校或教育中介机构的专业化服务，委托这些学校或者机构管理薄弱学校，即向这些薄弱学校传递先进的教育理念和学校文化，提升这些学校的办学水平和教学质量。

这一方式源于 1995 年国家教育委员会印发的《加强薄弱普通高级中学建设的十项措施（试行）》，其中提及，要建立示范性高中与薄弱高中挂钩的制度，示范性高中的教育资源应尽可能与挂钩的薄弱高中共享，双方在教育、教学、管理工作等方面相互促进，共同提高。这一政策成为倡导优质高中学校支持薄弱高中发展的重要政策依据。

上海市是较早采用政府"出资"进行委托管理的试点地区。2005 年 6 月，上海市徐汇区委托上海师范大学附属中学管理龙华中学，并将龙华中学更名为"上海师范大学附属中学龙华中学"。与此同时，上海市浦东新区社会发展局将东沟中学委托给上海成功教育管理咨询中心管理，区政府负责每年向托管方支付管理费。该机构通过"团队契约式支教"的方式输出教育理念、管理模式、教学方法和师资队伍，使东沟中学的教育质量和精神面貌得以有效改善。这些委托管理模式与经验很快得到了其他区县教育部门的广泛关注和积极响应。

2007 年，上海市全面开展农村义务教育学校委托管理工作。上海市教育委员会从全市范围内遴选出包括品牌学校、教育中介机构等在内的 20 个"优质教育资源"，以委托管理的方式，使这些学校和教育机构与郊区 20 所农村中小学校对口办学，即这些机构接受政府委托，代为管理这些农村中小学校。2009 年，上海市又开展了第二轮农村义务教育学校委托管理工作，被委托管理的学校增加到 40 所，受委托的机构中又增加了一些教育行业协会，如学前教育协会、成人教育协会、浦东教育学会等。

为了推进委托管理实践的不断深入，2012 年，上海市浦东新区率先出台了《浦东新区委托管理评审工作实施细则》，之后，进一步完善了"浦东新区委托管理的基本程序""委托管理评审工作实施细则"，内容包括"选定相对薄弱学校综合计分指标""选定新开办学校的综合评定指标""委托管理机构的资质要求""委托管理的监督与评估办法",同时明确了如何建立委托管理风险预警机制等问题。

(四)资源共享

资源共享主要是指课程与教学资源的共享,将丰富而优质的教育教学资源传递给相对薄弱的学校,促进这些学校教育质量的提升。这种资源共享方式主要是跨校选课、开放使用网络教学资源等。

自2011年起,上海市普陀区曹杨第二中学、晋元高级中学、同济大学第二附属中学等学校试点"区域走班"模式,尝试让高中学生可以"跨校选课",共同分享不同学校的教育资源。

如果说跨校选课主要利用了学校之间的地域优势来进行优质教育资源共享,那么开放性的网络教学资源则摆脱了地域的束缚,为范围更广、数量更多的学生提供分享优质教育资源的平台。

四川省成都市第七中学成立的"四川成都七中东方闻道网校"(简称"七中网校")就是网络优质教育资源共享的一个实践案例。2002年9月,成都市第七中学成立了"七中网校",学校借助现代信息技术的优势和社会力量办学的运行机制,积极参与经济和教育相对落后的西部省份与少数民族地区的高中教育普及之中,使其优质教育资源得到了有效的传播。"七中网校"主要进行"全日制远程直播教学",即以现代通信技术为媒介,以远端学校全程、异地、实时、共享成都市第七中学课堂教学为主要手段,通过成都市第七中学和远端学校在关键教学环节上的分工协作,共同完成对学校的普适性和个性化教学活动。

截至2012年,"七中网校"的"直播班"已经从原来省内的少数民族地区扩大到西部的临近省份,覆盖云、贵、川、渝、陇等地,合作学校超过150所,网校的直播在校生近3.5万人,总体受益学生近10万人。[1]

类似成都市第七中学的同步课堂网校还有很多,这些基于现代信息技术的网络优质教育资源共享模式,极大地带动了一些农村高中学校的教育质量提升。

---

① 霍益萍,朱益明. 中国高中阶段教育发展报告2012. 上海:华东师范大学出版社,2013:174-177.

第二节　高中教育普及政策与攻坚

20 世纪 90 年代以来，随着我国义务教育阶段普及率的逐步提高，高中阶段教育普及日益得到中央政府的高度重视，成为国家教育改革与发展的新任务、新目标。

一、高中教育普及的政策轨迹

1993 年，国务院颁布的《中国教育改革和发展纲要》强调"大城市市区和沿海经济发达地区积极普及高中阶段教育"，并促进"高中阶段职业技术学校在校学生人数有较大幅度的增加"，不断扩大高中阶段受教育学生规模，从而提高国民受教育水平，努力实现教育的现代化。

1998 年，教育部制定了《面向 21 世纪教育振兴行动计划》，提出到 2010 年，在全面实现"两基"目标的基础上，城市和经济发达地区有步骤地普及高中阶段教育，全国人口受教育年限达到发展中国家的先进水平，将高中阶段教育普及视为全面推进教育改革与落实教育振兴计划的重要着力点。

2001 年，《全国教育事业第十个五年计划》指出，要实施西部教育开发工程，要配合国家西部大开发战略，加强对西部地区教育的规划、指导，在政策和经费方面对西部地区予以倾斜。支持西部地区发展基础教育和中等职业技术教育。积极开展中央部门和东部地区对西部地区教育的对口支援工作，推动西部地区城市对农村和边远地区教育的对口支援，推动东、西部地区间开展多种形式的教育交流。

2002 年，党的十六大报告在论述全面建设小康社会目标中首次提出基本普及高中阶段教育，强调人民享有接受良好教育的机会，基本普及高中阶段教育，消除文盲。随后，全国各地将高中教育普及作为全面建设小康社会的核心内容，希望通过普及高中阶段教育，提升国民科学文化素养，进而实现人民生活水平不断提高。

2003 年，教育部党组在《学习贯彻十六大精神　开创教育改革发展新局面》一文中强调，2010 年，基本普及高中阶段教育地区的人口覆盖率为 70% 左右，2020年达到 85% 左右，基本普及高中阶段教育。

2003 年，《国务院关于进一步加强农村教育工作的决定》对农村教育进行了强调，今后五年，经济发达地区的农村要努力普及高中阶段教育，其他地区的农村要加快发展高中阶段教育。要积极开展各种形式的初中后教育。国家继续安排资金，重点支持中西部地区一批基础较好的普通高中和职业学校改善办学条件，提高教育质量，扩大优质教育资源。

2006 年，《教育部关于进一步规范普通高中建设兴办节约型学校的通知》指出，各地要认真落实国务院关于新增教育经费主要用于农村教育的要求，正确处理好西部地区"两基"攻坚、其他农村地区义务教育巩固提高与普通高中建设的关系。省级教育行政部门要加强对县一级工作的指导，帮助县级人民政府根据城镇化进程和人口变化情况，合理规划学校建设，既要防止布局不合理造成的资源浪费，又要防止过度调整出现新的学生上学难问题。县城及农村地区高中建设应注意相对均衡，要着力建设好一批合格普通高中，避免将紧张的教育经费集中投向一两所学校。

2010 年，《国家中长期教育改革和发展规划纲要（2010—2020 年）》首次单列"高中阶段教育"进行论述，其中第一条内容如下：加快普及高中阶段教育。高中阶段教育是学生个性形成、自主发展的关键时期，对提高国民素质和培养创新人才具有特殊意义。注重培养学生自主学习、自强自立和适应社会的能力，克服应试教育倾向。到 2020 年，普及高中阶段教育，满足初中毕业生接受高中阶段教育需求。根据经济社会发展需要，合理确定普通高中和中等职业学校招生比例，今后一个时期总体保持普通高中和中等职业学校招生规模大体相当。加大对中西部贫困地区高中阶段教育的扶持力度。

2011 年，财政部、教育部联合启动了"普通高中改造计划"试点工作；2012年起，该计划实施范围扩大到中西部 21 个省（自治区、直辖市）所有集中连片特困地区。截至 2013 年底，改造计划在三年内中央财政共完成投入 50 亿元；支持了集中连片特困地区 796 所普通高中改善办学条件，新建、改扩建校舍面积 222.7万平方米、新增体育场面积 201.5 万平方米、新增图书价值 6962 万元、新增仪器设备价值 5.53 亿元，惠及 256 万名普通高中学生。①这在一定程度上改善了集中连片特困地区普通高中办学条件，提升了办学水平，取得了较好成效。

2011 年，教育部还与国家发展和改革委员会联合启动实施"民族地区教育基础薄弱县普通高中建设"项目，项目范围为西藏、新疆南疆三地州、青海等四地区的藏区，以及集中连片特困地区教育基础薄弱的民族自治县。由中央和省级财政支持改扩建一批普通高中或完全中学的教学和学生生活类校舍，改善办学条件，努力扩大民族自治地方普通高中学校培养能力，提高高中阶段教育普及水平。

总之，经过十多年的努力，全国薄弱普通高中学校的办学条件得到了一定程度的改善，对推进高中教育普及产生了积极的影响。

二、高中教育普及的攻坚计划

随着中央政府一系列政策方案的出台及其有效执行，我国高中阶段教育取得了较快发展。2016 年，我国高中阶段毛入学率已经达到 87.5%，整体性上实现了基本普及。但是，由于受到多种因素的影响，我国高中阶段教育仍然存在一些问题，尤其是中西部贫困地区的普及率较低。以 2012 年数据为例，全国高中阶段毛入学率达到 85%，但在集中连片特困地区的 680 个县中，毛入学率低于 70% 的有 33 个，还有 83 个县甚至没有高中学校。如果以初中毕业生升学率统计，2013 年，全国还有 5 个省区低于 80%，其中西藏低于 70%。② 而且，高中阶段教育普及的区域性差距明显，不仅阻碍整体普及水平的提升，而且不利于促进教育公平。

为了落实《国民经济和社会发展第十三个五年规划纲要》及《国家教育事业发展"十三五"规划》部署，切实解决高中阶段教育发展面临的问题和困难，在确保义务教育优先发展的基础上推进普及高中阶段教育，满足适龄青少年接受高中阶段教育的需求，2017 年 3 月，教育部印发《高中阶段教育普及攻坚计划（2017—2020 年）》，提出了包括"总体要求""重点任务""主要措施""组织实施"等四个方面在内的详细规定。③

---

① 中央政府门户网站. 中央财政大力支持连片特困地区普通高中改造.（2013-09-27）[2018-07-20]. http://www.gov.cn/gzdt/2013-09/27/content_2496487.htm.

② 朱益明. 普及高中阶段教育的精准发力.（2017-04-07）[2018-06-12]. http://www.moe.gov.cn/jyb_xwfb/moe_2082/zl_2017n/2017_zl21/201704/t20170407_302075.html.

③ 中国政府网. 高中阶段教育普及攻坚计划（2017—2020 年）.（2017-03-24）[2018-06-13]. http://www.gov.cn/xinwen/2017-04/06/content_5183767.htm.

（一）总体要求

在"总体要求"中明确提出了"基本原则""主要目标""攻坚重点"。这些内容非常具体、明确和清晰。

《高中阶段教育普及攻坚计划（2017—2020 年）》的四条基本原则为：①政府主导，统筹推进。落实地方政府主体责任，动员社会各方面力量参与，发挥中央支持政策的引导激励作用，形成攻坚合力。②科学规划，精准发力。综合考虑规模、结构、质量和条件保障，找准突出问题，聚焦薄弱环节，集中力量保基本、补短板、促公平。③协调发展，分类指导。牢固确立职业教育在国家人才培养体系中的重要位置，巩固提高中等职业教育发展水平，实现普通高中教育和中等职业教育协调发展。④制度建设，注重长效。立足当前，着眼长远，着力破解体制障碍，构建长效机制，完善治理体系，确保高中阶段教育健康、可持续发展。

在这些基本原则指导下，《高中阶段教育普及攻坚计划（2017—2020 年）》提出的"主要目标""攻坚重点"分别是：①主要目标为，到 2020 年，全国普及高中阶段教育，适应初中毕业生接受良好高中阶段教育的需求。全国、各省（区、市）毛入学率均达到 90% 以上，中西部贫困地区毛入学率显著提升；普通高中与中等职业教育结构更加合理，招生规模大体相当；学校办学条件明显改善，满足教育教学基本需要；经费投入机制更加健全，生均拨款制度全面建立；教育质量明显提升，办学特色更加鲜明，吸引力进一步增强。②攻坚重点为，中西部贫困地区、民族地区、边远地区、革命老区等教育基础薄弱、普及程度较低的地区，特别是集中连片特殊困难地区；家庭经济困难学生、残疾学生、进城务工人员随迁子女等特殊群体；普通高中大班额比例高、职业教育招生比例持续下降、学校运转困难等突出问题。

（二）重点任务与主要措施

《高中阶段教育普及攻坚计划（2017—2020 年）》提出的四大重点任务，分别是"提高普及水平""优化布局结构""加强条件保障""提高教育质量"；提出的六大主要举措，分别是"扩大教育资源""完善经费投入机制""完善扶困助学政策""加强教师队伍建设""推动学校多样化有特色发展""改进招生管理方法"。

《高中阶段教育普及攻坚计划（2017—2020 年）》明确要求每个省（区、市）

都达到 90%的普及水平，这对于攻坚重点区域而言，是一个极大的挑战，但又是一个战略目标，只有这样才能全面提高我国高中阶段教育普及的整体水平，促进教育公平。

优化高中阶段教育结构布局，是提高高中教育发展协调性的前提。为此，需要合理布局普通高中与中等职业教育之间的协调发展、公办教育与民办教育的共同发展，以及区域内高中学校的整体发展。

在改善高中学校办学条件上，《高中阶段教育普及攻坚计划（2017—2020 年）》中强调，落实以财政投入为主、其他渠道筹措经费为辅的普通高中投入机制，完善政府、行业、企业及其他社会力量依法筹集经费的中等职业教育投入机制。各地要完善财政投入机制，抓紧建立完善中等职业学校生均拨款制度和普通高中生均拨款制度。

同时，要求各级政府加强对薄弱高中的扶持和对贫困学生的资助，通过政策倾斜和重点扶持使薄弱高中办学条件逐步得到改善，且不断完善学生资助政策，充分掌握贫困学生规模及其分布，进行精准资助，确保"不让一名学生因家庭经济困难失学"。

在全面提升高中教育质量上，《高中阶段教育普及攻坚计划（2017—2020 年）》指出，改革人才培养模式，落实立德树人根本任务，全面提高学生社会责任感、创新精神和实践能力。增强普通高中课程选择性，推进选课走班，满足学生多样化需求。提高中等职业教育专业吸引力，加强技术技能培养和文化基础教育，实现就业有能力、升学有基础。完善教师补充机制，提高教师专业化水平。

（三）《高中阶段教育普及攻坚计划（2017—2020 年）》的主要特征

综合整个《高中阶段教育普及攻坚计划（2017—2020 年）》的结构及其内容，可以归纳出该计划的主要特征如下。

1）突出政府的责任和作用。《高中阶段教育普及攻坚计划（2017—2020 年）》明确指出，要"政府主导，统筹推进"，逐步落实地方政府主体责任，尤其是充分发挥中央支持政策的引导鼓励作用。充分发挥政府的主导作用，不仅有利于将不同类型的攻坚计划执行活动维持在既定的政策范围之内，而且有利于教育资源的统筹配置，提高教育资源利用效率，从而促进攻坚计划政策目标的顺利实现。综上所述，充分发挥政府在攻坚计划执行过程中的主导作用，有利于实现攻坚计划的政策目标。

2）注重使用多种政策工具。所谓政策工具，是指政府在部署和贯彻一项公共政策时所采用的实际方法和手段，也称为控制手段。按照政府干预的程度，可将政策工具划分为自愿性政策工具、混合型政策工具和强制性政策工具三种类型，自愿性政策工具包括家庭、社区和志愿者组织等；混合型政策工具包括补贴、信息和劝诫等；强制性政策工具包括管制和直接提供等。毋庸置疑，各级政府机关在教育政策执行过程中需要使用多种政策工具，从而确保教育政策目标的顺利实现。

因此，《高中阶段教育普及攻坚计划（2017—2020 年）》指出，为了促进高中阶段教育普及程度和教育质量的提升，需要通过扩大教育资源、完善经费投入机制、落实扶困助学政策、加强执行监督、促进民办教育发展，以及宣传教育等方式，有效落实攻坚计划，这其中就综合使用了自愿性政策工具（市场）、混合型政策工具（劝诫）和强制性政策工具（直接提供和管制）。

3）注重政府各部门之间的协调工作。由于受到部门主义等各自为政思想的影响，政府相关部门在执行教育政策过程中往往会基于各自部门利益得失作为是否执行或者认真执行的标准，这便容易阻碍政府部门教育政策执行合力的形成。由此，《高中阶段教育普及攻坚计划（2017—2020 年）》要求，各级政府需要"明确部门分工"，以避免因部门利益博弈而阻碍计划的有效执行，进而共同推进高中教育普及程度与质量的整体提升。

4）强调教育政策执行监督机制建设。《高中阶段教育普及攻坚计划（2017—2020 年）》要求各级政府需要加强督导评估，将普及高中阶段教育工作作为政绩考核的重要内容，通过构建奖惩机制和动态监测机制来充分调动地方贯彻落实攻坚计划的积极性，并强调国务院教育督导委员会在攻坚计划执行过程中的重要监督地位。

《高中阶段教育普及攻坚计划（2017—2020 年）》要求各级政府注重计划实施的监督，包括高中阶段教育普及率、高中阶段教育普及增长率、区域和校际高中阶段教育普及差异等；要求开展动态监测，通过实时的执行数据收集与信息反馈，对地方攻坚计划执行活动进行跟踪调查与评估。

三、高中教育普及发展的案例

自中央提出加快普及高中阶段教育以来，各级地方政府积极开展高中教育普及工作，积累了一些成功经验。这里介绍云南省泸西县政府在普及高中教育和实施攻坚计划中的实践经验。

云南省泸西县地处云南省东南部，红河哈尼族彝族自治州北部。2017 年，泸西县普通高中在校生达 8715 人，县内外中职在校生达 9604 人，全县高中阶段毛入学率 93.75%，在红河哈尼族彝族自治州率先普及高中阶段教育。[①]泸西县高中阶段教育普及工作取得如此突出成绩，得益于其重视高中教育的多样化办学模式，得益于普通高中与中职学校、公办教育与民办教育的协调发展。泸西县积极地进行多样化办学，不仅大大地提高了县域内高中阶段教育普及程度，而且促进了高中教育质量的显著提高。

2018 年 6 月 13 日《云南经济日报》以"泸西县做好'加减乘除'法 加快普及高中教育"为题，介绍了该县推进普及高中教育的实践经验。

1）用加法，扩规增量。以扩充教育资源为抓手，不断加大投入，陆续实施了泸源中学扩容工程、职业教育体量扩充、泸西一中迁建等项目，有效扩充全县高中教育资源总量；

2）用减法，调优结构。全面取消"三限生"和"复读生"，进一步规范招生行为，扩充普高学位公平供给。逐步消除大班额，降班额，提效益。调减优化专业设置，着力提高了专业吸引力，拓宽毕业生就业渠道；

3）用乘法，提升内涵品质，开展了基层党建与学校管理"双推进"、深化课堂教学改革、健全完善激励机制、优化职业人才培养、拓展校企合作平台等一系列改革举措；

4）用除法，激发活力，破除机制障碍，从创新职业办学模式、发展特长教育、强化中职招生等方面入手，去除一些影响职高专业不强、办学效益不高、发展路径不宽等"痛点"，补齐教育短板。

从小学教育、初中教育到高中教育，泸西县逐渐形成一条良性循环的"生态教育链条"。泸西建设小学一校多区办学和开展校园文化建设；中枢镇初级中学整合教育资源提升学校品位、推进义务教育均衡发展，深入挖掘"合而新生，和以致远"校园文化内涵，融入日常教育教学；泸西二中开办"第二课堂"，全面提高学生核心素养，促进学生全面发展；泸西一中扩大优质高中办学规模、融入当地建筑元素建好新校区等，这些举措无不说明泸西县在推进义务教育均衡发展工作中做足了"台下十年功"。

---

① 蒋惠云. "泸西县做好'加减乘除'法 加快普及高中教育". 云南经济日报，2018-06-13（A2）.

在推进普及高中阶段教育方面，泸西县更是精耕细作，聚力内涵式发展，软硬齐抓，质与量同步，不断扩大优质高中覆盖面，提升教育质量，有效促进了全县高中阶段教育提档升级，不断满足群众对优质教育的需求。作为以特色见长的泸源普通高级中学，通过扩规提质、多年教学实践中，形成并坚持"不求生源、只求改变""有教无类、因材施教"的教育理念，为学生提供了广阔的空间，为他们的继续深造创造了更多的机会，同时学校的办学效益也在不断提升。近两年来，该校共有 300 余名体艺特长生被二本以上学校录取，多名特长生被北京现代体育大学、四川音乐学院、四川美术学院等高等院校录取。作为职业教育，云南技师学院泸西分院探索出政校合作办学经验，2010 年，在泸西县职业高级中学推行"政校合作"办学模式，与云南技师学院合作组建云南技师学院泸西分院，并签订长期战略合作协议。目前，全院在校生 4228 人，比 2010 年 221 人翻了 18 倍。①

总之，在"不求生源，只求改变"和"有教无类，因材施教"教育理念指导下，泸西县通过扩大优质高中教育覆盖面、探索"政教合作"办学模式，以及推进民办教育发展等措施，成功打造"泸西样本"，促进高中阶段教育的全面普及和质量提升。

第三节　民族地区高中教育发展

中国是一个区域发展不平衡的多民族国家。国家一直高度重视民族地区的教育发展，为了促进民族地区经济社会发展，培养少数民族人才，提升民族素质，改革开放以来，中央政府十分重视加快民族地区的高中教育发展，并取得了显著成效。

一、发展民族高中教育的重大政策

中华人民共和国成立以来，中央政府高度重视少数民族教育问题。从 1951

---

① 蒋惠云. "泸西县做好'加减乘除'法 加快普及高中教育". 云南经济日报，2018-06-13（A2）.

年 6 月 2 日到 2002 年 2 月 26 日，共计召开了五次全国民族教育工作会议，将民族教育规划视为国家教育事业发展的重要内容。在五次全国教育工作会议精神的指导下，各级政府通过加大财政投入、课程改革、师资队伍建设、校舍改造，以及多元文化建设等措施，促进了当地民族教育水平的显著提高，民族高中教育取得了一定的发展。

2002 年 7 月，《国务院关于深化改革加快发展民族教育的决定》强调了民族高中阶段的重要性，要求扶持少数民族和西部地区办好示范高中，发展高中教育，支持内地西藏班（校）和新疆高中班发展，从而确保高中阶段在校生有显著增长。

2010 年 7 月，《国家中长期教育改革和发展规划纲要（2010—2020 年）》明确提出要全面提高民族教育发展水平，"加快民族地区高中阶段教育发展"，并"加大对民族地区中等职业教育的支持力度"。该规划纲要出台以后，各级地方政府积极落实中央政府关于民族教育发展的政策要求，将本地民族高中教育作为教育改革发展的重要部分。

2015 年 8 月，《国务院关于加快发展民族教育的决定》明确提出全面普及民族地区高中阶段教育，基本实现普职比大体相当，中职免费教育基本实现的发展目标。通过加快薄弱高中建设和扩大优质教育资源以提高普通高中教学质量，并且加快发展中等职业教育，实现民族地区高中阶段教育的发展。

2017 年 4 月 6 日，教育部等部门联合印发了《高中阶段教育普及攻坚计划（2017—2020 年）》，将民族地区高中阶段教育普及作为攻坚重点之一，强调了普及民族高中教育的重要性，为今后的民族高中阶段教育发展提供政策保障。

综上所述，中华人民共和国成立以来，中央政府一直重视民族教育尤其是民族高中教育发展。1951 年以来，中央政府相继召开多次专门会议和颁布多项教育政策，将民族高中教育纳入国家教育事业发展重心，为民族高中教育发展提供了有力的政策保障。

二、民族高中教育发展的主要成就

（一）民族高中学生数量增加

随着中央政府出台民族高中教育政策，以及地方政府对民族高中政策实施方案的制定和执行，我国高中阶段少数民族学生数量明显增加。

1）普通高中少数民族学生数量明显增加。2004 年，我国普通高中少数民族学生数为 145.39 万人，占全国学生总数的比重为 6.55%；2009 年，我国普通高中少数民族学生数增至 176.94 万人，所占学生总数的比重为 7.15%；2015 年，我国普通高中少数民族学生总数较 2009 年增加 42.65 万人，占全国学生总数的比重已经达到 9.15%（图 7-1）。

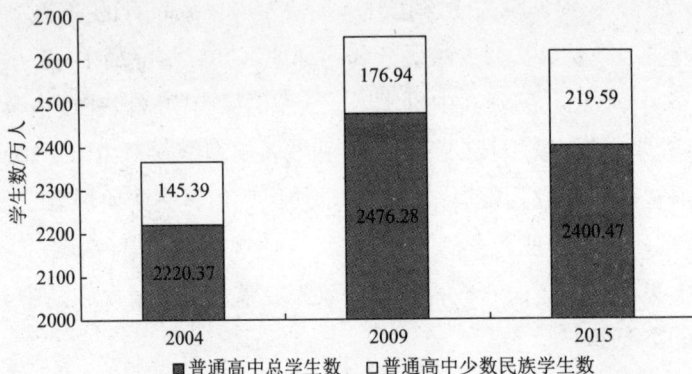

图 7-1　普通高中少数民族学生数

资料来源：根据 2004、2009、2015 年《中国教育年鉴》统计

2）职业高中少数民族学生数量明显增加。如图 7-2 所示，2015 年我国职业高中少数民族学生数为 36.80 万人，所占全国学生总数的比重为 7.78%，较 2004 年、2009 年分别增加了 18.05 万人和 5.65 万人。

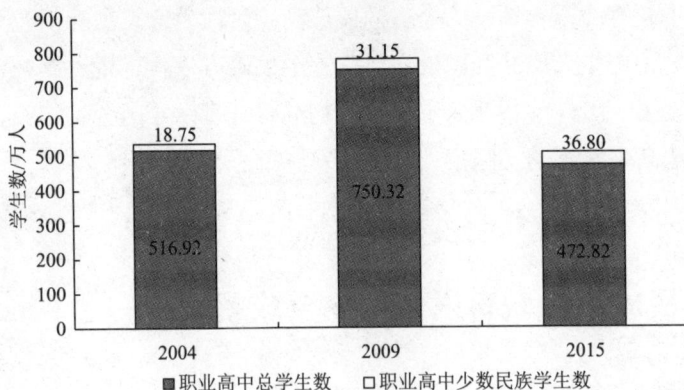

图 7-2　职业高中少数民族学生数

资料来源：根据 2004、2009、2015 年《中国教育年鉴》统计

（二）民族高中教育质量提升

近年来，由于中央政府对民族高中教育的重视，以及民族地区社会经济发展水平的提高，我国民族高中教育质量明显提升。民族高中教育质量的提升主要表现在以下三个方面。

1）民族高中学校办学条件逐步改善。为了改善民族高中学校办学条件，中央政府不断增加对民族地区高中教育经费投入，利用财政手段改善民族高中办学条件。在中央政府增加民族高中教育经费的同时，地方各级政府也不断加强对当地发展民族高中教育的财政支持，为提高民族高中教育办学条件奠定坚实的物质基础。

2）民族高中双语教学模式广泛应用。随着国家逐步加大双语教师队伍建设力度、扩大双语教材资源规模，以及开展双语教育等级考试和监测，民族高中教学模式得到广泛应用，例如，新疆从学前到中学双语教育衔接率达 92%以上，各种模式双语教育覆盖面达 100%，接受双语教育学生数由 83 万增加到 269.4 万，双语教师规模达 10.5 万人，比 2009 年增加 6.8 万人，占少数民族教师总数的 54.8%，而西藏双语教师为 3.1 万人，占少数民族教师总数的 83.3%。[①]民族双语教学模式的广泛应用，有利于促进民族多元文化的发展。

3）民族高中学校多样化发展。随着各级地方政府对《高中阶段教育普及攻坚计划（2017—2020 年）》的贯彻落实，民族高中学校呈现出明显的多样化发展趋势，民族普通高中学校与中职学校的规模均不断扩大，中职学校成为少数民族学生升学的热门选择。

（三）民族高中教育受到重视

中华人民共和国成立以来，中央政府始终重视民族教育发展问题，相继召开一系列民族教育会议并出台许多具有针对性的民族教育政策。众所周知，我国是一个多民族国家，由于受到当地社会经济发展条件的影响，少数民族地区教育发展水平不高且差异较大。

为了提高民族地区教育发展水平，中央政府非常重视民族教育尤其是民族高中阶段教育的重要作用，比如，《国务院关于深化改革加快发展民族教育的决定》

---

① 新华网. 教育部民族司司长详解第六次全国民族教育工作会议.（2015-08-28）[2018-06-24]. http://www. seac.gov.cn/art/2015/8/28/art_33_235637.html.

《国家中长期教育改革和发展规划纲要（2010—2020 年）》《关于加快发展民族教育的决定》《高中阶段教育普及攻坚计划（2017—2020 年）》等，都涉及民族高中教育问题，强调并加强对民族高中教育政策执行过程的监督，从而确保民族高中教育政策目标的顺利实现。

随着中央民族高中教育政策的颁布，地方各级政府积极制定地方实施方案。例如，《国务院关于深化改革加快发展民族教育的决定》颁布以后，全国各省、区、市相继出台本地关于加快发展民族教育的决定，将中央政府关于民族高中教育发展的政策精神与当地教育发展实际情况相结合，制订了具体可行的实施方案。

以福建省为例，2002 年 12 月 12 日福建省人民政府出台了《关于深化改革加快发展民族教育的实施意见》，强调大力发展少数民族高中阶段教育，通过高中阶段办学模式改革和高中校舍建设、安排专项经费、开设民族班，以及对少数民族学生报考高中阶段学校予以加分照顾等措施，力求少数民族学生高中阶段入学率接近或达到当地平均水平。[①]

总之，民族高中教育问题越来越受到重视。但毋庸置疑，我国民族高中教育在取得较大进步的同时，也存在一些不足。

1）缺乏对民族高中教育与普通高中教育之间关系正确认识。根据 2015 年的《国务院关于加快发展民族教育的决定》，大力发展民族教育的根本目的是加快推进少数民族和民族地区教育发展，加快民族地区经济社会发展、维护祖国统一和促进民族团结，服务民族地区全面建成小康社会的能力显著增强。但是，一些学校缺乏对民族高中教育与普通高中教育之间关系的正确认识，导致民族高中教育成为"应试教育""高考升学率"的附庸，最终阻碍民族高中教育政策目标的顺利实现。

2）主观家庭因素阻碍民族高中教育发展。主观家庭因素主要包括家庭教育态度、家庭教育期望、家庭教育支持、家庭亲子互动，以及家校联系。一些少数民族家长对其子女的教育不够重视、对其子女教育成就，以及通过教育成就而达到一定社会地位的要求和期盼不高、对其子女受教育的支持程度不够（或支持行为单一）、与其子女在受教育过程中的互动不足，以及与其子女就读学校和老师的

---

① 福建省人民政府. 关于改革加快发展民族教育的实施意见. （2002-12-12）[2018-06-21]. https://www.fujian. gov.cn/zc/zxwj/szfwj/201601/t20160106_1469481.htm.

沟通联系较少，进而影响了民族高中教育发展。

综上所述，我国民族高中教育取得了较大进展，民族高中教育问题越来越受到重视、高中阶段少数民族学生数量明显增加，以及民族高中教育质量提升等，但是也存在一些不足，仍然需要继续重视民族高中教育问题，以确保民族高中教育整体质量的提升。

三、中国民族高中教育的创新实践

在发展民族高中教育的过程中，中央政府探索出一条独特的实践路径——内地班模式，很好地解决了我国少数民族地区教育资源相对不足与民族高中教育发展非常迫切的矛盾，内地班民族高中教育模式在促进民族高中教育发展中发挥着重要作用。

（一）内地西藏班

1. 产生背景

中华人民共和国成立之后，中央政府一直比较重视西藏社会经济发展，并将促进当地教育发展作为解决贫困落后问题的"把手"。在党中央的关心和支持下，1984 年 12 月，国家教育委员会和国家计划委员会联合下文在内地 18 个省市创建西藏学校和开办西藏班，至今已经经历了 30 多年的发展。

经过中央各部委、西藏自治区、各承办省市政府，以及具体办学学校的共同努力，目前内地西藏班（校）在办学体制、管理模式、经费投入、人才培养等方面已经形成了完善的体系，并为西藏培养了数以万计的专业技术人员，极大地推动了西藏经济、文化、教育等方面的发展。可以认为，内地西藏班是中国发展民族地区高中教育的一大实践创举。

内地西藏班的目的主要体现为：①利用内地相对丰富的教育资源弥补西藏地区教育资源的不足；②培养德才兼备的社会主义新西藏的接班人和建设者；③培养民族文化的传承者和多民族国家团结与统一的捍卫者。

内地西藏班的办学模式主要包括：①独立编班，即选址建立新学校，专门用于接收西藏学生；②混合编班，即在当地学校内部增设西藏班；③散插班，即中考成绩优秀的西藏考生可以自愿选择考取散插班，分散到全国各个省（自治区、直辖市）

的重点高中，与本地学生混合编班接受高中教育。

总之，内地西藏班是旨在利用内地相对丰富的教育资源，为西藏地区培养优秀建设人才的办学模式，为西藏社会经济全面发展提供人才支持。

2. 发展过程

1984 年中央第二次西藏工作座谈会决定，由教育部牵头自 1985 年开始在天津、上海、辽宁、河北、河南、山东、江苏、陕西、云南、湖北、重庆、安徽、山西、湖南、浙江、江西 16 个省市为西藏办学。此后，北京、成都等地也筹建西藏学校。招收西部民族学生到内地接受中学教育，包括初中和高中，并为这些学生实行"三包"（包吃、包住、包穿）的免费教育。

由此，上述地区分别建立了相应的西藏学校或者西藏班。这些西藏学校或者西藏班的教育教学的各方面都要求按照西藏自治区的要求进行，只是校园或者班级移到了内地，更多的内地教师参与了教育教学工作。

1999 年 9 月，教育部等四部门下发了《关于进一步加强少数民族地区人才培养工作的意见》要求进一步办好内地西藏班（校）、内地高等学校少数民族预科班和新疆班，抓紧落实开办内地新疆高中班。该文件对过去 14 年内地西藏班进行了总结，内地已建立西藏班（校）150 多个（其中 7 个为在北京等 6 个省、直辖市单独设立的西藏中学），分布在 26 个省、自治区、直辖市，累计招收 19 400 名西藏自治区学生……为办好西藏班（校），国家已支持一次性办学基建补助经费 7000 万元，每年另拨给西藏自治区 700 万元经常性事业补助经费。各有关省、自治区、直辖市也先后支持了 1 亿多元的基建经费和近 4000 万元的日常办学资金。此外，该文件还肯定了内地西藏班的成就并指出继续举办下去，但提出不扩大规模而是重点提高质量。

2002 年 10 月，教育部部长陈至立指出，尽管内地西藏班高中毕业生总成绩比西藏自治区内藏族考生平均高出 150 多分，但内地西藏班（校）办学条件还需改善。为此，提出了继续办好内地西藏班（校）的三项措施。

1）改善内地西藏班（校）办学条件，达到当地同类学校标准。国家再拨出 1 亿多元教育援藏项目经费，用于内地西藏班扩招基建、改造基础设施和购置仪器、设备。

2）做好内地普通高中学校西藏班学生插班教学的试点工作。

3）提高补贴标准，确保内地西藏班学生各项学习、生活及医疗等所需经费。

2004 年 11 月，国务院办公厅转发了教育部等部门的《关于进一步做好教育援藏工作的意见》，其中涉及西藏班的新措施有：从 2004 年开始对全国西藏班办学情况进行综合评估；在西藏班初中和普通高中引入竞争和激励机制，不适应在内地就读的学生可以转回自治区内学习，同时选拔优秀高中生补充到西藏班中；提高补贴标准，确保西藏班学生学习、生活及医疗等各项所需经费，生均各项费用补贴达到每年 6000 元以上。

至 2007 年，过去 20 多年来全国先后有 20 个省市的 28 所学校开办内地西藏班，有 53 所内地重点高中培养西藏高中学生。

2007 年 4 月，西藏自治区招生委员会发布的《关于增加内地西藏普通高中班计划的通知》指出，2007 年从自治区内生源中招收内地西藏普通高中班计划由原来的 150 名增加至 300 名，内地重点高中散插班 21 名计划不变。

2010 年，教育部召开内地西藏高中班、新疆高中班扩招暨内地西藏中职班开班工作部署会。从 2010 年开始，西藏高中班招生规模以 2009 年的 1315 人为基数，分 2 年扩大规模，2011 年招生达到 3000 人。

为了确保内地西藏班的质量，从 2013 年起，内地西藏班普通高中学制由 3 年延长为 4 年，增加一年预科学习；但内地西藏班重点高中（散插班）招收的学生学制依然为 3 年。

随着中央政府内地西藏班教育政策的出台，以及各级地方政府内地西藏班教育政策的有效执行，内地西藏班办学规模逐步扩大。当然，在内地西藏班办学模式运行中，也存在内地汉藏混合班汉族学生生源少与民族通识教育力度不够等问题。

但必须承认，30 多年来内地西藏班对西藏民族高中教育发展做出了重要贡献，具有重大价值，这种办学模式也是中国发展民族教育的一大创新举措。

（二）内地新疆班

1. 产生背景

1999 年 9 月，教育部等四部门在《关于进一步加强少数民族地区人才培养工作的意见》中指出，借鉴举办内地西藏班（校）的经验，于 2000 年秋季开办内地新疆高中班，每年招收新疆维吾尔自治区少数民族应届初中毕业生 1000 人，按每班 40 人，共办 25 个教学班。学制为四年（含预科一年），办班地点主要集中在北京、上海、天津、南京、杭州、广州、深圳、大连、青岛、宁波、苏州、无锡等城市。有条件的地方，新疆高中班可尽量安排到所在地的高等学校附属中学。新疆高中班学生一律不分民族混合编班，并统一使用汉语授课。由此，内地新疆班应运而生。

2000年1月，教育部印发了《关于内地有关城市开办新疆高中班的实施意见》，对内地新疆高中班的办学规模、办学方式、招生计划、招生对象、招生条件、招生办法、教学方式、升学工作、教师配备和待遇、管理职责、学生管理和办学经费做出了详细规定。其中，内地新疆班学制为四年（含预科一年），每年招收新疆维吾尔自治区应届初中毕业生1000人，按每班40人计，每年共办25个教学班；在校生总规模4000人，100个教学班。

借鉴内地西藏班的概念，内地新疆班指的是为了满足新疆维吾尔自治区经济建设的需要，针对新疆地区教育落后、人才匮乏的状况，借助内地发达省份的优质教育资源，为新疆经济的发展培养各行各业所急需人才的办学模式。

内地新疆班的政策目标主要包括：①培养具有高度国家认同的少数民族学生；②培养一批具有真才实学的少数民族优秀人才；③促进新疆维吾尔自治区和内地的文化交流，促进民族团结。

内地新疆班办学模式的有效运行，具有以下重要意义。

1）有利于提高教育资源利用效率。内地新疆班，旨在发挥内地教育资源相对丰富的优势，利用内地教育资源培养新疆学生，从而提高教育资源利用效率。

2）有利于促进教育公平发展。内地新疆班办学模式的运行，可以营造"大手拉小手"团结互助的良好氛围，通过外力作用改善新疆地区教育资源相对匮乏的现状，从而实现教育公平发展。

3）有利于新疆地区社会经济的发展。"知识就是力量"，教育可以通过人才培养、知识创新，以及理念转变等方式改变新疆地区相对落后的社会发展现状，为当地社会经济发展提供智力支持与科学保障，从而有利于新疆地区社会经济的发展。

4）有利于多元民族文化和谐发展局面的形成。在内地新疆班办学模式运行中，各级政府重视汉族文化与少数民族文化的协调发展，通过双语教学方案、民族融入活动，以及民族特色文化建设等方式促进多元文化的发展，最终形成多元文化和谐共存、欣欣向荣的发展局面。

2. 主要要求

2000 年 5 月，教育部发布的《内地新疆高中班工作会议纪要》对办好新疆高中班确定了九个事项：各级教育行政部门的职责；内地新疆高中班办学的指导思想和培养目标；内地新疆高中班选择省（市）一类非民族学校举办；内地新疆高中班学制四年，其中含预科一年；在内地、沿海举办新疆高中班，是国家和内地人民支援新疆、促进西部发展的一项特殊的重要措施；内地新疆高中班教职工"定编不定人"，实行定期轮换，对不合格教职工及时调剂，确保优秀教师到内地新疆班任教；严格执行当地高中学校学籍管理规定和教育部内地新疆高中班管理办法以及校纪校规，统一要求，统一标准；内地新疆班学生高中毕业后，升学工作实行"统一考试、统一阅卷、单独划线、单独招生"的办法；中央财政决定拨款8750 万元作为一次性内地新疆高中班办学经费，支持各地办班工作的实施。

2000 年 6 月，教育部出台了《内地新疆高中班管理办法（试行）》，对新建内地新疆高中班的管理和领导提出了 26 条规定。同时，教育部办公厅在转发新疆教育委员会《关于报送内地新疆高中班有关经费标准的报告》的通知中对内地新疆高中班的经费标准作出了详细规定①：补贴标准为伙食费每生每月补助 100 元，医疗费每生每年补助 200 元，两项合计每生年均 1400 元，费用由新疆维吾尔自治区人民政府解决，并按年度足额拨付给办班学校。学生在内地新疆高中班学习期间，由学生缴纳的学习、生活费和医疗费（每生每年 900 元），由新疆维吾尔自治区教育委员会统一收取，并按年度足额拨付给办班学校。新疆高中班学生两年探亲一次，往返交通费由新疆维吾尔自治区人民政府补助；新疆选派的内地新疆高中班辅导教师的往返交通经费和生活补助费，由新疆维吾尔自治区人民政府负责解决。

2002 年 4 月，《教育部、国家计委、财政部关于扩大内地新疆高中班招生规模的通知》提出，内地新疆班的年招生规模由 2001 年的 1000 人扩大到 2002 年的1540 人（其中面向新疆生产建设兵团招收应届初中毕业生少数民族 35 人，汉族农牧民子女 35 人，共计 70 名），每城市扩招 1 个班，每教学班 45 人，共 12 个班。

2003 年，教育部对做好 2004 年内地新疆高中班高考招生工作提出"统一考试、统一阅卷、单独划线、单独招生"原则，确定了各项工作的实施主体和对象。

---

① 中华人民共和国教育部. 新疆教委关于报送内地新疆高中班有关经费标准的报告. （2000-06-26）[2018-06-21]. http://www. moe. gov. cn/s78/A09/mzs_left/moe_752/tnull_1011. html.

2005 年，教育部、国家发展和改革委员会、财政部决定，从 2005 年起，在北京、天津、长春、哈尔滨、上海、扬州、盐城、镇江、泰州、杭州、宁波、温州、嘉兴、厦门、青岛、烟台、威海、武汉、广州、珠海、东莞、江门、肇庆、深圳等 24 个内地城市扩大内地新疆高中班招生规模。年招生规模由 2004 年的 1540 人扩大到 5000 人，扩招 3460 人，按每教学班 40 人计算，共扩招 87 个班；扩招后在校生总规模达到 20 000 人，500 个班。①

为规范和加强内地新疆高中班的管理，不断提高新疆高中班的管理水平和教育教学质量，依据国家有关法律法规，结合新疆班的实际，2010 年教育部出台了《内地新疆高中班管理办法（试行）》，制定了 27 条具体办法。

此外，为了尊重内地新疆班少数民族学生的饮食习惯，2011 年教育部和国家民族事务委员会专门印发了《关于进一步加强内地新疆班清真食堂管理工作的通知》，对各地学校清真食堂的管理提出了五点要求：进一步提高对办好清真食堂重要性的认识；建立健全清真食堂管理制度；加强原料进货储运和安全卫生管理；做好对清真食堂员工的培训工作；要加大对清真食堂的监督检查力度。

为进一步做好内地新疆高中班招生录取工作，根据教育部关于办好内地新疆高中班的相关政策规定，结合工作实际，2014 年新疆发布了《2014 年内地新疆高中班招生工作规定》，提出了 12 条相关规定。

总之，与内地西藏班一样，内地新疆班已经建立并形成了一套完善的办学体系和管理制度，有效地推动了新疆高中教育的发展，也促进了民族教育的发展。

基于上述一系列文件与政策的颁布及其有效执行，内地新疆高中班得到了比较顺利的发展，切实促进了新疆民族地区高中教育阶段的普及与发展。

截至 2015 年，内地新疆班顺利完成 10 次大规模扩招，年招生人数由 2000 年的 1000 人扩大到 2015 年的 9880 人，累计招收 16 届共 8 万名新疆各族初中生，在校生 3.7 万人，同时，报考内地新疆班的人数也在逐年增加，2015 年内地新疆班报考人数达到 40 939 人。②

---

① 中华人民共和国教育部. 教育部 国家发展改革委 财政部关于扩大内地新疆高中班招生规模的意见.（2005-05-17）[2016-06-21]. http://www. moe. gov. cn/srcsite/A09/moe_752/200505/t20050517_77957. html.

② 新疆维吾尔自治区教育厅. 内地新疆高中班范本概况.（2015-11-13）[2018-11-20]. http://www.xjban.com/xjbanin.

　　当然，内地新疆班办学模式在取得显著成效的同时也存在一些问题，例如内地新疆班学生流失现象、内地新疆班学生的文化适应问题，以及内地新疆班编班方式不合理等。由此，需要继续强化内地新疆班的科学研究，不断探索更加有效的办学模式。

第八章

新时代中国普通高中发展展望

　　"普及高中阶段教育"是党中央、国务院立足全面建成小康社会决胜阶段作出的重大战略决策。党的十八届五中全会明确提出"普及高中阶段教育"的要求,《中华人民共和国国民经济和社会发展第十三个五年规划纲要》将高中阶段教育普及攻坚计划列入教育现代化重大工程。

　　新时代,普及高中阶段教育是国家教育现代化的重要任务之一,也是我国实现以人民为中心、满足人民群众对接受更优质教育期望的重要举措。展望未来,我国加快普及高中阶段教育的发展,需要立足当下中国高中教育发展面临的新形势,以创新驱动的理念思考、研究和规划发展的路径,聚焦在建设好每一所人民满意的学校,努力实现扎根中国大地与融通中外相结合的发展目标。

第一节　普及高中阶段教育的形势分析

教育是国家社会经济全面发展的一个重要方面，高中教育是整个教育体系中的一个重要阶段。当前，需要以开放的国际化视野审视高中阶段教育发展，同时需要正视当前实践中面临的主要问题和重大挑战，进而确立高中阶段教育发展的思路。

一、普及高中阶段教育的国际视角

从国际视角审视普及高中阶段教育主要基于两个角度：①国际高中教育发展的历史实践；②最具广泛影响性的国际学术研究报告。

（一）国际高中教育发展的特点

通过对国外，尤其是发达国家高中教育发展基本历程的梳理和研究，可以发现国外高中教育改革与发展的一些实践特点。国外高中教育在适应社会需要和教育体系自身变革的过程中，其教育性质、教育功能、学校类型、发展路径，以及与大学衔接等诸多方面都发生了显著的变化。

1. 高中性质：从"精英化"到"大众化"

许多发达国家的高中教育都经历了从精英教育到大众教育的转变，即高中教育规模的扩大。这种规模的扩大在本质上影响了高中教育的性质。传统的精英化高中教育的任务在于通过开设学术课程实施普通教育，使学生具备接受高等教育所需的学术知识和思维能力。而大众化的高中教育必须为规模更大、差异更多的学生群体提供更具针对性的教育服务和支持，必须改变以往单一的学术性教育模式。

第二次世界大战以后，许多国家和地区的高中教育步入大众化阶段，高中教育的国民性、大众性逐渐凸显，高中成为大众化的国民教育机构，并因此引发高中教育目标、培养计划、课程设置、教学手段等一系列的改革与变化。在此转变过程中，英国、美国和日本等发达国家制定出一系列的政策和法规，通过建设开放、丰富的课程体系，为广大学生提供可选择的个性化学习内容，促进学生的多元化发展。

在面向少数人群的精英化教育时期，高中教育一般具备以下两方面的功能：一方面是为高等学校输送具备接受高等教育的基础条件的生源；另一方面是为社会培养和输送具备一定素质与能力的建设者。然而，大众化的高中教育除了担负升学和就业的双重功能外，还在于实现学生个体的全面发展，为其终身发展奠定基础。

随着社会对个人主体价值的认可和尊重，以及终身教育的不断发展，在高中教育的功能定位上，许多国家从以往的"双元"扩大到现在的"三维"。也就是说，高中教育既要为个体未来接受高等教育做准备（即升学），也要为个体未来的个人生活与就业做准备，还要为个体人格的健全发展和终身发展做准备。

2. 学校类型：从"普职分离"到"普职融通"

在高中教育性质发生变化的过程中，高中教育阶段的学校类型也呈现出多元化的发展特点。除了传统的基于学术发展的普通高中之外，职业高中、技术高中、中等专业学校及综合高中等各种类型学校相继出现，并成为大众化高中教育阶段主要的学校类型。

在高中教育领域，诸多发达国家在实现高中教育大众化发展的基础上，还注重提升高中教育的质量和毕业生的学术能力。发展高质量的、普及的高中教育，成为这些国家教育改革与发展的鲜明主题及实践路径。例如，提高教育质量，追求优异教育成为美国《国家处在危险之中：教育改革势在必行》（*A Nation at Risk: The Imperative of Educational Reform*）和《美国 2000 年教育战略》（*American 2000: An Education Strategy*）等涉及高中教育改革的一系列政策文本的主题。

其中，普通教育与职业教育之间的相互渗透，成为国际高中教育发展的显著特点之一。譬如，英国正在逐渐打破普通高中和职业高中之间的界限，那些只提供普通教育课程的严格意义上的"普通高中"已经为数不多，而兼具普通与职业教育的综合高中则成为主流。

同时，随着信息技术和知识经济的发展、产业及其组织结构的变化，社会对劳动者的技能也提出了新的、更高的要求。关注中等教育与劳动力市场之间的衔接成为一个全球性话题。包括国际组织在内的全球社会也一直要求重新审视中等教育的改革与发展，并对中等教育的质量提出了新要求。无论是普通高中还是职业高中，抑或是综合高中，都应该满足高中教育的这些改革需求。

2016 年，联合国教育、科学及文化组织发表了《反思教育：向"全球共同利益"的理念转变？》（*Rethinking Education: Toward a Global Common Good?*），该报告指出，需要在当前复杂而变化的背景下，重新定位教育的目标与任务，需要重新回到人文主义的视角规划教育发展政策。普职融合的高中教育模式，是提升整个高中阶段教育质量与内涵的主要特征之一，也是世界高中教育改革与发展的重要主题之一。

3. 教育目标：从"成学成才"到"成长成人"

伴随着高中教育规模的扩展与性质的变化，在尊重学生个体自主化、群体多样化、发展多元化思想的基础上，国外高中日益重视开展学生发展指导。

就美国而言，20 世纪初以来，美国综合中学的学生指导先后提供了职业指导、全面指导、矫正性指导、发展性指导、个体指导和团体指导等多种指导形式，并已形成成熟的发展指导模式和系统化、制度化的学生发展指导体系。同样，日本也已建立了完善的学生指导体系，涵盖学业指导、进路指导、个人适应指导、社会性指导、闲暇指导和健康安全指导等多个方面。

高中与大学的关系也发生了变化。传统的学术性高中教育是以为高等教育培养学生为目标、面向并服务于高等教育的，在某种程度上，属于一种"单向依赖"。但是，随着现代教育体系逐渐完备和完善，基础教育、中等教育和高等教育之间的关系也发生了变化，高中教育与高等教育的关系发生着从"单向依赖"到"双向互动"、从"线性衔接"到"多维合作"和从"刚性连接"到"柔性联系"的变化。

基于人才发展与人才培养的共同目标，高中与大学都力求发挥各自的优势，呈现相互开放的格局。例如，高中学生可以选修大学课程，进入大学的实验室；大学承认高中教育阶段的部分学分，提供先修课程，支持高中教师的专业发展等。美国总结出了"共生模式""有机关系模式""公平交易模式"等不同类型的大学与中学合作模式。

所以，现代高中学生发展的目标已经从"成学成才"演变为"成长成人"。这一点也应是当前我国教育改革与发展的重要思想。

（二）两份国际文献报告的启示

1.《哈佛通识教育红皮书》

早在 1945 年，美国哈佛大学出版的《自由社会中的通识教育：哈佛委员会报告》（ *General Education in a Free Society: Report of Harvard Committee* ），中文版名称为《哈佛通识教育红皮书》①，是美国教育史上的经典著作。这本书在讨论高等教育发展问题的同时，也关注了中等教育的问题。

时任哈佛大学校长詹姆斯·B. 科南特（James Bryant Conant）在该报告的序言中指出，该报告适合的读者首先就是"关注中等教育问题的专家"。这里不妨摘录该报告中的一些观点：高中所面临的最艰巨任务是，高中如何尊重众多学生在智力、背景、家庭、兴趣及期望等方面的差异，并制定相应的方案。在过去的高中里面，如果学生不能够或者不愿意学习，他们不会被强迫留在学校里。而现代高中必须为所有学生找到合适的位置，无论其意愿和天分如何。它应在合理的范围内使用来适应每个学生的需要。高中的任务就不仅仅只是把聪明的孩子变成最好的，它至少同样是为（从数量上讲，甚至更多的是为）普通孩子扩展眼界和见识，使他们和他们的下一代在成功的道路上少遇到一些困难。

哈佛大学的专家之所以提出这些观点，是由于当时美国高中"本身的爆炸性扩展和发生在校外的同样具有爆炸性的变化"。这就是当时美国免费教育的发展，以及城市化和工业化，对教育尤其是高中教育提出的新要求。社会希望教育能够同时实现"向有能力的人提供舞台，给普通人提供机会"这两个目标，作为高中教育更需要如此。

如果认真比较当时的美国社会及其教育与当下的中国社会及其教育，不难发现两者之间有着诸多的相似之处。当时美国中等教育发展中的这些问题与当今我们普及高中阶段教育的情形非常相似。由此，这份经典报告提出的观点和建议值得我们学习和借鉴。

---

① 美国哈佛大学委员会. 哈佛通识教育红皮书. 李曼丽译. 北京：北京大学出版社，2010：5-7.

2. 联合国教育、科学及文化组织报告

联合国教育、科学及文化组织是当今世界上最有影响力的国际性教育组织，号称"智慧实验室"，曾发表过很多篇有影响力的研究报告。2005 年，联合国教育、科学及文化组织发表了题为《中等教育改革：迈向知识获得和技能发展的结合》(Secondary Education Reform: Towards a Convergence of Knowledge Acquisition and Skills Development)的报告，全面地介绍了该组织对中等教育改革的看法，其中还罗列了近年来全球所达成的一致观点：中等教育是关于生活的准备；教育应该采取非实用主义的方式，要有助于个体的全面发展、自我实现和社会参与；多部门的广泛参与是促进中等教育发展的必要条件；职业教育与普通教育的改革不应该割离，两者间要建立桥梁，要有相互的资格认同；要尽可能延迟学生在职业教育与普通教育之间的分流，以便为这些学生提供更多的统一而共同的知识；普通教育中不能将所谓的学术科目与职业科目严格区分，而是要考虑各个学科之间的相互依赖；为学生提供指导和辅导，帮助他们在教育和生涯发展方面更好地做出自己的决定。[①]

可见，该报告对当时中等教育发展的诸多问题及其观点进行了系统梳理，表达了业已达成共识的一些主要观点。这些观点对于当前我国发展中等教育，尤其是普及高中阶段教育同样具有启示作用。

上述两份报告前后相差 60 年，但它们都抓住了高中阶段教育发展过程中具有的一些特征，前者基于教育的立场，强调要为高中学生提供基本的通识教育；后者则从当今社会经济发展的现状出发，强调高中教育应该为学生适应知识经济时代的现代生活做准备。同时，两者都基于一种通识教育的理念，将高中阶段教育视作教育系统中的一个有机组成部分，而不是单纯地为高等教育或者就业做准备。

这些共同的观点对于我国加快普及高中阶段教育不仅具有理论思考的学术意义，更具有政策导向的实践价值。

二、我国高中教育普及面临的问题

2010 年以来，我国各地积极采取措施推进高中阶段教育普及、推动高中多样

---

① UNESCO. Secondary Education Reform: Towards a Convergence of Knowledge Acquisition and Skills Development. Paris: UNESCO, 2005: 20.

化发展，国家也通过实施基础设施建设等项目，对中西部贫困地区高中阶段教育予以积极扶持，全国高中阶段教育取得长足的发展。但是，不可回避的是，当前在加快普及高中阶段教育实践中还面临着诸多问题和困难。

（一）办学条件与经费投入

当前影响中国普及高中阶段教育发展的首要方面，还是来自经费投入与资源供给方面的挑战，具体表现在以下几个方面。

1. 办学条件的区域差异明显

目前，中西部贫困地区，特别是高中阶段教育普及水平较低的地区，普通高中教育资源还不能很好地满足初中毕业生的就学需要。

《中国高中阶段教育发展报告（2016—2017年）》显示：2015年全国普通高中平均班额为53.5人，比2010年减少了3.1人。大班额比例则从2010年的51.2%下降为2015年的37.3%，下降了13.9个百分点。超大班额比例从2010年的20.0%下降为2015年的12.3%，下降了7.7个百分点。[①]

但是，通过进一步分析发现，省与省之间、省内城乡之间普通高中大班额、超大班额比例的差异十分突出。2015年，普通高中大班额比例超过50%的省（自治区）达到9个，分别为河南、广西、湖南、河北、江西、宁夏、四川、贵州、云南，另外湖北、山东、重庆、甘肃、陕西等5省（直辖市）超过40%。同时，大班额和超大班额在不同省份城乡之间分布规律也不相同。河北、安徽、河南、甘肃、重庆等省（直辖市）的农村地区普通高中比城市普通高中问题更为突出，海南、四川、贵州等省份城市地区普通高中大班额问题更为突出。

从普通高中的条件保障看，尽管普通高中生均校舍建筑面积、仪器设备配置水平继续增加，但区域之间、各省之间差距较大。

2015年，全国普通高中生均校舍建筑面积为19.9平方米，比2010年增加了3.4平方米。其中，东部地区普通高中生均校舍建筑面积最高，平均为23.5平方米；中部地区为18.1平方米；西部地区最低，为17.6平方米。2015年，全国普通高中生均仪器设备值达到2999.0元，比2014年增长9.7%。但分区域看，东部地区达到4350.1元；中部地区为1957.6元；西部地区达到2520.9元。中西部和

东部地区相比，生均仪器设备值差距显著。尤其是，东部地区城市普通高中学校生均仪器设备值为5461.8元，而农村学校仅为城市的一半，仅为2873.1元；中、西部农村普通高中学校生均仪器设备值分别为1606.4元、2028.7元，均与同一区域城市普通高中学校有较大差距。

2015年，全国普通高中每百名学生拥有教学用计算机台数为15.9台，但是城乡之间有较大差异。城市普通高中为19.6台，农村普通高中为12.7台。与2010年相比，各区域增速不同，东部地区增加了7.9台，中部地区增加了2.7台，西部地区增加了4.2台。

这些条件保障上的区域差异在中等职业学校中同样存在，这里不再罗列数据。总之，当前普及高中阶段教育中存在着明显的不平衡现象。

2. 经费投入的区域差异明显

依据教育部的相关通报，各省在提高经费保障水平方面采取了多种措施，但是进展不尽如人意，区域差异明显。①制定生均公用经费拨款标准，保障普通高中学校正常运转。但是标准水平差距较大，有超过2000元的，也有1000～2000元的，有些还停留在500元左右。②建立按比例分担的奖补机制，落实地方各级政府责任。例如，陕西省规定公办普通高中生均公用经费拨款标准由省与市县财政按5∶5的比例分担，市县分担比例由各市（区）自行确定；青海省由省、市（州、县）按照8∶2比例分担；宁夏回族自治区对达到基准定额并全额落实到位的市、县（区），按照基准定额的50%进行奖补，资金由自治区财政承担。③提高寄宿制学校拨款水平，适应寄宿学校办学需要。例如，大连在原有标准基础上上浮25%；深圳规定寄宿制公办学校按生均300元标准提高财政补助水平。

就普通高中学校看，2015年全国生均公共财政预算教育事业费为10 820.96元，但也有4个省份超过了2万元。就中等职业学校看，全国生均公共财政预算教育事业费为10 961.07元，同样有4个省份超过了2万元。显然，无论普通高中还是中职学校，生均公共财政预算教育事业费水平的地区差距仍然较大，值得地方政府关注。①

更需要关注的是，虽然政府投入不断增加，但由于尚未建立起完善的、长效性的经费投入机制，普通高中"吃饭靠财政、运转靠收费、建设靠举债"的现象

---

① 朱益明. 中国高中阶段教育发展报告（2016—2017）. 上海：华东师范大学出版社. 2018：18-20.

依然存在。高中学校新增办学规模的投入、学校办学条件的改善相当部分靠贷款、借款等方式筹措。特别是中西部地区普通高中教育经费投入偏低。

近年来，各地政府虽然已经注意到了高中学校的负债情况，并进行了摸底和清理事宜，但并没有采取切实行动帮助学校偿还债款，而只是控制了新增债务的出现。根据教育部在 2014 年 2 月发布的数据，全国高中负债 1600 亿元，其中多为优质高中。而 2017 年的调研结果发现，学校负债问题仍然存在，尤其是在中西部地区的高中学校。

综上所述，虽然各地积极制定生均公用经费拨款标准，经费保障水平得到了提高，但是不同地区差异较大，特别是与课程改革、提高教育质量的要求不相适应。

3. 产业化思想仍然局部存在

在政府大力整治下，教育领域中的乱收费现象已经得到了根本性的治理，同时，教育产业化思想也得到了有效的遏制。但是，在普通高中教育领域可能并非如此。

当前，在职业高中教育普遍实行免学费的情况下，普通高中教育更多地被认为是需要投资的教育和需要付费的教育。普通高中教育领域的产业化思想或者说商业化思想仍然存在，由此导致很多地方的普通高中学校还是建立在收费办学的基础上。近年来，虽然各地政府在发展普通高中教育方面贯彻落实了"三限收费"政策，表面上似乎规范了高中教育中的乱收费现象，但是本质上还是坚持着教育产业化的观念，仍是收费"乱"的表现。正是由于教育产业化思想的影响，各地政府在发展普通高中教育方面要么不愿意投钱，要么没有钱可投，提供经费不足。所以，普通高中学校的基建和运行都要依托学生学费、择校费、高考复读班学生学费等来源，这在各地学校中普遍存在，也导致了各地普通高中学校普遍负债的情况。

在公用经费拨款方面，往往是有名无实，基层地方政府没有为高中学校提供应有的公用经费拨款，有些省级政府甚至连相应的高中公用经费标准也没有制定。依靠高中学生学费而维持学校运行的普通高中学校不在少数。

在一些经济发达的地区，政府在为普通高中学校提供在编教师工资之外，不再提供其他费用，甚至包括生均公用经费，这样一来，学生的学费、补习费和择校费就成为维持学校运行的经费来源。此外，一些普通高中学校或多或少地存在临时教师、非编教师或者代课教师，而他们的工资也都由学校自己解决。

在"收费"思想的影响下，面对校园扩建的困难，增大班级规模成为学校规模扩大的主要方式。近年来，大班额、超大班额的比例始终难以降低，与学校的"经费成本"理解与"经费供给"能力密切相关。

为了解决办学经费问题，"高考复读班"仍然大规模存在于落后农村地区的普通高中学校。它虽然缓解了这些学校办学经费的紧张问题，但也影响正常的普通高中教育教学，助长了片面追求升学率的办学动机。

大班额现象对于开展有效的课堂教育教学、全面推进高中课程改革、全面提高普通高中学生的综合素质等都产生着消极的影响。这对于切实提高高中教育质量是不利的，也影响到了普及高中教育的进程。

（二）高中学校多样化发展

《国家中长期教育改革和发展规划纲要（2010—2020 年）》颁布之后，普通高中多样化发展在各地得到了重视，而且进行了诸多的探索和实践，但是，一个突出的问题是，人们对普通高中的多样化发展与高中教育质量的认识不到位，包括地方教育行政部门、普通高中学校，以及一些教育理论研究者。

1. 多样化发展缺乏创新

一些地区在探索和推进普通高中多样化办学的实践中，出现了急于"贴标签""挂牌牌"的现象。在一些地区，多样化发展逐渐演变成为一些学校拨款的"项目"行为。它们没有将多样化发展的要求转变为促进每个学校立足自身办学历史、办学传统、学校文化、学生情况，以及社会期待等多重因素而自主办学的行为。虽然有些地区大力宣扬多样化的高中教育发展理念，但是缺乏实际的行动和有效的证据。一些地方政府和社会仍停留在"升学率至上"的学校评价观念框架下，表面性地开展所谓的多样化办学探索，在本质上，多样化办学还没有实质的进展。当前，诸多高中学校仍然不得不围绕提高高考升学率而开展有针对性的改革实践探索，与真正全面实施素质教育、面向全体学生、为学生终身发展奠基的改革要求之间还有很大差距。

这种差距同样反映在高中教育的政策上。推动普通高中多样化发展，涉及办学体制、课程、师资、评价方式、中招、高考、经费、人事、普职招生比例、学校空间布局等一系列问题，其摸索和实践需要假以时日，且不是仅仅依靠单一的政策支持就能奏效的。开展普通高中多样化发展，需要各种协同配套的政策跟进。

教育质量是发展教育的根本所在，有质量的教育才是教育发展的目标。所以，加快普及高中阶段教育必须以质量为生命线，其中包括普通高中教育的发展和职业高中教育的发展。

2. 就业与升学间的隔离

当前我国高中教育体系内部是明显的双轨制，即普通高中教育与职业高中教育，前者为高等教育输送人才，后者为就业做准备。在实践中，普遍存在把学生的高考分数及升入大学的比例作为评价普通高中学校的质量指标，把职业学校学生的就业率作为评价职业学校的质量指标的现象。在高等教育扩招之后，职业学校的就业率得不到保证的情况下，也开始将升入高一级学校作为学校办学质量评价的又一新指标。

显然，这种直接将高中毕业安置情况作为高中阶段教育的办学目标，是一种短视而功利的行为。高中阶段教育无论是普通高中还是职业教育，都需要围绕学生的全面发展与终身发展，要面向每个学生的未来发展。事实上，我们的调查发现，普通高中学生及其家长并未把升学作为唯一的目标，学生家长还是希望孩子能够在高中阶段得到更全面的发展，拥有更宽阔的知识视野，能够获得一些生活技能等。

认清高中阶段教育的特点和学生发展的要求，是界定高中阶段教育质量要素的根本，也是普及高中阶段教育发展的关键所在。

显然，高中教育肩负着重要使命，而且具有自身的特点，一方面要为每个学生提供更多基础性的教育，即超越了义务教育；另一方面要为每个学生的终身发展提供支持和帮助，所以，在高中学生群体规模日益扩大的情况下，高中教育的内容与服务必须更加丰富。这对承担高中教育的学校也提出了挑战：一方面，传统的为升学服务或者为直接就业服务的两类教育机构必须转型；另一方面，可能还需要不同于这两类机构的新型学校。总之，高中学校需要适应新形势下普及化的要求。

其实，全面提高学生综合素质，不是仅仅针对普通高中学生的要求，而是对所有高中学生提出的要求。多样化的高中学校发展要求，同样适用于职业高中学校的发展。学校发展需要立足于使每个学生得到其最有价值的成长与发展，学校多样化是高中教育质量的保障，也是教育普及化的需要。单一的"升学率"或者"就业率"不能成为评价高中阶段教育质量的唯一指标。

3. 学校间差距没有缩小

由于历史的原因，我国普通高中教育体系中存在按照等级划分的不同类型，尤其是传统的重点中学，或者所谓的优质学校、星级学校、示范学校等。要办好人民满意的高中教育，不能只是办好这些所谓的重点中学或者示范学校，关键是要办好每所学校，使每所高中学校都能够为他们所服务的学生提供最恰当的教育，促进学校内每个学生的全面发展。只有促进所有高中学校的发展，整个高中教育的水平才能得到实质上的提升，从而得到人民群众的认可。

教育政策的公平公正公开是促进高中学校有序发展、竞争发展、共同发展的前提条件。以往重点学校的教育政策在当前追求公平的环境下，必须改变。所谓的优质教育资源都是相对的，都有一定的适应环境和适用范围。

现有优质学校的规模扩展、兴建分校或者集团化办学等，虽在一定程度上似乎扩展了优质教育资源规模，但在更大程度上，可能影响到其他高中学校的发展空间和努力。高中教育质量并非简单的"进城"或者名校扩编就可以自动生成。必须按照《国家中长期教育改革与发展规划纲要（2010—2020年）》所提出的树立人人成才观念，面向全体学生，促进学生成长成才。树立多样化人才观念，尊重个人选择，鼓励个性发展，不拘一格培养人才，转化成为高中阶段教育改革与发展的实践，就需要办好每一所高中学校。

（三）高中结构比例的政策

在我国，尽管高中教育被归入基础教育领域，但与义务教育显著不同的是，高中阶段教育包括了普通学术类教育（普通高中教育）和职业技术类教育（职业高中教育）两种类别。而且，当前这两类教育在实践中基本上是完全分离的，包括招生、课程教学、培养目标，以及教育行政与管理体系等。基础教育通常不包括高中职业教育。

1. "大体相当"的高中教育规模扩展政策面临挑战

近年来，自上而下的各级政府鼓励和支持大力发展职业高中教育，实施诸多建设项目，提供各种办学保障，包括免学费的措施，吸引了一些学生进入职业高中学习；中等职业教育规模得到了不断扩大，与普通高中教育规模之间的比例基本维持在"大体相当"的状态。

相对而言，在发展普通高中教育上，由于国家没有明确的政策导向，过去 10 年始终以课程改革为抓手，这虽然对提高普通高中教育质量具有重要意义，但是对全面推进普通高中教育发展的作用有限。而正是在中央政府提出大力发展职业教育的背景下，我国高中阶段教育的规模扩展在一定程度上是依靠中等职业教育的发展而产生的。

不可回避的是，在普通高中招生规模没有大变动的情况下，中等职业教育的招生数量出现下滑，也使职业高中学生规模在整个高中阶段教育中的比例下降。大力发展职业教育，是国家教育发展的一大政策，在高中阶段究竟如何协调和平衡普通高中教育与职业教育之间的关系，将是一大课题（表 8-1）。

表 8-1　2005—2016 年全国高中阶段在校生人数统计　　单位：万人

年份	合计	普通高中	中等职业学校	成人高中
2005 年	4030.90	2409.10	1600.00	21.80
2006 年	4341.90	2514.50	1809.90	17.50
2007 年	4528.80	2522.40	1988.30	18.10
2008 年	4576.10	2476.30	2087.10	12.70
2009 年	4641.00	2434.30	2195.20	11.50
2010 年	4677.30	2427.30	2238.50	11.50
2011 年	4686.61	2454.80	2197.00	26.50
2012 年	4595.30	2467.20	2113.70	14.40
2013 年	4370.00	2435.90	1923.00	11.10
2014 年	4170.70	2400.50	1755.30	14.90
2015 年	4055.20	2374.40	1674.20	6.60
2016 年	3970.06	2366.65	1599.01	4.40

资料来源：中华人民共和国教育部. 2005—2016 年全国教育事业发展统计公报

2. 缺少"可选择"的安置与分流而人为产生的比例

不可否认，当前人们对普通高中教育的需求明显大于职业高中教育。学生进入高中阶段的普通高中或者职业高中，沿袭按照考试分数的方法录取，在很大程度上是政策决定的人为分流，而不是真正基于学生选择的意愿（在这一点上还具有"强迫教育"的特征）。目前，有些职业学校也采取了直接注册入学的方式，以吸引学生入学。普通高中学校则是按照考试分数的高低来决定学生进入什么级别的高中学校，如重点或者一般，示范校或者非示范校。政府对这些高中学校的招生有严格的操作规定。

如何确立高中阶段中的普通教育与职业教育之间的比例关系，尤其是如何实现高中阶段内普通教育与职业教育之间的融合和渗透，是加快普及有质量的高中阶段教育的重要基础之一。在一个社会经济发展存在多样性的国家，普及高中阶段教育的途径、方式与模式肯定不能全国统一。高中学校的类型多样性、高中教育的丰富性将是实现加快普及高中阶段教育的特征之一。

3. 中等职业教育与普通高中教育发展的政策不平衡

作为职业教育的职业高中，近年来得到了大力发展，这归功于政府大力发展职业教育的政策与举措。但是，在中等职业教育发展上，政府的干预似乎并不合理，或者说干预过多。

中等职业教育具有一定的专业划分，这种专业与学生毕业之后的就业岗位有很大关联。因此，中等职业教育发展需要比较多地关注与地方社会经济发展的匹配性，要更多考虑学生毕业之后的去向，所以，中等职业教育发展要强调与部门、行业及企业的合作，而不是单纯的教育系统内部的事情。

尽管我国一直强调职业教育的社会参与和企业合作等要求，实际上发展中等职业教育基本上都是政府教育部门在实施，明显缺乏社会与企业的参与和合作，例如，近 10 年一些农村地区建立的职业学校大多是为响应中央大力发展职业教育的号召而产生的"政府行为"；同时，政府在发展中等职业教育上采用"免费"措施，这可能会导致中等职业教育发展的不可持续性。

相比之下，普通高中教育显然没有像职业教育那样得到国家政策的关注和支持。普通高中教育往往纳入基础教育管理范畴，但是，它又得不到与"义务教育"一样的政策待遇和发展支持。在以地方为主的基础教育办学体制下，究竟是省级政府、地市级政府还是区县级政府承担普通高中教育的发展问题？目前各地普通高中教育发展政策与措施差别明显。

实践中，普通高中学校的管理者分别有省级、地市级、区县级等不同的部门，而这些不同的管理者造成了普通高中学校在发展条件上的差异，体现在生均公用经费拨付或者学校基建项目费用来源等方面。所以，普通高中教育发展区域间的不平衡性有加剧的趋势，至于普通高中学校之间的差距（办学条件）同样有加剧的趋势，农村高中更是问题重重。

目前，在加快普及高中阶段教育发展方面，一些省往往是按照中央的要求出台原则性的规划目标，地市县则按照省里的要求，从自身的利益出发，一方面运用来自上级的职业教育经费发展建设职业高中或者职教中心，实际上，这些建设难以产生效益，且在一定程度上阻碍着职业教育的发展。另一方面，在不为普通高中学校提供经费支持的情况下，要求普通高中学校自筹经费扩建、改建、新建校园，由此产生巨型学校、学校欠债甚至乱收费现象。

所以，是否能够像义务教育一样，加强对高中阶段教育的管理呢？是否能够确立一个全国相对一致的高中阶段教育管理体系？解决这两个问题需要明确发展高中阶段教育的责任主体，尤其发展普通高中教育的责任者：县、地还是省？或者在三者之间分配各自的责与权。

三、普及高中阶段教育的时代机遇

"十三五"时期是全面建成小康社会的决胜阶段。《中华人民共和国国民经济和社会发展第十三个五年规划纲要》指出，我国发展仍处于可以大有作为的重要战略机遇期，也面临诸多矛盾叠加、风险隐患增多的严峻挑战，今后五年国家经济社会发展要实现"经济保持中高速增长""创新驱动发展成效显著""发展协调性明显增强""人民生活水平和质量普遍提高""国民素质和社会文明程度显著提高""生态环境质量总体改善"等七大目标。

党的十九大报告指出，建设教育强国是中华民族伟大复兴的基础工程，必须把教育事业放在优先位置，深化教育改革，加快教育现代化，办好人民满意的教育；强调指出推动城乡义务教育一体化发展，高度重视农村义务教育，办好学前教育、特殊教育和网络教育，普及高中阶段教育，努力让每个孩子都能享有公平而有质量的教育。

为此，必须紧紧抓住加快普及高中阶段教育的政策良机，加大推进普及高中阶段教育的进程。

（一）国家教育现代化战略需求

中国教育现代化是我国实现两个一百年奋斗目标的重要保障之一。当前，国际经济格局正在发生新的深刻变化，发达国家与新兴经济体国家的力量此消彼长，新兴经济体国家在世界经济中的地位将进一步提升。中国作为全球第二大经济体和世界经济增长的重要引擎，将面临前所未有的机遇和挑战。对此，中国教育必须为国家富强做出应有的贡献。

回应这种迅速变化的外部环境，需要发展更有质量而公平的教育，需要为每个人提供符合其需要的学习机会、学习空间和学习支持。促进全民享有终身学习机会也是世界各国的普遍教育愿景。普及高中阶段教育，正是为了满足这种教育和学习的需求与愿望。

当前我国实现了义务教育的高质量普及，同时高等教育驶入了大众化发展的快车道，人民群众对教育有着更多更好的期望。因此，普及高中阶段教育将不仅有助于确保普及义务教育的成果，而且有助于加快我国高等教育由大众化向普及化的进程。普及高中教育是高等教育普及化的前提，而高等教育普及才是教育现代化的标志。

（二）人力资源水平提升的需要

高中阶段教育是国家教育体系中的重要环节，具有承上启下的桥梁作用。普及高中阶段教育，不仅可以使高质量普及九年义务教育的成果得到支持和"释放"，即不仅为初中毕业生提供升学通道，而且能够为高等教育大众化、普及化发展提供基础性"蓄水"。所以，普及高中阶段教育是整个国家教育发展的需要，是支持国家教育体系协调发展的关键领域之一。

随着创新驱动的经济发展战略和以人为本促进社会和谐发展理念的深入普及，国际机构与世界各国高度重视教育在促进经济发展、改变社会、改善人们的生活中的重要作用。努力提供有质量的公平教育与服务，更是一批新兴国家力争尽早跨越"中等收入陷阱"的重大政策选项。

随着知识经济和信息技术的快速发展，各行各业对劳动者的要求日益提高。国家在"十三五"规划中也明确提出，到2020年全国劳动人口的平均受教育年限要提高到10.8年。很显然，这需要高中教育发挥作用。全面普及高中阶段教育，将有助于为国家经济社会转型奠定坚实的人力资源基础。

正如《国家中长期教育改革和发展规划纲要（2010—2020年）》所言，高中阶段教育"对提高国民素质和培养创新人才具有特殊意义"，普及高中阶段教育不仅是实现国家提高劳动适龄人口平均受教育年限的关键因素，也是创新型国家建设、创新型人才成长与培养的重要阵地。无论是普通高中教育，还是中等职业教育，都是创新人才成长成才的关键。在"大众创新、万众创业"的背景下，普及高中阶段教育意义重大。显然，普及高中阶段教育，在国家提升人力资源质量与实现经济转型发展中，具有非常重要的现实意义。

当前，我国高中及以上文化程度人口比重低，这已成为人力资源提升的"瓶颈"。普及高中阶段教育是提高国民素质和社会文明程度的基础工程，是为全面建成小康社会提供充足人力资源的重要保障，也是我国实现教育现代化的基本任务。从各地实际出发，尽快提高高中教育普及水平，缩小各地普及水平差异，是当前我国各级政府承担的重要任务。

因此，在满足人民群众对教育需求的同时，普及高中阶段教育不仅是国家教育协调发展的需要，也是提升国家人力资源质量与实现经济转型的需要。双重的社会需求，凸显出普及高中阶段教育在当前国家发展过程中的重要性。

（三）全体国民素养提升的需要

提升全体国民素养，是国家现代化的主要内容之一。当前，全纳、公平、有质量的教育和终身学习机会，是世界教育发展与改革的主要特点。在全民教育运动之后，从《马斯喀特共识》《仁川宣言》到《教育2030行动框架》，国际机构及世界各国逐步达成了新的共同的教育愿景：每一个人都应有机会获得全纳、公平、有质量的教育和终身学习。提升全体国民的教育水平，是国家发展的重要依托。

中国教育现代化要确保每一个人都获得坚实的知识基础，发展创造性思维、批判性思维和增强合作意识，培养其好奇心、勇气与坚韧性。在这种要求下，必须为完成义务教育的年轻人提供更多的正规教育机会和渠道，普及高中阶段教育则成为首要的选择。

更为关键的是，高中阶段教育是学生价值观形成、个性发展和特长发展的关键期，高中阶段教育在培养学生形成正确的世界观、价值观和人生观方面具有非常重要的作用，尤其是在培育与践行社会主义核心价值观上，高中阶段教育的任务重大。

（四）城镇化建设与发展的需求

推进"以人为核心"的城镇化发展，不仅包括公共资源配置变化与社会治理方式的转变，而且涉及产业结构的调整、生产方式改变、生产效率提升等，尤其涉及人们生活方式与生活观念的更新，所以，提高农业人口的受教育水平，将是整个城镇化建设中的关键性要素。城镇化发展必须要有高素质的居民。

例如，围绕农业现代化，处理好发达国家出现过的农业副业化、农村空心化和农民老龄化问题。如何切实提高农业从业人员和农村转移人员的整体素质，也成为人力资源开发和教育发展的迫切任务。

又如，城镇化建设中，需要创新社会治理方式，需要广大群众的共同参与，需要以生态发展的理念为指导，需要保护生态环境的可持续发展，这同样需要每个居民有生态发展的思想和自觉保护环境的行为。

无论是普通高中还是职业高中，这些学校在城镇化建设中都发挥着重要的作用，它们不仅要服务于城镇化建设，而且在一定程度上要成为城镇化建设的学习中心、科学中心、文化中心和思想中心，而不只是一个教育中心。

第二节　普及高中阶段教育的行动策略

通过形势分析可以发现，尽管普及高中教育遇到诸多问题和困难，但同样具有良好的政策机遇和发展环境，为此，需要确立加快普及高中阶段教育发展的行动策略，以有效推进高中教育的普及工作。

一、强调普及高中阶段教育的定位

随着社会经济的发展，教育发展有了更多的资源，越来越有条件为个体提供更丰富更优质的教育。所以，现代社会中教育规模日益扩大，传统的选拔式精英教育已经逐步变成了普及化的大众教育。这种普及化教育已经从基础教育领域不断扩展到高等教育领域，从传统儿童教育的全日制学校教育发展到了工作阶段中的在职教育、继续教育、闲暇教育，以及老年教育等。

过去 40 年的教育改革与发展，使义务教育得到了快速发展，并正在迈向高质量普及的均衡发展道路；高等教育得到了跨越式发展，实现了从精英教育到大众化教育的非常规发展。实现普及的高中教育，是我国教育改革与发展的必然要求，事实上也是人民群众对教育的期望。普及高中教育是体现中国教育发达的主要指标之一，也是我国教育现代化的一项重要任务。

（一）为更多人提供高中教育学习机会

义务教育是基于"强迫"（compulsory）教育的思想，基于对学生作为尚未成熟的儿童的一种权利的保护（受教育权），为儿童提供必需的思想、知识与技能。与此不同的是，高中阶段教育的适龄学生人群已经成长为具有相对独立性的社会个体，已经具备了初步的选择观念与选择能力。

所以，高中教育的普及意味着为学习者提供越来越多的学习机会，学习者享受教育的权利越来越有保障。但是，这种教育机会的普及，并不一定意味着学习者都要进入这个教育系统之中。高中阶段教育的普及，并不一定意味着每个适龄年轻人都一定要进入高中学校学习。

值得关注的是，当今社会已经成为学习型社会，学习的机会不只是存在于正规的学校之中。当前我国按照考试分数来决定学生在高中阶段入学或者进入什么类别学校的制度方式，显然没有尊重学生升学时的个人选择权，与真正普及并提供机会的思想是不一致的。

（二）高中教育要成为学生的主动选择

在终身教育思想指导下，在信息通信技术的支持下，教育已经不再局限于学校教育范围之内。学习型社会与学习型组织正在成为现实，个体接受教育和参与学习，可以不再受传统学校教育体系的时空束缚。当代教育的发展，正朝着多样性、选择化、个性化等方向迈进，这对传统的强制性、统一化、模式化教育教学体系提出了挑战。

普及高中教育的目的在于使更多学生获得更全面的发展，意味着为学习者提供选择、参与和发展的机会，而不应是"被迫"或者"被动"的接受。由于高中阶段学生处于身心发展的关键期，在日常教育活动中充分尊重这些正在成长中的青少年的多样化需求尤为关键。用"强迫"的方式使青少年入学以普及高中阶段教育，显然不符合青少年发展的心理学要求，也是不合适的。

由此可知，普及义务教育与普及高中教育的区别在于，前者可以是基于政府主导的"强迫"入学；后者则需要基于学生主动的选择入学。尽管两者都重视教育的内涵及其质量，但后者的内涵及其质量显得更重要且必要。

（三）普及高中教育必须有质量保障

加快普及高中阶段教育，必须超越以往义务教育的"强迫"思维，要从现代教育为个体发展提供教育机会、教育选择和个别化教育的新视角出发。高中阶段教育的普及需要依赖于受教育者或者说学生的认可、认同和接纳，需要学生主动参与高中阶段的教育之中，无论是普通高中学校还是职业学校。学生也是高中教育系统中的重要组成部分之一，他们是有生命的主体，高中阶段是他们成长的一个历程、阶段，高中学校是他们成长的一个生活场所。普及高中教育必须立足于以学生为本位的立场，以关注学生和满足学生而吸引学生与发展学生。

由此可见，在普及高中阶段教育方面，首先要保证的是，高中阶段教育是学生发展所真正需要的，是学生真正愿意与喜欢接受的教育，使学生真正学有所成的教育。

《全民学习：投资于人们的知识和技能以促进发展——世界银行 2020 教育战略》中的一个重要观点就是，经济增长、发展和减贫取决于人们获得的知识和技能，而不是他们坐在教室里有多少年。所以，要强调学习，要注重全民学习。这对于普及高中教育具有非常重要的启示意义。

（四）普及高中教育要坚持以人民为核心

在党和国家高度重视教育改革与发展的背景下，我国教育发展取得了举世瞩目的成效，尤其是《国家中长期教育改革和发展规划纲要（2010—2020 年）》颁布之后，国家教育改革与发展出现了加速的态势。

2017 年教育部编制的《砥砺奋进的五年：数据看教育（2012—2016）》显示，当前中国教育已经迈入世界中上水平。当前，全国教育现代化发展达到较高水平，教育综合水平超越经济水平，与发达国家的差距正在缩小，相对于新兴经济国家和发展中人口大国的教育，优势越来越明显。

但是，正如李克强同志在 2016 年政府工作报告中所强调的，"教育承载着国家的未来、人民的期盼"①。对照国家现代化建设的"两个一百年"目标，按照"持续增进民生福祉，使全体人民共享发展成果"的要求，教育领域的改革与发展必须和整个国家发展同步，必须以满足人民群众的愿望为出发点。

中央提出在"十三五"期间普及高中阶段教育的目标，这并不只是简单的量化指标问题。在本质上，是将教育发展目标与满足人民群众对教育的需求和愿望联系起来，是共享发展理念在国家教育规划中的体现。如何真正实现普及高中阶段教育，真正获得人民满意的成果，则是未来五年必须面对的重大课题。

二、健全普及高中教育的财政支持体制

我国的教育体系以公办教育为主体，教育事业发展以政府的教育投入为主。近年来，各级政府为教育发展投入了大量资金，各级教育的生均预算内教育事业费支出不断增加，但是，普通高中生均预算内教育事业费支出在各级教育之中的增长较为缓慢。

加快普及高中阶段教育，经费首先是一个不能回避的问题。建立高中学校的办学经费保障体系，确保学校有质量地运行，要从真正意义上让学校校长成为办学教育家，而不是办学企业家。在义务教育发展经费和高等教育发展经费得到有效保障的基础上，各级政府必须关注普通高中教育发展中的经费问题。

（一）经费分担机制与制度

必须全面认识普通高中教育作为基础教育的重要组成部分的意义，必须对普通高中教育的收费政策予以重新认识。在高中阶段教育，为什么职业教育可以免费，而普通高中教育要交学费？普通高中教育的办学经费应该如何分担？政府在其中应该承担什么样的责任？是按照高等教育方式分解办学经费，还是参考偏向义务教育的基础教育经费分担？

2011年出台《国务院关于进一步加大财政教育投入的意见》以来，各区域仍有部分省份公用经费支出占生均公共财政预算事业费支出的比例较低，政府财政投入普通高中教育的主体责任应进一步增强。按照《国家中长期教育改革和发展

---

① 中央政府门户网站. 李克强作政府工作报告（文字实录）. （2016-03-05）[2018-07-20]. http://www.gov.cn/guowuyuan/2016-03/05/content_5049372.htm.

规划纲要（2010—2020 年）》的要求，普通高中应实行以财政投入为主，其他渠道筹措经费为辅的机制。

为此，一是建议国家尽快制定普通高中生均经费拨款标准和生均公用经费拨款标准，指导地方合理确定学费标准，确保学校正常运转。同时协调有关部门推动地方制定和落实普通高中生均公用经费拨款标准，健全经费投入机制，增强高中学校正常运转和可持续发展的保障能力。二是采取有效措施，化解普通高中债务，使普通高中教育"吃饭靠财政、运转靠收费、建设靠贷款"的局面得到根本改善。

（二）支持贫困地区的发展

普及高中阶段教育的难点在于集中连片特困地区，大力推动中西部地区加快普及高中阶段教育，将是全国普及高中阶段教育的工作重点。

对于集中连片特困地区、民族地区，教育部门要配合有关部门组织实施好普通高中改进计划和民族地区教育基础薄弱县普通高中建设项目，支持集中连片特困地区提高普及程度。在已经实施的项目基础上，扩大实施范围，加大支持力度，同时引导和鼓励地方政府主动履职，加大地方高中教育的整体规划和经费投入力度，进一步扩大教育规模，全面改善办学条件，提高中西部贫困地区高中教育的整体水平。

加快中西部地区高中教育普及步伐，要始终注重坚持普通高中教育与中等职业教育协调发展。针对西部省份中职招生比重较低的情况，中央政府要统筹教育资源配置，集中力量攻坚，重点支持中西部农村地区、边远地区、贫困地区、民族地区高中阶段教育的发展，尤其是要引导地方政府依据地方经济社会发展要求，不断扩大中等职业教育规模，提高中职在高中阶段教育招生中的比重。同时，也可以发挥优质普通高中和优质中等职业学校招生名额合理分配到区域内初中的导向作用，促进各地区高中教育均衡发展。

三、动态优化高中教育的内部结构

显然，高中阶段教育中普通教育与职业教育比例大致相当的政策规定促进了高中教育发展，但在当前强调满足人民群众对教育的选择、办人民满意的教育的背景下，这种发展政策面临着挑战。只有在普职之比合理而协调的基础上，普及高中阶段教育才能取得较大成就。

（一）地方因地制宜地落实国家政策

我国各地社会经济文化历史等差别因素较多，在全国各地实现统一的高中阶段教育结构模式，即大体相当的结构比例，显然缺乏可行性。

在经济产业发展不同的地方，社会和人们对教育的认识及需求是不一样的。例如，在发展职业教育（包括中等职业教育）上，人们往往认为经济欠发达是发展职业教育的推动力，其实在经济不发达的地区尤其是生产力水平还比较低的地方，发展职业教育更为困难，因为这些地方在产业需求与就业保障方面明显要差于经济比较发达的地区。

另外，在那些人口密度比较小的西部地区的区县，学生人口总数相对较少，实现职业高中教育与普通高中教育的双轨发展，显然也是不合适的。

（二）改变过于简单的普职分离模式

纵观世界各国教育发展的历史与实践，职业教育与普通教育之间的关系呈现出不断变化的特征。

世界各国高中阶段的教育模式是多样的，例如，以德国为代表的欧洲国家比较注重发展职业类的高中教育，注重职业教育与培训，实施有普职之分的高中教育，而且这两类学校之间的区别比较显著。但在美国等北美国家，比较重视普职融合的综合教育，强调高中教育在应对升学与应对就业方面的双重职能，通常不单设中等职业学校，往往通过综合中学或者社区学院开展技术教育。但是，在以儒家文化为特点的东亚国家与地区，普通高中教育往往更为人们所期待，职业教育并不受欢迎。

当代高中阶段教育包括职业教育与学术教育，在培养学生为参与工作实践和个人终身发展奠基方面，显然不是简单地开展职业教育或者升学教育就能够完成的。人才发展需要更为宽泛的基础即"通才"的教育，作为基础教育的高中教育，包括职业教育在内，都需要在学术目标、职业目标、社会公民与文化目标、个人目标等四个方面为学生发展提供支持和服务。这就是生涯教育的意义所在。

总之，如何将有效的教育资源运用到最有价值的高中阶段教育发展之中，是亟待明了和清晰的问题。在教育政策方面，首先需要加强行政管理上的联合或者一体化，改变目前自上而下的职业中学管理与普通高中管理两分、中等职业学校与普通高中学校两分的格局，要制定相对统一的高中阶段教育政策措施与体系。在高中阶段教育中，无论普通高中还是职业高中，都能够享受到相对公平的政策待遇。这种政策要体现在有助于不同学校之间加强联系、合作、互动上，建立同一层级的双向通道，包括课程共享、教师互动、学生互转、成绩（学分）互认等。在一些学生数量不多的地区，要建立融合普通教育与职业教育的综合中学，或者建立共享校园的两类学校，以实现资源的最大化利用和两者的融合。或许，中等职业学校毕业生参加统一高考存在劣势，但可以在招生政策上给予调整，以保障这些学生享受公平教育的权利。当然，这对政策制定而言是一个挑战。

各种社会政策对于中等职业教育发展的影响十分巨大，或许比教育政策本身更加重要。例如，需要制定公平竞争的就业政策，改变学历歧视现象；需要改变传统的以学历确立工资与待遇的政策（尤其是国家企事业单位），政府在新政策中要以实践与成果为导向，而不是以文凭为基础（如大城市的人口政策）。总之，有必要优化制约中等职业教育发展的各种不利政策。

（三）坚持中等职业教育的就业导向

大众化高等教育的发展，使更多青年能够进入大学学习和深造，但这并不意味着高中阶段教育就都要以升学为导向。中等职业学校也要与普通高中教育一样，将升学作为一项主要任务。即使是中高职贯通或者普职融通的立交桥通畅，也并不意味着中等职业学校的人才培养方向就要转变，就要成为高等教育的直接生源。将中等职业教育作为高等职业教育或者高等教育的准备，这不仅抹杀了中等职业教育的自身特点，而且更容易导致中等职业教育发展的举步维艰。

我国自改革开放以来，大力发展职业教育，尤其是中等职业教育，主要目标也是培养培训大批技能型人才与提高劳动者素质。当然，这在一定程度上也起到了缓解普通高中教育需求压力的作用。实践证明，中等职业教育发展确实为我国培养了大批高素质劳动力，为国家30年经济快速发展做出了巨大贡献，当然也有力地推进了我国高中阶段教育的普及进程。

职业教育往往与培训联系在一起，就业导向一直是中等职业教育发展的基本原则。重视职业素养、技能培训、实训教学、顶岗实习、实践锻炼、校企合作等都是中等职业教育的特色。正是这些特色造就了一大批受欢迎的高素质技能型劳动者，这些特点也正是它与普通高中教育的区别所在。

当前我国正面临创新驱动发展的新形势，产业调整、行业变动、岗位转移、员工要求提升等，都导致了传统的中等职业教育学生面临就业的压力。但是，必须认识到，问题并不在于社会不再需要中等职业教育毕业生；而是中等职业教育可能没有为转型的社会所需要的劳动者提供必需的教育与培训。世界银行在 20 世纪 90 年代末就呼吁，中等职业教育必须为适应 21 世纪知识经济发展与信息技术发展的社会提供新型人才。

就业导向与学生继续学习和发展之间并无矛盾。在当今终身学习和学习型社会的背景下，任何人在任何时间和地点都有获得继续学习的可能与支持服务，这种学习来自学习者自身的实践需求、发展愿望与学习技能。面对变化的社会，尤其是变革中的劳动力市场，中等职业教育不应是放弃就业导向的办学特色，而是需要重新思考如何培养适应新时代要求的人才。

四、全面推进高中学校多样化发展

加快普及高中阶段教育发展的关键，需要制定高中普及的政策标准，其中包括普及下的高中学校标准、区域标准、评价验收标准等多个方面。在全国层面要保证政策标准的相对一致性，要防止各地根据所谓的"因地制宜"而人为地拔高或者降低标准，避免因各地"因地制宜"而导致地区间高中普及的差异。同时，要在基础标准达标建设的基础上，推进每所学校的特色发展和多样化发展。

（一）以学校标准化推进普及

学校是实现教育普及的关键，无论是普通高中教育还是职业高中教育，都需要有明确的办学条件。高中阶段教育的普及，必须有条件、有质量地推进实施。为此，高中学校的标准亟待具体的政策明晰，否则高中教育普及将是困难的、没有保障的。

近年来，我国高中学校建设中出现诸多问题。①有些地方为了扩大高中阶段教育规模，对现有的普通高中学校进行扩建、改建和新建，使这些学校成为大班额的、规模超大型的学校，即巨型学校。②为了响应发展职业教育，为了实现职业教育与普通教育比例大致相当，一些经济不发达的县纷纷建立了职教中心或者职业学校。而事实上，这些职业教育机构的办学都存在明显问题，包括专业及其课程设置的合理性、教师队伍的能力、学生学习及其实习的条件等。③各地忙于给高中学校包括普通高中学校和职业学校进行等级评定，如示范校、优质校或者星级校等，继续强化学校之间的等级差异。这些学校建设策略都不利于普及高中教育。

为此，要加快普及高中阶段教育的基础，确保高中学校的基础建设，或者说标准化建设，实现公立高中学校办学条件的基本标准化和统一化，从而尽可能减少因学校之间的差异而产生的地区发展的不平衡性。这种标准化建设本质上就是政府提供必要的支持，是一种"保底的"建设，而不是追求"示范的"引领。

总之，需要确立国家的高中学校标准，包括校园物质设施条件、教师专业水平及其配置、课程标准与教学设施、教育投入水平与保障机制、质量监督与支持系统等，其中包括区分普通高中学校和职业学校的不同要求。

（二）各级政府担当普及责任

在实现普及高中任务上，首先要明确政府承担的责任，落实各级政府的各自相应责任，包括管理职责、财政投入、检查与评估等，普及高中阶段教育不能只是中央向地方施压，也不能是政府向社会、向学生收费的结果。普及高中教育是国家发展的需要，是一种社会福利，不能仍然理解成是个体未来的一种"经济性的"回报。普及化的高中阶段教育，必须是以政府与社会投入为主的公益性的教育领域；个人承担的高中教育支出，不能成为影响学生入学与就学的因素。

各级政府在高中教育普及发展中要清楚各自的责任。对于贫困地区而言，上级政府的责任更大，尤其是中央政府，必须为这些地区普及高中教育提供足够的支持，帮助这些地区实现普及的标准，需要超越"以县为主"的办学体制，要在省级层面加大落实普及高中阶段教育的责任，增加省级层面的统筹管理和责任承担。

省级政府应规划本地区高中阶段教育发展的总体规模，并确保每个县都有一所或者几所高中学校，达到国家规定的高中学校办学标准。可根据实际情况，在职业类高中和普通类高中之间作相应的区分；但同类学校中，务必实现统一标准的规范化办学。目前的主要任务，不是要降低已建的高标准学校，如省市示范性学校；而是要着重实现高中学校必须达到统一的标准化要求，要确保达到国家的高中学校办学标准。

中央和省级政府要制定普及高中的标准。要以薄弱地区普及高中教育为对象分析和制定普及的区域标准，具体包括高中学校的数量与布局、普职的平衡、与义务教育的关系、教育投入的机制、教育管理与评价的方式等。

当前，在一些发达地区，尽管高中阶段教育的入学率很高，但这并不意味着这些地区高中教育已经普及。要从高中阶段教育的可持续发展和办人民满意的教育等要求出发，判断每个地区高中阶段教育普及的进展。

此外，人口流动是当前我国社会建设与发展中的重要问题，适龄学生人口的流动影响着普及高中阶段教育的发展规划；全国范围内区域间教育差异性的客观存在，与当前基于户籍制度的学生入学与升学考试制度，又都影响着学生入学的选择与在校学习的稳定性。政府需要充分利用大数据技术，加强对学生人口流动的管理，尤其要制定合理的教育政策，引导和规范学生人口的有序流动与合理布局。

政府需要建立全国范围内包括各类高中在内的高中学生学籍管理系统平台，在学生转入与转出、留级与辍学等方面实行规范化管理，科学把握学校间、地区间在学学生人口流动的状态与趋势，确保对在学学生的辍学或者流失的监控。

（三）以改革促进办学多样化

《国家中长期教育改革和发展规划纲要（2010—2020 年）》指出，关心每个学生，促进每个学生主动地、生动活泼地发展，尊重教育规律和学生身心发展规律，为每个学生提供适合的教育；此外，高中阶段教育是学生个性形成、自主发展的关键时期，对提高国民素质和培养创新人才具有特殊意义。注重培养学生自主学习、自强自立和适应社会的能力，克服应试教育倾向。必须推进学校内部改革，全面提高学校教育质量，并实现学校办学模式多样化发展。

1. 加强学校课程校本化建设

课程的多元化、丰富性、开放性，是培养高中学生全面发展和提高他们综合素质的关键所在。无论是职业学校还是普通高中学校，都有必要在国家课程改革的整体框架下，审视学校内课程体系及其内容。每所高中学校需要从服务于本校学生、促进本校学生发展的角度出发，思考如何更好地落实国家课程改革要求，建立起适用于本校学生的校本课程框架，并进行有效的实施。

高中学校需要根据自身学校的办学定位,尤其是需要根据所服务的学生人群,结合国家对高中课程的要求，建设校本化课程体系，为每个学生创造尽可能多的个别学习、选择学习和未来学习的空间。

就普通高中而言，需要考虑在确保完成国家规定的学术性课程科目的基础上，如何建设旨在为学生进入工作与生活实践做准备的相关课程？同样，职业学校在完成专业性技术教育与训练的基础上，是否可以考虑为学生提供通识性学术与兴趣性特长的教育内容？

学校课程校本化建设，不仅要求学校不断提高课程领导力，更要求每位高中教师增强课程意识与课程开发的能力。高中学校要依托课程的校本化建设，加强学校教师队伍建设。学校不能只是关注教师的学历提升，也要关注教师的专业素养提升，以及教师来源的多元化构成。

学校课程的校本化建设，还必须充分注意和利用校外教育资源，包括校外人员与校外场所，将学校课程延伸到工作与生活的现实世界之中。同时，也要注意运用高等教育资源，让学生提前学习大学课程。

2. 聚焦高中课堂教与学改革

普通高中课堂中应试的教学方式，严重影响着学生的学习态度、学习动机、学习参与和学习效果。普及的高中教育，不仅要吸引学生参与其中，而且要切实提高学生学习发展的水平，无论是职业教育还是普通教育，都必须致力于学生的主动学习、自主学习和有效学习。高中课堂不能死气沉沉，而应该充满青春的朝气。高中课堂的教与学，必须超越说教式的满堂灌输与机械式的训练。

高中课堂的教与学，需要为学生提供学业发展的有效教学、就业准备的必要帮助、生涯发展的正确引领与幸福生活的全面指导。这可能对当前教师队伍及其教育教学能力是一大挑战，但它们确实是当代高中学生学习与发展的客观需求。

即使就具有专业定向特点的中等职业教育而言，职业学校不仅要培养学生直接就业的工作技能，具有执行工作要求的岗位胜任力，还要有适应岗位不断变换的学习能力与主动参与工作变革的创新力。当前，以直接上岗就业为导向的职业教育，在一定程度上忽视了培养学生各种基本生活与适应工作变化的技能，在未来的转行与转岗的过程中，他们将处于不利的地位。

所以，高中学校必须致力于课堂教学的改革，思考如何在课堂教学中吸引全体学生的主动参与，实现有效的、高效的课堂教学。例如，如何有效开展研究性学习，并与学科课程教学融合在一起，彻底改变传统的教师讲学生听的教学方式。

3. 改革考试与评价制度体系

推进高中学校多样化发展，必须加大开展高中学业水平考试及综合素质评价改革试点和高校招生考试综合评价改革试点。探索贯穿各级各类教育的创新人才培养途径，支持有条件的中学、高校、科研院所开展创新人才培养研究和试验，建立创新人才培养基地。积极营造尊重学生个性特点、发展学生特长的育人环境，形成有利于优秀学生脱颖而出的机制。大力推进职业教育产教融合、校企合作，建立技术技能人才培养的"立交桥"。

需要强调的是，这里所说的学校办学多样化，并不只是局限在普通高中教育领域，而是指整个高中阶段教育的范畴，也就是说，中等职业教育领域同样需要学校多样化发展。普通高中教育要走出单一的升学准备模式，职业教育则要走出传统的"培训"模式。普及的教育要让每个学生在其中找到自己的位置和明确未来的方向。高中教育的多样化发展，不是简单的行政主导的贴标签运动，而是每所学校主动发展、积极发展、可持续发展的结果，是学校实现全体学生全面发展的表现，是学校办学特色的彰显。

当然，学校办学多样化，并不只是学校自身努力就能够实现的。实现高中学校多样化办学，还需要国家教育政策的正确引导和有力支持。一方面，政府要改变传统的学校评价体系，不能以单一的升学率或者就业率为唯一评价指标，要将办学条件评价与办学结果评价相结合；另一方面，政府要在高中学校学生录取与课程设置等方面给予学校更多的自主权，同时，在高校考试招生制度改革上充分关注到高中学校办学多样化的需求。

第三节　普通高中学校改革的逻辑建构

普及高中阶段教育已经写进党的十九大报告：2020 年全面建立新高考制度，

已经成为教育改革的重要目标之一，高中教育改革尤其是普通高中教育改革成为社会热点。确实，高考改革与高中教育改革有着直接的关联。研究新高考下高中教育改革与发展的方向和策略，对普及高中阶段教育具有十分重要的影响。

在当今社会经济发展的新形势下，在国家迈向教育现代化的进程中，必须科学认识当今高中教育的特点，理顺高中、高考与高校之间的关系，确定高中教育改革与发展的方向，由此促进高中教育的科学发展，实现高中教育现代化。

一、展现当代普通高中教育的特点

在当前社会转型、经济发展、教育发展与学校改革的背景下，普及化进程中普通高中教育的特点是整个高中教育改革与发展的出发点和立足点。

（一）普及中的选择性

自1990年国际社会提出"全民教育"，这个概念已经从起初的基础教育领域逐步扩展和延伸，由此出现"全民优质教育""全民高等教育""全民终身教育"等相关术语，并逐渐被接受。

2016年，我国高中阶段毛入学率就达到了87.5%。但是，高中教育普及不同于义务教育普及。普及的义务教育是强迫教育，是每个适龄学生必须接受和参与的教育活动。对于完成了义务教育之后的青少年而言，他们对教育、社会及自我有了自主看法，他们开始具有自己的思考、立场和观点，同样，他们有了自主选择和自我决策的意识、要求及能力。普及化高中教育显然不能以"强迫"教育的思维来开展。高中教育必须体现出允许、认同、鼓励学生的自主选择和多元选择，由此促进高中阶段教育多样化发展和高中学生综合素质的提高。

扩大高中教育尤其是普通高中教育，是我国实现人民群众接受更多教育的需求，同时是人们自愿选择、主动参与教育的过程。高中教育的普及需要关注如何为每个学生提供更多的学习机会，为个体差异发展提供支持和服务。普及化的高中教育具有促进学生分流与分化的功能，只是这种分流与分化必须基于学生自主选择与自我发展，而不能是外在的、人为的、强迫的干预。

所以，高中教育体系中高中学校的多样性与多元化是必需的，高中学校内部课程与教学的丰富性与灵活性则是关键所在。

（二）系统中的独特性

国家教育是一个复杂的系统，是各级各类教育相互衔接和相互贯通的体系，各级各类教育都是这个复杂系统中的有机组成部分之一。在教育系统与体系发生变革的进程中，需要重新审视系统中每个部分的定位及其作用。在当前教育面向现代化的进程中，高中阶段教育在整个国家教育系统中的独特性需要进一步明确。

在全民终身教育思想指导下，教育系统更加开放、多元和丰富，教育不再具有终结性特点；在互联网技术快速发展的学习型社会中，学习机会将不再因年龄增长或者离开学校而减少或者消失；对于个体而言，教育或者学习的选择将不会因为选择之后而不可更改或者难以更改。

当前，作为连接义务教育和高等教育的高中阶段教育，其存在的价值意义，显然不只是依附于高等教育的需求，或者适应义务教育发展的后果。在以人为本的科学发展观指导下，高中阶段教育无论是普通教育还是职业教育，都是为个体发展而提供的一种基于教育与学习活动的个体发展的社会化经历。

在这个过程中，个体需要得到与其成熟和社会化相匹配的知识、技能、价值观和态度等。高中教育不只是一种单纯的"过渡"型教育，即向工作或者升学过渡，而同样需要体现出每个学生个体的成长和成熟的社会化经历。

这就要求高中遵循学生成长的身心发展规律，尤其是学生对价值观、世界观和人生观形成的需求，为学生提供成长中愉快的生命体验与发展经历。普通高中教育不能成为学生为考大学而需要历经的"磨难"。在当今日益开放而多元的社会，普通高中不能是一个封闭性的学习书本知识的场所。教育与引导每个学生全面而正确地认识教育与学习、个人与社会、现在与未来等各种关系，使高中教育成为教育体系中全面落实立德树人根本任务的关键环节，就是高中教育阶段的独特性所在。

个体差异性是形成人才多元化的基础和前提，尊重这种差异性，满足差异性的不同需求，这就是当代高中阶段教育的使命所在，也是独特性的体现。

（三）发展中的基础性

在建设"人类命运共同体"的多极化世界中，每个个体都需要有全球视野，需要对不同文化予以认同和尊重，需要有和谐相处的能力，需要有积极而主动的社会参与，包括民主社会建设和可持续经济发展。面对快速变化的外部世界及其需求，学校教育需要为个体终身学习和终身发展提供基础性的支持，或许这就是基础教育的意义。普及化的高中教育尤其是普通高中教育，其实一直被广泛地认为属于基础教育。只是高中教育的基础性超越于传统的"读写算"素养范畴，而是《世界全民教育宣言》所说的"基本学习需求"："包括基本的学习手段（如读、写、口头表达、演算和问题解决）和基本的学习内容（如知识、技能、价值观念和态度）。这些内容和手段是人们为能生存下来、充分发展自己的能力、有尊严地生活和工作、充分参与发展、改善自己的生活质量、作出有见识的决策并能继续学习所需要的"。

20世纪末，美国制定了《21世纪技能框架》，提出了个体适应社会与科技不断变化的"21世纪基本技能"，即责任感和适应性，沟通技能，创造性和求知欲，理性思辨和系统性思维，信息和媒体素养，人际交往和合作能力，发现、分析和解决问题，自我引导，社会责任感等。为此，美国教育界呼吁，要在高中学校中更加淡化职业类科目与学术性科目之区分。普通高中教育提供职业指导与培训也应是为个体终身发展的基础性服务之一。

毫无疑问，面向人的全面发展，高中教育的基础性十分明显，而且需要加强。联合国教育、科学及文化组织强调在中等教育改革中，要重视企业家精神的教育，要开展同伴健康教育，要注重围绕核心的一般知识的教育。这些与生活、工作相关技能的教育，确实是当代高中阶段教育内容的基础之一。

普通高中教育不能满足于简单的对接高等教育，而是要联系社会现实与工作世界，关注学生离开学校之后的继续教育和终身学习的能力与需求，包括学习精神、学习品德、学习方法与学习能力等。这些都是高中教育需要为个体发展提供的"基础"。

二、理顺高中、高考和高校的关系

为此，在建立新高考制度的过程中，必须从当代普通高中学校的自身特点出发，即选择性、特殊性和基础性，科学确立高中、高考和高校之间的关系。

（一）科学看待高中与高考的关系

高考是国家教育考试制度的内容之一，是国家从高中学校中科学选才的有效方式，也是维护国家教育公平的表现。经过40年的实践与改进，我国高考制度与体系得到了不断完善和提升。当然，其中也存在一些问题，由此导致了"应试"与片面追求升学率的现象，影响学生的全面发展。这或许也就是不断深化高考改革的重要原因之一。

必须正视的是，随着国家社会经济各方面的大发展，以及到 2020 年基本实现国家教育现代化，当前高考及其改革面临的形势与所处的环境已经发生了根本性的变化，必须重新思考高考的目标定位与功能作用。

2014 年 9 月，颁布了《国务院关于深化考试招生制度改革的实施意见》，提出的第一条原则是：坚持育人为本，遵循教育规律。把促进学生健康成长成才作为改革的出发点和落脚点，扭转片面应试教育倾向，坚持正确育人导向，践行社会主义核心价值观，深入推进素质教育，培养德智体美全面发展的社会主义建设者和接班人。

必须将高考看成是检验高中教育是否做好全面落实立德树人根本任务的重要手段。不宜把"竞争""选拔"作为高考及其改革的价值取向；必须将高考与招生进行区分，高考是招生的一种途径；高考分数不是招生的唯一依据。高中学校必须认真学习该意见的要求，要把高考改革作为深化学校内部改革、全面提高育人质量、办人民满意教育的契机和动力。

高考是一种考试，也是国家教育治理现代化建设中的一个因素。高考的科学、规范与公正，是高考改革的追求目标；高考在人才培养、人才选拔与人才发展的过程中具有重要的意义。在以招生录取为指向的高考制度下，高考也是人才分流的一种筛选手段；但是，必须明确的是，高考并不是当今人才成功或者失败的识别器；即使考上一流大学，也不一定是成功，考不上大学也不一定就是失败。

或许，高考能够为个体成长成才提供机会，但在个体发展的人生历程中，高考的影响或许远远小于高中教育的影响。如果再以"一考定终身"或者"高考失败"的论调看待高考，显然不是与时俱进的认识和思维。高中毕业生参加高考只是学生完成高中教育的一种检验、测量或者评价；高中学习必须是超越于高考的全面发展教育的一个重要阶段。

（二）慎重对待高中与高校的衔接

为高等教育培养和输送后备人才，一直是我国普通高中教育发展的主要任务之一。在当前高等教育发展的新时期，高中学校需要关注高等学校的改革与发展，需要关注高等教育人才培养的新要求与新取向。

当前，我国高等教育发展与改革显现出两大特点：①我国高等教育规模已经成为全世界最大；②国家大力提升高等教育质量和效益，创建有中国特色的现代高等教育体系。2017 年国家推出的"双一流"大学与学科建设项目，就是一个典型的代表。

在全面深化教育改革的过程中，我国正在建设现代大学制度和体系。在国家高等教育分类指导与分类管理的政策指引下，未来我国高校在办学定位、人才培养、课程设置、教育教学活动等各方面都将有新进展。最显著的可能就是大学自主招生的推进，这种招生方式的变化，对高中学生升学带来了直接影响。

高中学校在教育教学中需要关注高校的改革与变化，如重视通识教育与注重跨学科人才培养等；实现高中与高校之间的衔接，也就意味着高中同样需要注重通识教育与各学科教学。高中与高校的衔接具有非常丰富的内涵，是教育的衔接，而非简单的升学。当前，一些高校在高中学校中争夺所谓的优质生源，或许无可厚非；但是，这种方式必须有助于促进整个高中学校改革与发展，有助于更多优秀高中学生涌现，而非"掐尖"大战。

同样，高中学校成为一些高校生源之地，似乎无须多议；但重要的是，高校与高中要成为落实立德树人根本任务的教育共同体，与社会、家长等一起，共同创造立德树人的育人生态系统，共同致力于学生创新精神与创新能力的培育，而不是单纯的"生源"供给。

在这种情形下，需要慎重审视高中与高校的关系。无论怎样，普通高中学校不能成为大学的附庸，大学选修课程不能成为普通高中学生学习的新负担。

三、明确普通高中学校改革的方向

普通高中改革不仅要基于外部复杂形势，尤其是国家对高中教育的要求、社会对高中学校的期望、学生参与高中教育的需求，而且必须遵循教育发展的规律，尤其是高中教育阶段的自身特点，从而确立高中学校改革与发展的自我立场。

（一）应对高考转为育人生态建设

高考不是高中学校工作的全部，甚至不是核心工作。全面提高普通高中学生综合素质，是国家教育改革与发展对普通高中学校提出的要求；综合素养评价也是全面深化考试招生制度改革的内容之一。以立德树人为根本任务的教育政策要求普通高中学校必须首先认识到营造良好育人生态的重要性和急迫性，并付诸改革行动实践。

从应对高考到营造良好的育人生态，理应成为高中学校改革与发展的重要指导思想。①高中学校首先必须明确办学方向，把面向每个学生和促进每个学生发展作为学校教育的任务，切实改变应试教育的实践与影响。②要把思想政治教育和德育工作作为学校各项工作的中心任务，并渗透到学校工作的方方面面，实现教书与育人的统一。③必须培育一支师德高尚、敬业奉献、能力与水平不断提升的教师队伍，以言传身教体现学校育人环境。④与学生家长及校外机构合作，寻找有助于学生发展的外部资源支持，形成育人合力。

总之，高中学校既是学生学习场所，也是学生生活的地方。要以育人的眼光，让学生在高中学校中有经历个人成长、学习社会交往、形成独立自我的独特体验。这就是育人生态建设的关键所在。

（二）以满足学生选择界定多样化

推进高中学校多样化，是普通高中改革与发展的又一任务。多样化办学应该就是学校办学思想的开放性、教育教学模型的丰富性和学生成长发展的多路径等；多样化政策应该更多体现在鼓励学校进行创新探索，体现在满足全体学生选择和学生获得最合适的教育服务与支持。

多样化办学旨在改变以往千校一面的状况，这种改变显然需要一个持久的过程。所以，高中学校多样化是一个长期的高中实践发展结果，而不是短期就能形成的。多样化办学效果的检验，将来自学生的选择与社会的评价，而不只是学校的自我标榜、外部专家的集中评审与行政部门的授牌认可。

在多样化办学过程中，每所高中学校更需要努力创造和建设丰富的课程体系与学习活动，以学习内容的丰富性，为每个学生提供更多的选择。无论怎样，多样化办学必须立足于学生发展与学生选择，从如何实现教育创新和促进全体学生全面发展的角度，培养更多更好的合格人才、创新人才与优秀人才。

（三）教师成为学生发展的引路人

高中阶段是学生个性形成与自主发展的关键期，高中学生已经具有比较明确的自主意识、自我要求和自身特点。在全面落实立德树人根本任务的实践中，简单地说教或者灌输难以产生理想的效果。高中学校在改革与发展的实践中，必须优先重视教师队伍建设，以习近平同志提出的"引路人"为标准，打造高中学校优质教师队伍。

高中教师必须具有宽阔的视野和多样化的能力，而不只是学科知识与教学技巧。美国学者阿普尔在其《教育能够改变社会吗？》（*Can Education Change Society?*）一书中引用 1995 年学者富尔茨的论述"真正的教师懂得，他的职责并不局限于教室的四周围墙之内"，"他还要处理一些更社会性的事务"[①]。在当前社会转型与变革的时代，广大教师必须对国家发展、经济转型、教育变革与教师职业有更全面正确的认知。只有这样，教师才能成为学校改革与发展的积极参与者和行动者，才能成为高中学生的示范者与教育者。

为了全面提高高中学生综合素质，许多高中学校开展了学生发展指导活动，包括实施生涯教育与指导、建立导师制等，这些探索都是非常有价值的。为此，高中学校及其教师需要有能力实施好生涯教育与指导，并努力成为学生发展的人生导师。这对教师和学校双方而言，都是一项考验与挑战。与有效传递知识的"教书"相比较，"育人"更需要有专业素养和专业能力。

---

① 迈克尔·W. 阿普尔. 教育能够改变社会吗? 王占奎译. 上海：华东师范大学出版社，2014：120.

索 引

后　记

完成本书的撰写，是一项艰巨任务；但在这个过程中，我们获得了许多学习的机会，系统而全面地收集和整理了我国普通高中教育改革与发展 40 年的政策文献、数据资料与研究成果。作为改革开放 40 年发展的受益者、见证者和研究者，为此我们感到特别荣幸。这一写作过程也是一个回忆、思考与提高的过程。

感谢本丛书总主编、中国教育学会钟秉林教授和科学出版社的信任和支持，让我主持本书的撰写。感谢钟秉林主编和科学出版社在写作过程中给予的指导和帮助，尤其要感谢他们的友善督促和定期检查。

感谢参与本书撰写的各位作者和我的学生们。完成本书是一项集体活动，大家齐心协力，相互支持。每章从资料、初稿到修改稿和最终完稿，都是不同人员共同参与和贡献的结果。感谢参与下列章节撰写的人员：第一、二章，王瑞德博士（上海教育科学研究院）、毛利丹博士（郑州师范学院）；第三章，张紫屏博士（杭州师范大学）；第四章，娄元元博士（云南大学）（第一节），王建军博士（华东师范大学）、朱慧文（上海市闵行区明强小学）（第二、三节）；第五、六章，付艳萍博士（河南师范大学）；第七章，毛利丹博士、孙科技博士（华东政法大学）。

我在上述各位撰写初稿和二稿的基础上，对全书进行了系统修改、补充和完善，并完成了第八章的写作。此外，我的博士生李一杉参与了资料收集，硕士生彭莎莎参与了校对。再次感谢各位作者和同学的参与和支持。

感谢各位同行和专家。我们在本书写作中参阅和引用了诸多研究者的成果文献；正是基于各位的成果与观点，本书才更具学术价值。

最后，期待各位读者包涵本书的不足，并期待与读者朋友互动，这将不断促使我继续学习和努力进步。

朱益明

2018 年 9 月 1 日于华东师范大学